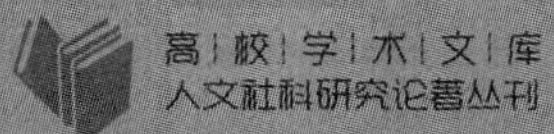

日本社会文化的多维研究

曾令明　滕洪波　著

图书在版编目 (CIP) 数据

日本社会文化的多维研究 / 曾令明，滕洪波著 . —
北京：中国书籍出版社，2018.1
ISBN 978-7-5068-6692-7

Ⅰ. ①日… Ⅱ. ①曾… ②滕… Ⅲ. ①文化史 – 研究 –
日本 Ⅳ. ① K313.03

中国版本图书馆 CIP 数据核字（2018）第 024194 号

日本社会文化的多维研究

曾令明　滕洪波　著

丛书策划　谭　鹏　武　斌
责任编辑　李国永
责任印制　孙马飞　马　芝
封面设计　马静静
出版发行　中国书籍出版社
地　　址　北京市丰台区三路居路 97 号 (邮编：100073)
电　　话　(010) 52257143 (总编室) (010) 52257140 (发行部)
电子邮箱　chinabp@vip.sina.com
经　　销　全国新华书店
印　　刷　三河市铭浩彩色印装有限公司
开　　本　710 毫米 ×1000 毫米 1/16
印　　张　18.25
字　　数　237 千字
版　　次　2019 年 1 月第 1 版　2019 年 1 月第 1 次印刷
书　　号　ISBN 978-7-5068-6692-7
定　　价　68.00 元

目录

第一章　日本人与日本文明的起源

在人类历史的发展进程中，不同的地理、风土、社会环境，会培育出不同的文化、艺术、宗教和学术。可以说，要想对日本社会文化进行探究，首先必须了解日本人的诞生、日本文明的发源等相关问题。本章内容就对日本人和日本文明的开始进行具体的研究。

第一节　日本人的诞生

远古以前，日本大和民族就在东北亚一隅的列岛上繁衍生息。关于它的历史，有着许多古老的神话和历史传说，这些神话和传说大多是与日本的国土、皇族和民族的由来联系起来的。人类对历史的记录，在语言出现之前只能是“物传”，从遗物看历史。语言发明后，增加了“言传”，从口耳相传中获得历史知识。文字发明以后，增加了“文传”，以文字记录历史。

一、“记纪”里的神话时代

（一）“八百万神国”诞生记

据《古事记》《日本书纪》记载，原始时代的日本是一片汪洋，大海中只有几片小陆地。鉴于此，众天神诏示伊邪那岐、伊邪那美兄妹降临世间去修固国土。由此，这兄妹二人被后世尊为日本人的先祖：父神伊邪那岐与母神伊邪那美。

有了土地，二神便结为夫妻，开始孕育世间众神。先后诞出了掌管河川海洋的神、掌管山岳原野的神，乃至风神、木神、火神等自然界里一切可见现象的神祇，共33位。书文至此，已基本构筑完成了日本神道教神祇的规模。

然而，火神的诞生将伊邪那美送进了黄泉国，思妻心切的伊邪那岐追至黄泉国，目睹妻子丑陋恐怖之像，满腔爱意顿消，亡命而逃。逃出黄泉国后的伊邪那岐来到筑紫岛日向国，在洗净身上的污秽时，洗出了23位神祇。最后，还洗出了声名远播也最受日本人崇拜的太阳女神——天照大御神。

（二）神武天皇东征记

传说天照大御神不仅是日本大和民族的祖先，也是日本天皇的始祖。此话要从“记纪”中所记的日本第1代天皇神武天皇讲起，天照派其天孙琼琼杵尊下凡管理苇原中国，天孙来到凡间娶妻生子，他的第3代重孙就是神武。神武东征，并在大和地方建立所谓的政权，故被认为是开国之父、天皇之祖。

“神国”的诞生以及神武的故事均来自“记纪”记载。以前“记纪”说法的真实性很少受到质疑，不过随着科学的日渐昌明，以及日本史学界的觉醒，大家普遍相信“记纪”中的神武传说只不过是对开创大和国基祖先的一种神话式追述。由此。在日本史学界又衍生出“徐福东渡说”“崇神说”等说法。

二、关于日本人起源的考古发现

神话毕竟是神话，历史传说终究是历史传说，神化国家和天皇更是逆时代潮流而动的无稽之谈，它们无法为日本人的诞生提供具有实证性、说服力的科学依据。事实上，日本的国土，与其他的国土一样，无疑是按照自然界的规律形成的。日本民族，也是根据人类发展的客观规律，经过历史上无记载的长期的各种血统混合的过程而诞生的。但是日本列岛上何时存在原住民，还没有明确的历史记载。在东亚中国和南亚印度的洪积期地层中已发现了丰富的哺乳类动物化石和冰河堆积物，还有人类的遗迹，比如在东南亚、东亚分别有爪哇猿人和北京人的化石出土。但日本大部分地区是海成层，陆成层并不发达，是非常贫瘠的地域，列岛上是否有原始人类存在，一直是个悬案。后来，日本考古学家在明石市西八木海岸发达的早期地层中出土了"明石人"的髋骨化石，在浜北地方（今爱知县浜北市）和三日地方（今静冈县三日町）的洪积期的堆积层里发现了人类化石遗骨，又在洪积层发掘出若干旧石器时代的器具，包括石片、尖状器等。此外，德国考古学家鲁曼还在日本发现了已经绝种的"鲁曼象"化石。这些考古发现说明这一时期的列岛已有高等生物，也可能有原始人类存在。不过，由于日本大部分地区是海成层，所发现的哺乳类动物化石和冰河堆积物不如陆成层的中国、印度丰富和发达。在这个时期的地层中，除了石器以外并未发现其他东西，史称"无土器文化时代"。但从石器的发现中，可以推测这个时代的原始人已经开始采集自然物，以及在山野狩猎鸟兽，以提供当时原始生活的需要。与此相关，还出现求吉避凶的咒术这类旧石器时代的文化要素，这是当时原始人实际生活的自然胚胎。

日本列岛土壤属亚酸性，总体来说，发现的人类化石遗骨不多，且多是小碎片，保存相对比较完整的是港川地方人类化石遗骨（发掘于冲绳县那霸市尻郡具志头村港川遗迹）。人类学者铃木尚等人，从其头骨形态考证分析，它一方面具有距今约二万年前的旧石器时代后期原始人类的特征，特别是具有同时代中国南部（广西壮族自治区）柳江人和东南亚的上古人种相似的特征；另一方面他们又具有与距今七八千年前新石器时代"绳文人"的相同特征。以此推断，从人种区分来说，现在日本人的外形特征与中国南方人和东南亚人相似，推想远古东中国海有大陆架桥，是中国南方和东南亚人种流入的一条重要途径。因此，他们是新石器时代即日本史称"绳文时代"的"绳文人"的先祖，同时也是日本人的远祖。

在日本发现人类化石，引发出“这些人究竟是从哪里流入这个列岛”的问题的探讨，这就涉及日本人种的起源问题。所谓“人种”是根据遗传的特征，以肤色、体形、血型等生物学为尺度，在一定地域内，长期适应自然环境而形成的。“日本人种”这个问题，有各种推想。一派学者根据绳文时代人的遗骨的检验结果，主张日本“绳文人”就是如今日本东北土著阿伊努人的先祖，因为他们具有许多日本现代人相似的特征，他们一度占据着整个或大部分的日本列岛，成为主流的原住民。英国学者肯尼斯·韩歇尔指出：“阿伊努人实际上是日本原住民。许多世纪以来，弥生人后裔的现代日本人（在这个背景下称为大和日本人）总是加以否认，把阿伊努人边缘化，甚至予以忽视。直至 1997 年，官方才承认阿伊努人作为日本原住民的真实地位。我们在阿伊努人身上看见绳文人是日本人的起源，但绳文时代的日本，距离形成一个民族还很远。接下来的弥生时代将对日本国家的形成有较多的贡献。”①

关于日本人的诞生，日本学者江上波夫则根据中国史书的记载，认为“弥生时代，稻作农耕成为经济生活的基本，建立在这种生产基础上的持续性的农村社会，已经发展到日本列岛的大部分地方，有理由相信当时原住民已经使用了日本语。由此，弥生人与历史时代的所谓日本人，在经济、社会、文化的基本方面，具有共同性，两者在民族性上确是相连的，自然会导致人们认为日本民族的起始点在弥生时代。也就是说，当时也是日本民族的形成期。弥生时代，日本列岛原住民，虽然分别在众多的原生国家，但在外国人眼里，他们是承担着一种共同文化的一个民族。从中国史书上就看到将当时日本人称作‘倭人’这个民族的名称，来区别于其他民族。因此，可以把弥生人——中国史书上所称的倭人，看作是日本民族的最初出现。从东方史的角度来看，这也是可能的”②。

① 叶渭渠：《日本文化通史》，北京：北京大学出版社，2009 年，第 5 页。
② 叶渭渠：《日本文化通史》，北京：北京大学出版社，2009 年，第 5 页。

日本学者清野谦次还从关西地方发掘的众多贝冢、古坟中收集的近100具人体遗骨，进行科学分析以及与近邻诸民族古代人体遗骨比较研究，认为是绳文人与近邻集团混血而演化为日本人的。日本学界一般的意见倾向于这种“混血说”，认为在日本列岛各人种渐次混同的过程中，又同化原住民阿伊努人，融合彼此的原始信仰，调整了族群的对立，最后这些原住民在列岛内部比较平和地一统而成为一个民族。也就是说，日本人的祖先不是单一人种，而是经过长期复杂的多人种混血、多民族融合演化的过程，从而逐渐形成一个拥有共同语言、宗教、社会组织、经济生活，以及共同文化要素的稳定共同体——“日本民族”。由于3世纪开始建立以信奉原始神道为主的大和国，又有了“大和民族”之称。

还有一派学者认为，日本地处东北亚的终极，四面环海，在远古交通不发达的条件下，从外边流入北方的蒙古种人、通古斯人（满族先祖），以及南方的马来人等人种，定居下来，而头两批流入的通古斯人最后定居在出云一带，被称为“出云族”。这些外来人甚少可能再向外回流，就全部在这里定居下来，并与后来者融合，成为日本人称作的“归化人”。他们生活在这岛国封闭的坩埚里。所谓“归化人”，在《日本书纪》中还有一种说法，据其“崇神天皇纪”十二年秋九月春三月记载，“教化流行，众庶乐业。异俗重译来，海外既归化”。同年秋九月又记有“天神地祇共和享，而风雨顺时，百谷用成。家给人足，天下太平矣。故称谓御肇国天皇也”。在同书中，“应神天皇纪”“雄略天皇纪”，比较集中记载外来人的事。在“应神天皇纪”记有，汉人、韩人等来倭国；“领诸朝人等作池。因以，名池号韩人池”。在“雄略天皇纪”中记有“有从百济国逃化来者”等等，这些都是同属于日本人所称的“归化人”。

因此，据日本学者长谷部言人在《日本人的祖先》一文中分析，当时“归化人”，主要是指从朝鲜半岛赴日的百济人、新罗人和中国赴日的汉人，前者多从事土木工程的劳役，后者擅长各种技能，对于促进当时日本文化的成长是做出贡献的。

但是，日本人种起源和民族的诞生存在各种论说，由于《古事记》《日本书纪》多是神话传说，即使史实记载也掺有神话传说的成分，无完整的科学文字依据，器物遗存也甚少，难以准确考证，至今尚有争议。

第二节　绳文文化和弥生文化

一、绳文文化

经过第四纪洪积世到冲积世自然条件的激烈变化，形成了社会变革和文化形成的特质。日本列岛在约一万五千年前的第四纪的遗物中只发现了石器。这些石器多为刃器、尖头器等。这与一般文化历史都是从石器出现开始是相同的，都是打制石器。在日本这一旧石器时代，又称"无土器文化时代"。日本原始经济和文化的生成与发展，至公元前七八千年，过渡到新石器时代，日本称"绳文文化时代"。"绳文文化时代"继石器之后，发现了"绳文土器"，宣告从"无土器文化"进入"绳文土器文化"时期。

（一）石器与土器并存

绳文文化时代，石器与土器并存。初期以打制石器为主，有石矛、石匕、石篦等。其后逐渐走向多样化，从打制石器逐渐发展到半磨制石器、磨制石器，特别是从石斧发展到石镞、石刃等原始生产工具，这是绳文文化（即新石器文化）的重要标识。在发掘的绳文文化时代的石器中，还出土了许多石偶。最具代表性的是爱媛县上浮穴郡美川村上黑岩出土的"原始女性像"，这是用线雕的办法，雕刻了下垂毛发中的两个乳房，似乎象征女性。这是迄今日本列岛发现的最早石雕之一。

磨制石斧、石镞、石刃等原始的斧头、弓箭器物的存在，还有骨镞、骨角器、穿孔硬玉等的存在，说明"绳文人"可以使用这些工具伐木、制作独木舟，以及射杀和捕获鹿、野猪等动物，初步掌握了原始农牧经济生活手段和手工艺技能，而狩猎需要多人配合和合作，进行集体性的生产劳动。于是，“绳文人”开始从漂泊流动生活方式，发展到以小共同体为单位的村落群居的生活方式。据考古发掘的遗迹推测，是以 10 ~ 20 人为一单位。这说明当时生产力的发展程度，它对于社会和文化发展整体产生了重大的影响。

尤其是约公元前 3 000 年，绳文文化时代中期，随着地理环境发生变化，出现从“海进”到“海退”的现象，海面相对于陆地下降，海水后退，海面趋于平稳。沿海岸的绳文人开始了渔捞生活，以鱼、贝作为膳食。同时，在离日本海岸 100 公里的离岛上，发现了人类遗迹，除了石器、土器之外，还有在东北地方的贝冢里，出土了大量角骨器，比如角骨制的钓钩、鱼叉等渔捞作业用的原始器物，以及圆木小舟等出海的工具，说明当时已从采集、狩猎生活扩展到渔捞生活，捕鱼拾贝成为绳文人的重要生产活动之一，在一定程度上提高了原初的生产力和物质创造力水平，开始了采集、狩猎、渔捞的原始经济生活和原始文化生活。

绳文文化时代，是以土器文化为基本特征的时代。绳文文化时代早期的土器，大多用无釉泥土烧制而成，以日常生活用具居多，主要是满足于单纯的实用性。这时期的土器，多是似食具的深钵形，分为尖底深钵和平底深钵。最初的钵形是尖底的，刻上简单的捻线波状纹，有一种不安定感，然后用黏土卷上绳纹，以求得一种安定的形态，这是最原始的成型技法。但是，由此刺激了造型意识，其后在产生平底深钵的同时，在口颈部位、胴体部位，施以隆起纹（浮线纹），纹样有波状纹、浅绳纹、涡卷纹、爪形纹等。其施纹技法，是采用植物纤维，在黏土的表面上横向回转押绳纹的技法，大多是饰有草绳的立体花纹，开始具有某种装饰的意识，逐渐产生了多样变化的装饰纹样。绳文时代中期加上雕塑或透雕的装饰，绳文时代后期产生绚丽华美的纹样，形状各异，器体也多样化，从尖底深钵土器、平底深钵土器，到圆筒土器、香炉形土器、瓮形土器、壶形土器；壶形土器又分大口壶、注口壶等，分为制作精巧的装饰用小土器与粗大的日常用土器，出现两者并存的土器文化现象。

由于这个时代的土器，多施以绳纹，故称为“绳纹土器”，一般写作“绳文土器”。绳文土器的形态，从绳文文化时代初期的简单、粗糙、素朴，发展到绳文文化时代后期的胚土精细、形态复杂、纹样洗练化和复杂化，显现出一种丰富的装饰性造型的力量。绳文土器的进步，是最早的也是唯一可以引起原始人共同感动的一种艺术现象。

土器的进步和发达，培育绳文人擅长于黏土技术，制作出各种土偶，这是原始工艺中最具特色的，在日本古代文化史上，尤其是工艺美术史上是占有重要地位的。所谓土偶，就是用黏土制作成某种形状的原始泥塑，以东日本地方出土为多。早期的土偶，是小型的扁平土偶，逐步演进为立体型的土偶，再加上装饰要素。最早出现的人形土偶，是心形土偶，多属抽象性的，一般都缺手足和头部，躯体并不完整。有专家分析，这不是制作者无意识的造型，而是有意识造成这种缺损，象征祈求神保佑病伤者排除痛苦，早日痊愈。原因主要有以下两方面，一方面当时绳文人出于原始信仰使然，另一方是制作者尚未具备完全自觉的造型艺术意识或原始工艺的未自觉成熟而造成的。其后发展有手足、头部的土偶，而颜面是无表情的，也仅具象征的表现，工艺手法也很粗拙，但是，这种土偶已显露出古代人的造型意识。绳文时代中后期，土偶已进入立体性的发展阶段，颜面增加一些表情，还加上了手足，以及立、蹲、坐的各种姿态，在素朴的造型中，展现了其写实的风格。这不仅发挥了泥塑的表现艺术力，而且也初露了制作者的原初美意识，展现了这一时代的土器文化的成就。土偶从抽象性发展到具象性，以女性土偶居多，占80%～90%。这些女性土偶千姿百态，著名者有穿衣女偶、坐姿型女偶。男偶著名者则有挂甲武装土偶。

绳文时代晚期的土偶代表作《遮光器形土偶》和《丰满的女

性像》，是以朴素手法进行创作的，它们已初露出其造型艺术的才能。《遮光器形土偶》以原始的自然主义手法与几何学纹样交错，人体和纹饰的复杂结合，变化多样，装饰丰富，两只大圆眼居中几乎占了整个面部，嵌着一个小球形的鼻子和一个圆轮形的嘴巴，颜面则用遮光器遮盖，令人产生一种不可思议的紧张感，这收到了怪异的艺术造型效果。《丰满的女性像》中女性面容，在奇异中微露温柔的表情，裸露的大乳房，腹部膨胀，身子明显地表现了妊娠的体态，很好地捕捉了原始人类的生态，反映了绳文人对繁殖和延续生命的淳朴愿望。制作者在颜面和体态造型上，表现了人的写实姿态，赋予一定的立体感，已富于现实性，具有原初自然生命力的意识。但是，即使已出现人形土偶、动物形土偶，大多数面部是断片的、无表情的、非现实的，是一种象征的表现，颇富怪异性。绳纹时代晚期还有土制的假面，这是日本古代艺能假面具的雏形。

此外，绳文土器还有房屋、猪、熊、鹿等动物，以及舟船等形状。这时期土器的曲线纹样，也趋向更加复杂化，工艺技巧也表现出成熟度。土器从实用性发展到实用性和装饰性兼具，还含有祈愿生殖和丰收咒术信仰的宗教意味，从而建构了一个特殊的文化体系。

（二）火田农耕与水稻耕作

从绳文时期出土的土器中可以发现出现了火馅形土器，表明列岛绳文人已发现和利用火了。这不仅展示了原始人类在自然环境中增大了求生存的力量，而且促使“绳文文化时代”的经济生活和文化生活发生新的变化。可以说，发现和利用火，对促进列岛原始人社会文化的发展，起到了决定性的作用。

据日本考古发掘，绳文文化时代列岛还存在大量石皿、石臼，以及磨制石斧、定角石斧，尤其是在北九州地带的考古发掘中，发现了约公元前 1 000 年绳文文化时代晚期的蒸器样式的土器，推测这是蒸薯类等淀粉质食品和处理薯类、杂谷类用的器具。在熊本县境内不同地方，出土了绳文时代晚期文化层的炭化了的谷粒和在一些土器上发现带有谷壳的痕迹。在长崎县出土的一些山寺式土器上，还留下了米粒的残迹。在该地绳文时代晚期的遗迹中，还发现旱稻的种子和杂谷，当时可能已开始火田农耕，即烧杂草、树叶，然后种植农作物。同时，在佐贺县海岸沙丘或内陆谷地上，还发现水田的遗迹。一般学者以此推断，绳文文化时代晚期，简单的稻谷栽培技术，已从中国经由朝鲜半岛，通过朝鲜海峡、津轻海峡，一度传入北九州，开始出现了农耕文化生活的曙光。

因此，20 世纪七八十年代日本学者对农耕文化始于弥生时代的论点提出了质疑。井上光贞、佐伯有清指出："绳文文化时代中期以后，已进行薯类、稻谷类的栽培，这是有力的假设。可以认为，在大多数没有接近海洋的山岳地带生活的绳文时代人，已获得了栽培的新技术。这暗示，象征下一个时代弥生文化的水稻耕作，已从九州迅速传到中部日本，成为栽培农耕的基础。还有，在绳文文化时代晚期，大陆水稻栽培技术，已传到九州西北部，逐渐改变了农耕是始于弥生时代的认识。"

这一时期虽然尚未形成有计划性的农耕生活，但已有火田农耕和开始接触水稻耕作技术，为弥生文化时代的成立期，进一步接受大陆水稻耕作技术，确立农耕文化，做好了变革的准备。

（三）原始社会意识逐渐产生

随着生产力的发展和社会进步，原始社会意识逐渐产生，这也表现在从原始居住到一般风习和墓葬制上。绳文时代原始人的居住，从旧石器时代以天然洞穴、巨岩背地为主，过渡到以竖穴式住居为主，一部分则是堆石式的住居模式，还有以天然洞穴而居者。从北海道到九州已发掘一万多个绳文时代聚落的建筑遗址来看，多为贝冢，次为泥炭层或堆石，分别有洞窟、竖坑、竖穴等形式。在茨城县花轮台的绳文文化时代早期贝冢居住遗址，发现在长方形平面上，由中央部位 4 根主柱和沿周围配置 12 根支柱支撑遮蔽物的"切妻式"模式，即屋顶为人字形、山形、坡形结构的房屋雏形。这是至今已发现的日本最早建筑遗址之一。琦玉县水子大应贝冢和神奈川县南掘贝冢，其竖穴住居，还拥有中央广场，成马蹄形或圆形的村落结构。特别是八岳山麓长野县尖石遗迹，在舌状台地上散落数百户遗址，以及千叶县姥山贝冢，在1 300平方米的环状大贝冢下，存在数十户被废弃的建筑遗址等。由此可见，当时通过共同的生产劳动，社会生活已由家族生活为单位，扩大到以集体生活为单位，形成住居建筑和小群体的生活方式，同时其居住规模逐渐扩大化。绳文人以这种居住场所作为群体的据点，通过采集食用植物和狩猎鹿、野猪等手段获得食物，构筑起原始经济生活和文化生活。居住类型的变迁可以证明它与当时社会生产力的发展、部落的确立和共同体的强化是相对应的。

绳文文化时代后期，还有拔牙齿的风俗。据日本考古学家吉田格的考察，这种未开化民族的"拔牙齿"习俗，几乎遍及日本列岛。在发现人类遗骨较多的地方，比如爱知县吉胡贝冢发掘的121具人骨中有114具，冈山县津云贝冢发掘的110具人骨中有83具，是存在拔牙齿的现象的。根据迄今的调查，拔牙齿年龄，大概都在青春期。当时原始人寿命较短，一般平均寿命约30岁左右，青春期的13岁至18岁，已是原始社会的中坚力量。拔牙方法有很多，其中以拔除犬牙、门牙者居多，也有拔掉小臼齿的。绳文文化时代之所以会产生这种习俗，田边昭三写道："原始社会的生产体制，成为生产力发展的桎梏之后，围绕生产与分配，共同体的成规势必进一步强化，这是必然的结果。从绳文时代后期至弥生时代前期这段时期，正好处在这样的阶段。而且，这一时期恰恰正是拔牙齿风俗流行期间，这如实地反映了拔牙齿是为了强化共同体的成规，与未开化社会的情况是一样的。一旦共同体成员增加，部落间的经常性交流就盛行，就进一步强烈地意识到共同体统一的必要。在墨守共同体的成规的同时，族长的权力就逐渐强化。比如，可以让人想象，出现允许特定人物身挂硬玉制的大珠，族长手握作为指挥棒的小形化石棒等。由此，可见族长强权化的倾向。”这种拔牙齿风俗，似乎可以理解为代表特定人物和身份的一种标志，共同体规制化的一种表现，或者基于某种咒术的信仰。

日本墓葬风俗始于何时，尚无定论。从考古发掘看，在绳文时代早期居住地的遗址附近，已发现若干土墓墓穴埋葬人骨的例子，葬制多为手脚折曲姿势的“折曲葬”。绳文时代晚期则发现一些墓穴埋葬10副以上的死者遗骨，且人骨头旁、腹旁放有土器的陪葬品。迄今在日本列岛已发掘2000多处绳文时代的坟墓，大都是土葬，只有少数瓮葬和石棺葬。上述的日本列岛的石器、土器、土偶等，大多是从这些坟墓出土的陪葬品。据说，这是作为拯救灵魂的一种巫术器具，也成为日本最原始的工艺美术。可以说，石器、土器、土偶这种原始工艺美术的产生，是根植于日本的风土以及由这些风土育成的原始采集渔猎文化，其根底就是从原始巫术文化与原始的劳动开始的。当时未开化人由于对自然认识的局限性，他们企图通过巫术行为来实现他们最原始的本能欲求，即生产丰饶、求生克死、拯救灵魂等。当时用于巫术的石宝器，虽然粗糙简陋，却已含有巫术的要素，给人一种神圣的感觉。从远古开始，石器、土器的工艺造型，多表现人、马、野猪、舟等形状，乃至出现最初的巫术信仰、拔齿习俗；等等，这些都是当时采集、狩猎、渔捞生活的直接反映。绳文时代晚期虽然开始出现农耕生活的兆头，但总体来说，绳文文化时代还没有摆脱当时社会的基本形态，生产活动仍以采集、狩猎、渔捞为主，以及维持与之相应的原始信仰、习俗和文化活动。

总括来说，绳文土器形成日本文化史的一大特色。绳文文化时代，阶级尚未分化，墓葬形式和陪葬品差异不大，留下绳文人贫富贵贱差异不大的氏族共同体社会及其原始文化生活均等的残影。

二、弥生文化

弥生文化时代(约公元前5世纪至约公元3世纪),从中国大陆或通过朝鲜半岛大量传入农耕技术和青铜器、铁器,这构成了弥生文化的两大特征,此外,在日本文化史上是划时代的。

(一)农耕技术的传入及其影响

作为弥生文化的特征之一,农耕技术传入以后,日本多雨湿润的自然条件,十分适合栽种水稻,有利于农耕经济的发展。日本考古学者从弥生文化遗迹中,发现带有稻米痕迹的土器、木制农具的遗物和水田的遗迹等,论证了弥生时代前期已经进入水稻耕作时期。当时水稻耕作,多在海边的湿地进行,收获量较低。一些接近海岸的森林地带发生“海退”现象以后,形成了大范围的海岸平原,发展为较大面积的水田,为水稻耕作创造了更好的生产和生活条件。同时,据20世纪80年代后期考古发现,弥生时代中叶后半期,从北九州传入的水稻农耕技术已经迅速传播到西日本一带,发展到以大和盆地为中心的地区,并普及于边远的东北地方的北部。这一地带原先被认为是非农耕地带,是持续绳文时代采集渔猎文化生活的,而此时水稻耕作已成为主要的生产活动。农耕作业迅速从北九州扩及整个日本,迎来了农耕文化的新时代的正式诞生,这才宣告绳文时代的采集渔猎文化的结束,日本上古社会发生了重大的变化和文化的极大进步。

弥生人进入以农耕为主的生产活动和生活方式以后,在社会生活等方面发生了很大的变化,具体表现在以下几方面。

第一,开始摆脱游牧生活,逐渐实现了定居的生活模式。随之,部落逐步扩大,部落与部落之间实行联合,开始形成了部落联盟,共同体集团,出现了部落族长。原始共同体社会以血缘关系为纽带,农业共同体则以非血缘关系、以土地为中心的结合。同时,农耕的生产工具,已非属个体所有,而是农业共同体所共有。

部落联盟族长们，为了适应政治和经济上的发展，需要扩大自己部族的势力和提高自己的权力，便自称为“王”，支配着部落民的生产和生活，拥有一定专制的权力。这说明已出现统治者与被统治者的分化苗头。

第二，称“王”的变化也反映在当时的墓葬形式上，虽然是采取共同墓地的形式，但在陪葬品方面，部落的“王”，与一般部落民存在着很大的差异，显现他们地位高低的不同。比如，福冈县春日市须玖冈本古坟遗址出土的瓮棺葬，拥有很多弥生青铜器，计有前汉镜 30 余面、铜矛 5 支、铜剑 3 支，还有许多环状玉器等陪葬品。这种墓葬从一个方面说明，当时已有高于一般人的联合部族权力者的存在。因此，日本考古学者推测，这些坟墓是约在弥生时代中期的“奴国王之墓”。统合各部落联盟，确立政治统治体制，从部落社会向部落国家，进一步向部落联合国家发展。上述所谓“奴国”（亦称“倭人国”）便诞生了。关于“倭人国”的历史，尽管有些主张“日本中心主义”的学者，反对利用外国文献来研究上古国史，但日本缺乏有关的史料，7 世纪末先后编纂的《古事记》《日本书纪》关于古代国家成立的由来，乃至推古天皇（593—629 年摄政）以前的历代天皇编年史，许多都是传说人物，或者难以确定他们的确切年代，不足以完全作为历史事实的科学依据。所以，文化史学家一般都是根据中国文献的记载，进行考证和研究。《隋书·倭国传》就有类似的记载，明确“有男弟，佐卑弥理国”。所谓卑弥呼女王，实际上是祭司，主持祭祀仪式，具有原始巫术王的性格，拥有祭神的权力，在确立宗教的、社会的秩序方面起到很大的作用。也就是说，卑弥呼女王虽是当时名义上的统治者“王”，但实际上是男弟辅佐其理政治国。这是形成统一国家和确立男系世袭王权的兆头。

邪马台国的存在，标示着步入立足于农耕文化的统一部落国家的最初阶段。邪马台国卑弥呼女王，逝于公元 247 年，邪马台国立男弟为王，却不服众，引起内乱，最后立卑弥呼的宗女台与为王，她在国内局势趋于稳定后，于公元 266 年派遣晋使。但其后

1个多世纪史无记载，日本学者称为“欠史时代”。从考古发掘来看，这段时间已普遍存在瓮棺葬，还有十分豪华的祭祀用具。同时，采用大瓮作为棺葬，在陶器尚不发达的情况下，说明了葬主的身份和生活水准非一般人所能及，这少数大瓮棺可能是属于统一的部族国家的统治者的。上述女王卑弥呼之墓这样记载：“大作坟冢，径百余步，殉葬者奴婢百余人。”1步约1.4米多，也就是相当大的坟冢，坟冢里还有不少原初壁画，象征部族国家的统治者在当时的强大威力。

第三，在居住建筑方面也发生了很大的变化。在出土的铜铎和新型的土制的“埴轮”上，已有家屋的雕刻图案或塑造器物。在发掘这一时代的遗迹中，出现圆形、椭圆形、半圆形、长方形、不规则形等多种居住遗址，而且已有更多的简朴建筑物，贴近或突出地面建筑而成。有代表性的例子是：大和平原中央唐古地方，发现了大小数百个竖穴式的居住建筑群，内中由木柱支撑，柱与柱之间架设椽木，承载茅草葺屋顶，屋顶贴近地面。门廊由门前延伸而出，打破室内与室外的界限，建筑与自然环境相辅相成，融为一体。弥生文化时代后期，以建在水田前的静冈县登吕地方的聚落遗址，是最著名的居住建筑模式，它平面是椭圆形，周边镶上木板，外侧盛土，台基是石板地，立有四根主柱，比竖穴式建筑更接近地面。现在还残存着一些建筑用材，说明这时期已发展到平地而居的建筑模式。尤其是王者，更是如此。据《后汉书·东夷列传》记载，王者“居处宫室楼观城栅，皆持兵守卫，法俗严峻”。《三国志·魏书·东夷传》也有类似记载：“居处宫室楼观，城栅严设，常有人持兵守卫。”从这些记载中也可见当时王者宫室建筑的一斑。

在这时期的遗址中，还发现了高台式的土仓库，由四根、六根或八根柱子支撑简单的斜屋顶，搭配木板山墙，并有梯子和防鼠的简陋设备，以作收藏谷物之用。奈良县出土的弥生时代的线雕图案土器，以及香川县赞岐出土的铜铎、铜镜上，都可见这种原初高台建筑的家屋模型或图案。在静冈县的登吕、山木的遗址中，也发现了类似的建筑模式。它们与中国汉代南方某些地方出土冥器上的高台建筑图案十分相似。这大概是上古日本人的先祖,从中国南方迁入的同时,也将居住建筑形式传入了日本吧。

(二)青铜器、铁器的使用

弥生文化的另一基本特征,是开始使用青铜器、铁器。弥生时代文化的发展阶段,与一般国家的文化从新石器时代发展为青铜器时代,进而渐次发展为铁器时代不同,它同时期接受了从中国及通过朝鲜半岛一起传入的青铜器、铁器的技术,于是从新石器直接过渡到同时混合使用青铜器、铁器的阶段。因此日本学者将弥生文化时代通称为金属器时代,或称为“金石并用时代”。

首先,随着从中国及通过朝鲜半岛传入水稻耕作技术,弥生时代的生产工具也相应发达起来。这时期,除了使用木制农具之外,还使用与农耕技术同时传入的铁器和锻造技术,这是农耕文化不可或缺的。最早在唐古地方的弥生时代遗迹中,就出土了水稻耕作所必需的铁制农具。但是,它经过一段长期的发展历程,随着弥生时代后半期耕地的逐步扩大,农具也相应变化,减少石器农具,增加了铁器农具。

据日本学者考察和推测,弥生时代前期阶段,发现铁器不等于铁器已经普及,当时还盛行石制和木制农具。进入弥生时代中期,农耕文化波及东日本各地,铁器也随之扩及关东地方。这时期使用的铁器,几乎都是斧、刀子、矛把等工具,在农具方面还没有利用铁器。但是,在位于朝鲜半岛和北九州之间的壹岐,发现了属于弥生中期后半期的农耕工具类,其中有铁镰、铁镐等农耕工具。可以猜想,弥生时代晚期已输入制铁的原材料和日本国内已能生产铁器,列岛各地似乎已有自制的各种农业生产工具。

应该说,弥生文化时代的全盛期,铁器出现了铁斧、铁锄、铁锹、铁镰等生产工具,也出现了铁镞、铁刀、铁剑、铁戈等武器类,形成了农耕文化要素之一的铁器,并有了广泛的利用。铁器逐渐取代了石器,得到了迅速普及,更具实用性。这代表着这一弥生文化时代的经济和社会文化的进步，同时为古代国家的诞生和阶级的形成打下了基础。

据考古发现和文献记载，与铁器同时传入的中国汉代青铜器，促进了这一新时代的文化革新，青铜制品采用了铸造技术，开始得到了更快的发展，制作出铜镜、铜铎等装饰性的原始工艺品。这些原始工艺品，一段使用砂岩制作铸模，器物超越于实用性的功能，大多是作为祭品或陪葬品。由于制作者只出于赋予它们神圣的意味，而几乎没有注意追求造型的美。在手工艺方面，一般是从稚幼逐渐走向精巧。此外，还有铜矛、铜剑、铜戈等，分为两大类，一类是锐利的兵器，具有实用性；一类是形细，已失去了利器的作用，不具有实用性，是用作祭品或用作陪葬品的。在北九州发掘的弥生时代坟墓的出土文物中，青铜器是最丰富的。

特别值得注意的是，青铜器从中国传入北九州以后，逐渐发展到以畿内地方（今以京都、奈良为中心地区）为中心，西从中国地方到四国东半部，东至近江地方，而且经过长期的吸收消化，形成了具有与中国青铜器不同的性格特征。其标志是，这时期产生了青铜制的铜铎，它类似中国的编钟。可以说，外来的编钟，是铜铎的祖型，但它又不是直接模仿舶来品，而是经过吸收消化，使之成为最具本土特色的一种青铜器，成为弥生文化有代表性的象征。因而，日本学者称为“国产青铜器”。铜铎最初是用作死者的祭器，后渐次发展为具有乐器的功能。其形状是扁圆筒形，两侧鳍状装饰，上部有薄薄的半圆形把手。大铜铎最大者高1.3米，小者十多厘米，纹样各式各样，大致可分横带特殊纹、定型式流水纹、袈裟带状纹、突线带纹等几大类。有的铜铎，线刻狩猎生活的场面，比如猎人拉弓射鹿。有的铜铎线雕画，刻画耕作的图景，代表作是线画两人立在臼旁手持长杵捣谷的图案，反映了农耕社会的主体生活。这些铜铎线雕画，虽然稚拙，但它简明而抽象的线条表现，也显现出人物的跃动姿态，这是抽象与写实结合的表现，具有浓厚的装饰性要素和原初的绘画形态。可以说，以铜铎为代表的弥生文化，表现了弥生人的想象力和造型能力，展现了弥生时代原始绘画艺术的发展。于20世纪80年代后期，除上述分布地区以外，在长野县盐尻市柴宫和福冈县筑紫郡春日町又发现高10～64.2厘米的铜铎，其分布范围甚广。铜铎的出现，显示弥生时代日本文化多少已有独立的迹象，也带来酝酿建立统一国家的机运。

（三）石器文化和土器文化的延续

弥生文化时代，进入铁器、青铜器文化时代，仍然存在石器文化和土器文化，但与绳文时代的石器文化和土器文化存在明显的差异。在石器方面，绳文石器是以打制技术为主，弥生文化时代则以磨制技术为主，比以前的石器有了较大发展和更加丰富，石材的利用和石器的功能也多样化，主要有石斧、石凿、石镰、石棍、石剑等，其中以石斧数量最多，分布也最广。而且，石器雕刻有了很大的进步，雕刻施以放射状的直线纹或螺旋纹，增加了若干装饰性的要素。

在土器方面，弥生土器与绳文土器虽然仍同是以生活用具为主，兼具实用性和简素性，但弥生土器更凸显其实用性，土器形状从绳文文化时代以深钵形为基本形态，发展以瓮形土器和壶形土器为基本形态，走向了多样化。同时，随着土瓶形、香炉形、高杯形等新形体的产生，更新了纹样，迅速提高了装饰的意识。其技法是，以新的沉线纹（凹线纹）代替此前的隆起纹（浮线纹），开始使用原始的雕刻刀（圆凿、角凿）磨消成沉线的技法，以追求器物的装饰性。有的弥生土器，还附上立体把手，把手有蛇形、颜面形等。其后，纹样又多了表现曲线美的云纹形，以及同心圆纹形、流水纹形、三角纹形、直弧纹形等。制作方法，采用优质的轻薄黏土，有的还涂上朱彩。比如，朱彩大口壶、朱漆壶形、朱漆瓶形等土器，有的呈现出豪放的曲线纹，有的富含纤细而洗练的趣味。绳文时代那种“波状尖底深钵土器”“涡卷纹把手钵”“火炎纹平底深钵”“颜面平底深钵”“附人面的土器”，此时在不同程度上有了更多立体的意匠，表现了豪放的一面、跃动的一面，开始具有雕塑的要素。特别是“火炎纹平底深钵”，在钵口缘部位的装饰，施以一束束绽开鲜花似的火炎纹样，上部横向流动的旋涡，以及下部纵向走势的隆线纹，造成自由奔放的曲线纹样，使怪异的器形与雄浑的纹样，达到完美的调和。

总的来说，弥生文化时代的土器，由最初的产地北九州地方而及于近畿地方、伊势湾沿岸，逐步东渐，最后普及全国，更富有各个地方的色彩。尤其是从弥生文化时代开始，土器开始发展到新型的陶制器物，称作“埴轮”。分“圆筒埴轮”和“形象埴轮”两大类，前者为圆筒形，埋在坟墓的倾斜面，最初是起到加固坟墓的作用；后者有人物、动物、器具、家屋等形象，为古坟文化时代“埴轮”的大发展打下了初步的基础。这时期的土器，不仅产生了强烈的装饰性艺术效果，而且令人感受到仿佛有一种大自然生命的律动，被喻为大地生命的象征。可以说，这是日本古代造型艺术的原点，也是日本美的原点。

日本学者八幡一郎指出，弥生文化与绳文文化的区别，除了两种文化的土器有着明显不同之外，还表现为以下几点，一是传入异质外来文化与消解原有的文化；二是盛行磨制石器和使用金属器；三是稻米作业及其技术的普及；四是农耕集团的产生；五是葬制的确立。这些因素对弥生文化的形成与发展，起到了决定性的作用。

综上所述，弥生文化时代的发展进程，显示日本上古文化的整体面貌，也充分证明部落联盟统治组织趋于成熟，政治统治的程度逐步提高，经济基础得到了强化，社会也开始出现贫富分化的现象，少数豪族占有广大肥沃的土地，众多一般农民只有狭小贫瘠的土地，乃至出现奴隶，如《三国志·魏书·东夷传》所称的“王”“大人”和“下户”“生口”这样的身份和阶级差别。上古日本过渡到氏族社会的时期，初露具有作为政治统制组织的上古国家的雏形。至于大和国家的正式成立，是在下一个时代，古坟时代的事了。

第三节　日本语言文字的形成

一、日本语言的形成

《魏志·倭人传》记有许多弥生时代的倭语地名、官名和人名，比如邪马台国倭女王名“卑弥呼”（ひみこ），这个词就是很典型的一例。因此，有些学者推测倭语在弥生时代以前已广泛流行，它在语言学史上是所谓的日本语言的“祖语”，从这一“祖语”分出了三个语言系统。

（一）南方语言系统

绳文时代业已存在具有音韵的南方语言，弥生时代从倭语演化出古琉球语，支撑着最原始的语言系统，即来自南洋群岛的南岛到琉球岛的语系。公元前2世纪，弥生文化以北九州为中心开始成长，长达数世纪，至古坟文化，近畿成为文化的中心。这是由于居民不断地从南方诸岛经九州移居近畿地方，建立了新的文化圈，他们在带来农耕技术的同时，也带来其风习与文化，包括语言。人体语是日本语的重要组成部分之一，也是比较语言学的重要研究对象，就人体语而言，南方语言与古代日本语是颇为相似的，比如手（タ）、颜（カホ）、目（マ）、口（クチ）、舌（シタ）、肠（ワタ）、唇（ビル）、脐（ヘソ）、体（カラダ）等，还有一些在发音上同样是以母音为中心的，如目、口、颊、唇等。这一时期，也有居民从北九州经南九州移居琉球岛、南岛等南洋诸岛，这样，通过不断的语言交流和交融，新来者的语言被同化，自然产生与“祖语”稍有不同的语言，不过差别并不很明显。可以说，琉球诸方言是“祖语”的核心。

（二）北方语言系统

北方语言系统即来自以朝鲜语、满语、蒙古语为主的阿尔泰语的北方语系。从弥生时代起，农耕技术传入日本，随之传来以朝鲜语、满语、蒙古语为主的阿尔泰语系的文法体系和元音调。所以，当时日本语的许多语汇，特别是有关农业的语汇与北方语系有着一定的亲缘关系。比如当时作为表示“氏族”的单语ウヂ的发音，与朝鲜语的 ul（族）的发音相近，与之相近的还有满语的ハラ（hala）、蒙古语的ウルク（uru-q），以及属同一语系的土耳其语方言的ハラ，（ur）、通古斯语的ウル（ur），都是表示亲族尤其是父系血缘关系之意。通过这些语汇的比较，我们可以看出，在弥生时代，父权氏族制传入日本的同时，作为氏族社会基础的单语也已然传入了日本。

另外，居住在北方的原土著居民阿伊努人的语言与朝鲜语、日本语在发音上有相似的地方，尤其与日本语一样由 a、i、u、e、o 五个元音组成。阿伊努语的形容词在名词之前，副词、目的语、补足语在动词之前等都与日本语相似，乃至助词的用法也几乎是一样的。这有力地证明，日本语与北方语系也有着切割不开的血缘关系。

（三）来自北方、南方两语系交融的南北方重层语系

具体地说，南北方重层语系是在南岛语系的基础上吸收北方大陆语系而形成的。北南双方的居民长期相互流动，带来不同的语言，包括诸多的地方方言，形成了重层语系，这也成为构建上古日本语的重要基础之一。

总之，上古日本语的形成，与上述三大语言系统有着切割不断的历史联系。

二、日本文字

（一）神代文字

关于日本文字的形成，“神代说”认为，在使用假名之前就存在所谓的“神代文字”。最早提出这一论说的，是13世纪镰仓时代的神道学者卜部兼方，他在《释日本纪》中提到，“于和字者，其起可在神代”。其后19世纪江户末期国学家平田笃胤在《神代文字传》中还列举出47个字，认定是“神代文字”。后经考证，其实这是日本近古以来用于庶民识字教育的“伊吕波歌”，而且其出示的“神代”的代表文字，与朝鲜古代谚文相近似，是一个音节分子音和元音。据推测，它是模仿朝鲜谚文而产生的文字。

（二）汉字的传入

根据考古学的精密考证，直至绳文时代的许多遗物如土器、骨角器等，并没有一点文字的痕迹，这说明当时还没有足以将语言从听觉转向视觉的文字的技术。文献的记载也可证明日本当时没有固有的文字，比如《隋书·东夷传·倭国》就写道，倭国“无文字，惟刻木结绳。敬佛法，于百济求得佛经，始有文字”。日人斋部广成的《古语拾遗》序文也说：“盖闻上古之世，未有文字。”

据考古学的发现，汉字初传日本早于上述文献记载，盖于弥生时代中期，约公元1世纪初。日本最早是与汉字邂逅后才获得文字的。1784年，九州志贺岛一农民开垦时挖掘出土一尊刻有“汉委奴国王”几个字的金印，可加佐证。在奈良天理市东大寺山古坟出土的环头太刀背上刻有“中平□［年］五月丙午，造作［支］刀，百练清刚。上应星宿”等字样的铭文，铭文中的“中平”即东汉灵帝的年号，其时约在公元2世纪末。此后在古坟出土的诸多神镜中还刻有汉字铭文。比如在奈良县北葛城郡广陵町新山古坟出土的“方格规矩镜”，镜背上就刻有“子丑寅卯辰巳午未申酉戌亥”半图案化的十二支文字。

随着儒佛典籍自中国经朝鲜半岛大量传入日本，日本人学习汉字就更普遍了。随着汉籍、汉字和大陆各种技术的大量传入，逐渐产生了日本人自己所记的汉字。在江田船山古坟（推断为5世纪）出土的太刀上刻有“无利弓伊太加”（ムリテイタカ）几个字，这是用万叶假名标记的汉字，其中含有难以解读的地方，但似可解读为“做刀者名伊太加”。同时出土的还有从朝鲜传来的东西，所以也有学者疑是外来人（指汉人）所记的铭文。可见5世纪时，日本上层贵族开始普遍使用汉字，已用汉字书写汉诗文了。

和歌山县隅田八幡宫的人物画像镜铭上刻有日本最古的金石文48个字“癸未年八月日十大王年男弟王在意柴沙加宫时斯麻念长奉遣开中费直秽人今州利二人等取白上同（铜）二百旱作此竟（镜）”。作者是开中费直，他被认为是日本初期使用文字比较活跃的人物，制作年代在6世纪之后，这里固有名词用假名标记，比如“意柴沙加”（おしさか）即“忍坂宫”（其中“し”标记“柴”字，实为“紫”之误）、“开中”（かぅす）即“河内”等。很明显这是本地人所记的。这是万叶假名标记之雏形。

之所以运用汉字来传达纯粹的日本语，乃是因为日本语是单纯音节结构，使用标音的汉字比较方便。但汉语一字为一音节，而无活用动词、助动词等，日本语则是多音节的语言，可以活用动词、重复多次用助动词。两种语言的结构和性格是不同的，用汉字只能标音。因此，解决语言与文字的矛盾就提上了历史日程。

通过汉字来书写日本语的最早记载，可见《魏志·倭人传》所记载的一字一音的地名、官名和人名。地名如对马（ツシマ）、末占（マツラ）、伊都（イト）、邪马台（ヤマト大和），官名如卑奴母离（ヒナモリ）、尔支（ニキ）、弥弥（ミミ）、弥马获支（ミマワキ），人名如卑弥呼（ミマワキ）、台与（トヨ）等，都是使用汉字标记，当时称倭文，亦即和文。

日本人借用汉字是从标音汉字开始，其后发展到使用表意汉字。5世纪至6世纪以来的一些文献等资料中，尤其是在以圣德太子为中心的现存日本最古文献《推古朝遗文》(包括596年的《伊豫道后温汤碑文》等21篇遗文)中,已有运用汉字与假名混合书写的表现手法,由此可以窥见当时正处于探索中的文字书写的状况。还有一些铭文,比如《元兴寺露盘铭》,原铭现已无存,但根据《元兴寺缘起》的记载,铭文这样写道,“大和国天皇,斯归侵麻宫治天下,名阿米久尔意斯波罗岐比里尔波弥已等”,落款日期为丙辰年(596)。又如《法隆寺金堂药师佛光背铭》中的铭文如下:“池边大宫治天下天皇大御身劳赐时岁。次丙午年召于大王天皇与太子而誓愿贱我大。御病太平欲坐,故将造寺药师像作仕奉诏然。当时崩赐不堪者,小治田大宫,治天下大王天。皇及东宫圣王大命受赐而岁次丁卯年仕奉。”内中“大御身劳赐”“欲坐”“作仕奉”等,都已不是汉字的常格,而是用汉字标音表现日本语。这些文字,很明显已经突破汉文的规范,语序也已形成与汉文句法全然相异的和式句法。这已经超越纯粹用汉文标音的标记法初级阶段。在这个基础上,扩大标音文字的用法,除固有名词以外,都用字音万叶假名的标记法。例如,《柿本人磨歌集》中的非略体歌,藤原宫出土木简所记的宣命,都是混合使用标音汉字和表意汉字,即完成了音训交用的标记法,日本文字已迈向和风化的初级阶段。到了下一个文化时代——飞鸟时代,日本文字进入发展的第二阶段,即进入汉字、表意汉字和标音的万叶假名这“三种文体并存”的阶段。其后,第三阶段,经过变体汉文,日本人于9世纪平安时代初期创造了片假名,平安时代中期改造汉字草书又创造了平假名。也就是说,由汉字正体演变的称作“片假名”,由汉字草体演变的称作“平假名”,这就完成了日本文字的创造。

第二章　日本的政治与经济发展

日本是资本主义发展史上的后起国家，自明治维新开始步入近代化进程，长期处于以天皇为主权者的权威主义体制。第二次世界大战后，主权在民的新日本宪法出台，大体上实现了民主政治，日本确立了当代的国家制度，建立相应的国家机构。另外，日本自明治维新后由于推行富国强兵和殖产兴业政策，其经济发展也进入了近代化时代。虽然经历了多次对外战争，尤其是在第二次世界大战中遭受了重大打击，日本经济在美国的改造和扶持下仍然得到了迅速发展，一跃成为资本主义国家中第二大经济大国。20 世纪 90 年代受泡沫经济崩溃的影响，经济长期低迷。进入 21 世纪，日本经济有所改善，同时也面临众多考验和挑战。

第一节　日本的国家制度与国家机构

一、日本国家政治制度的演变及现状

在第二次世界大战前，日本基本属于权威主义体制，明治维新之后，则长期实行由天皇总揽统治权的君主立宪制。第二次世界大战后，作为战败国的日本被迫由美国进行监管和改造，1947 年颁布实施了《日本国宪法》，实行议会内阁制，三权分立，但天皇作为国家的象征仍保留下来。

纵观日本整个发展历史，日本国家形成较晚，3 世纪初期才出现早期的奴隶制国家，即邪马台国。约 4 世纪，在本州中部又

兴起了一个更发达的奴隶制国家，即大和国。到5世纪，日本奴隶社会进入繁盛时期。646年，大和国发生“大化革新”，仿效中国唐朝的政治制度，确立了中央集权的天皇制。702年和718年，日本分别制定和颁布了《大宝律令》和《养老律令》，进一步肯定了大化革新的成果，加强了中央集权制。8世纪后半叶，土地私有和庄园制度得到发展，10世纪时，封建武士阶层开始崛起，逐渐对日本的政治产生影响。12世纪末，武士出身的将领源赖朝建立了统治全国的军事政府——镰仓幕府，从此，日本进入幕府时期。以将军为首的幕府掌握中央政权，天皇形同虚设。19世纪中叶，随着西方资本主义势力强迫日本开国，日本沦为半封建半殖民地国家，民族矛盾和封建社会内部矛盾激化，幕府统治遭遇空前危机。1868年德川幕府被推翻，结束了封建幕府政治，成立了以明治天皇为首的维新政府，史称“明治维新”。通过一系列的维新变法措施，将封建领主占据的藩地统归天皇管辖。第二次世界大战之后，日本实行同英国类似的议会内阁制，天皇成为国家的象征，但不再具有政治上的主导权力。

日本现行政治制度是以1947年5月3日生效的《日本国宪法》为主要依据的。该宪法明确指出，“国会是国家的最高权力机关，是国家唯一的立法机关”，由众议院和参议院组成。国会对行政、财政、司法拥有监督权，可决定内阁首相人选，有权审议和通过政府预算和国家财政议案，可对玩忽职守和违反法律的法官进行调查和起诉，甚至予以罢免。众议院有权通过内阁不信任案。

二、日本国家机构

（一）天皇

在日本的历史发展进程中，天皇扮演着重要的角色，按照日本神道教的“皇国史观”，天皇是神的后裔，日本是神的子孙所管理的国家，大和民族是优秀的民族。天皇不仅是精神领袖，更是权威体制下权力的拥有者。尤其在明治维新之后，日本通过一系列改革措施确立了天皇制。1889年(明治二十二年)2月11日颁布日本基于近代立宪主义而制定的首部宪法，时称《大日本帝国宪法》，也被称为《明治宪法》或《帝国宪法》。宪法确认了国家的统治权由天皇统揽，规定“万世一系之天皇”是主权者。天皇集立法、行政、司法及统率军队的权力于一身，立法权在帝国议会同意下，行政权在各国务大臣辅佐下由天皇行使，司法权由法院以天皇的名义行使。天皇的地位至高无上，内阁只对天皇负责，不对议会负责，议会的作用很小。天皇还有紧急敕令、独立命令权及非常大权等。

第二次世界大战结束之后，战败的日本颁布了新的宪法，天皇的身份也被重新界定。根据1947年《日本国宪法》，日本为君主立宪国，主权在民，而天皇则为日本国及人民团结的象征。关于日本天皇的继承问题则有一套规定皇位继承顺序的《皇室典范》。《皇室典范》有两部，一部是明治维新之后的帝国宪法时代制定的，另一部则是《日本国宪法》之下制定而成的。为了区分，前者常被称为旧皇室典范，后者则被称为新皇室典范。《皇室典范》是作为一条法律被订立的，和其他法律一样，制定或者改订需经由国会实行。现行的皇室典范制度基本遵循女性皇族无法继承皇位的制度，但由于1965—2006年近41年时间里日本皇室没有诞生男性子嗣，修改《皇室典范》曾经成为日本社会议论的焦点问题。现在天皇既不具有传统君主的性质，也不具备国家元首的性质。如同世界上多数君主立宪制度，天皇于日本只有国家元首名义，并无政治实权。

(二)国会

根据不同时期，日本的国会有不同叫法。第二次世界大战前，国会被称为“帝国议会”，是明治维新后根据1889年《明治宪法》于1890年设立的。形式上是国民参与立法的机关。由贵族院和众议院构成。贵族院由皇族、华族及敕选议员组成，实权掌握在华族和终身敕选议员手中；众议院由民选的议员组成。两院的职权虽然对等，但贵族院可以推翻众议院的决定。帝国议会虽有参与制定法律和预算的权力，但议会通过的法案须经天皇裁可才能成为法律。第二次世界大战后，帝国议会改称国会，从实施新宪法起，建立了以立法、行政和司法“三权分立”的原则为基础的议会内阁制，日本国会是日本国家最高权力机关，国家唯一的立法机关。国会由众议院和参议院构成，众议院480席，参议院242席，选民则为20岁以上的国民，而国会议员可兼任内阁阁员，首相亦由国会推选。两院议员均从国民中选举产生。众议院议员任期4年，参议院议员任期6年，每3年改选半数议员。

国会有立法权、对政府的财政监督权、条约的批准权、内阁总理大臣的提名权，议院有国政调查权、对法官的弹劾裁判权等。众议院和参议院分别由选民（具有选举权的日本国民）选举产生的议员所组成。议员在国会活动中具有以下权能：提出议案权、向内阁提出质询权、对议题的质疑权、对成为议题议案进行赞成或反对的讨论权、在本会或委员会会议拥有的表决权。为了避免各方面的压力，使国会议员自由独立地执行职务，日本宪法和国会法规定国会议员享有如下特权：获得年薪的权利、不受逮捕的特权等。

（三）内阁

内阁是日本国家的最高行政机关。日本宪法规定，国家行政权属于内阁，一切具有行政职能的机关都必须在内阁的统一支配下工作。

议会内阁制，作为日本的重要政治制度，它的实行是基于国民的基本人权和义务而运作的，其主要内容是：国会由选民选举产生；内阁总理大臣经国会议决在国会议员中产生；内阁总理大臣任命国务大臣；内阁总理大臣以及半数以上的国务大臣必须是国会议员；内阁必须得到国会众议院的信任才能成立和继续执政；内阁行使行政权必须向国会负责。

日本内阁的组织机构由总理府以及下属的外局(包括各委员会和各厅)、12个行政省厅以及内阁辅助机构组成,常简称为1府12省厅(图2-1)。

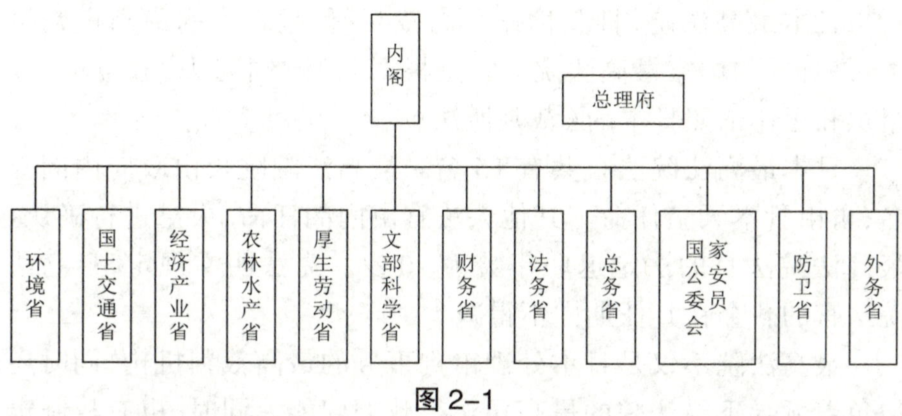

图 2-1

内阁辅助机构包括内阁官房、内阁法制局、人事院、安全保障会议。内阁官房是内阁执行行政事务的主要助手,主管内阁的日常事务,调查、搜集国内外情报,研究审议国内外政策等。总理大臣出国访问或因故不能管理国家,基本上都由内阁官房长官代理行使首相权限。内阁法制局是内阁的法律顾问和咨询机关,主要负责审查有关法律案、政令案、条约案,并向内阁申述意见,以及其他有关法制的事项。人事院是协助内阁管理人事行政的独立性机构,负责主持国家公务人员的考试、晋升、任免,决定其职别、薪俸等事项。安全保障会议是内阁总理大臣在国家安全方面的咨询机构。

(四)司法制度及法院

第二次世界大战后,在美国的压力下,日本采用了西方的三权分立原则对国家进行了改造,参照英美司法体系建立了相对独立的司法制度。《日本国宪法》第七十六条规定:“一切司法权属于最高法院及由法律规定设置的下级法院。行政机关不得施行作为终审的判决。”依照宪法规定,日本司法机构确保了其独立性和统一性。在此基础上,日本依据宪法规定,先后颁布了一系列的新法，包括《法院法》《检察厅法》《律师法》等，对于司法机构的职权进行了明确划分，完善了机构设置，并对于以往执行的刑法、民法、商法、诉讼法等进行了大幅修改。

日本最高法院，日文称作最高裁判所，是日本的最高审判机关，是日本的国家最高法院。它是根据《日本国宪法》设立的，其组织和运作依照日本的《裁判所法》。

日本最高法院法官共有15名。最高法院院长由政府内阁提名，再由日本天皇任命。其他大法官由内阁任命，天皇进行确认。最高法院法官的法定退职年龄为70岁。宪法明文规定，最高法院法官的薪金在其任期内不得减少。

最高法院不仅是日本处理审判事务的最高裁判机构，同时还肩负着领导下级法院的最高司法行政的职能。同时，也有权制定法院诉讼程序和处理司法事务的相关规则（最高裁判所规则）。

最高法院的司法行政权及规则制定权，必须通过最高法院法官会议的决议而行使。为了协助行使上述权力，最高法院内设立了处理总务的最高法院事务总局。另外，也设置了培养法曹的司法研修所等附属机构。

日本最高法院主要负责对宪法及法律的释义的审议以及对高等法院上诉案件的审理。

根据日本《法院法》规定，日本的司法组织系统分为最高法院和下级法院两大类。下级法院又分为高等法院、地方法院、家庭法院和简易法院四种。它们之间存在审级方面的上下区别，但都是独立开展工作，相互间没有指挥监督关系。当然，上级法院的判决对下级法院有约束力。

第二节　日本的政党政治变迁

一、日本政党发展史

日本是亚洲近代史上最早出现政党的国家之一。日本政党最早出现于明治维新后的自由民权运动时期。明治维新以后，资本主义在日本得到一定程度的发展，但带有浓厚的封建性质。当时，倒幕派中的大、中资产阶级和贵族、封建地主陆续对中央集权政府妥协。而资本主义势力最强大的西南诸藩代表了下级士族和小生产者、小资产阶级的利益，他们主张发展资本主义，反对集权制度，要求在政治上拥有更多的参与权，组建资产阶级性质的政党，并通过各种渠道表达意愿，要求政府开设民选议会、实行君主立宪制，试图催促日本由中央集权向真正的资本主义宪政制度转变。这是日本首次要求民主的运动。1874 年 1 月，板垣退助、后藤象二郎等顺应新兴中小资产阶级反对藩阀专政、要求政府设立民选议院的潮流，发起组织了“爱国公党”，但不久解散。同年 4 月，板垣、片冈健吉等成立“立志社”。1875 年 2 月，又在该社基础上成立了“爱国社”。19 世纪 80 年代初，随着自由民权运动的衰落，中小资产阶级从宣传请愿活动转入组党活动，以准备在开设国会后参政。1881 年 10 月，原来的“爱国社”联合其他组织改组成为“自由党”。1882 年 4 月，以大限重信为总理的“立宪改进党”宣告成立。这两个政党的成立标志着日本正式出现了组织形态较完备的政党。1884 年 10 月，“自由党”宣告解散。经过几次改组和重组，其间历经了“立宪自由党”“自由党”“进步党”。1898 年 6 月，“自由党”与“进步党”合并为“宪政党”，组成以大隈重信为首相、板垣退助为内务大臣的“隈板内阁”，成为日本历史上第一个政党内阁。“宪政党”执政时间约 4 个月，后又发生分裂，分别嬗变为“立宪政友会”和“立宪民政党”。

随着资产阶级政党的发展,社会民主力量也逐渐得到增强,广大劳动群众也开始建立自己的政治组织。日本早期的社会主义政党组织出现于19世纪末20世纪初。1898年片山潜等人组织了“社会主义研究会”,1900年1月改组成带有政党性质的“社会主义协会”。1906年2月,“日本社会党”宣告成立。在俄国十月革命影响下,日本涌现了很多社会主义团体。这些团体于1920年12月10日联合组成“日本社会主义同盟”,随后出现了“社会民主主义政党”。1922年7月15日,片山潜等领导创建了“日本共产党”。1926年3月,杉山元治郎等组织了“劳动农民党”。同年12月,该党分裂为“劳动农民党”“日本劳农党”“社会民众党”和“日本农民党”。这些合法的社会民主主义政党经过多次改组,于1931年7月合并为“全国劳农大众党”。

到此,日本的政党政治虽有了长足发展,但与国内的保守势力相比,代表资产阶级民主力量的政党还是根基过于薄弱。1932年爆发了“五一五事件”,军部法西斯分子的枪声结束了日本的政党政治。1940年,军人控制的政府强行解散一切政党,统一建立名为“大政翼赞会”的法西斯政党,开始实行高压政治,第二次世界大战前脆弱的政党政治遂宣告完结。日本政党政治的历史虽然短暂,但它为第二次世界大战后日本能顺利走上资产阶级民主道路奠定了宝贵的政治基础。

第二次世界大战结束后,麦克阿瑟解散“大政翼赞会”等军国主义政党,解除军国主义分子公职。之后,一些战争期间被解散和镇压的政党纷纷恢复活动。1945年11月,“日本自由党”和“日本进步党”在“立宪政友会”和“立宪民政党”的基础上成立。同时,标榜合作主义的“日本协同党”、主张经济民主的“国民党”也相继成立。为了有机会参加为新宪法的通过而举行的第二次世界大战后第一次众议院选举,各种名目繁多、缺乏政治纲领和组织规范的所谓“政党”大量涌现,甚至存在一人一党的状况。当时的日本,以政党命名的团体多达360多个。

1947年4月举行的日本新宪法公布后的首次大选中,参加并取得议席的政党主要有“社会党”“自由党”“民主党”“协同党”“共产党”等,其中“社会党”获取了全部466个议席中的143个,成为各党首位,取得组阁权力。战后日本的政党政治虽然被承认了,但各个政党的法律地位还没有保障,政党机制不够成熟,各个政党的剧烈变动层出不穷。1948年3～10月,“民主党”“社会党”“国民党”组成芦田均内阁。之后,民主党和自由党两大保守政党轮流执政。1955年10月,“社会党”左、右两派重新统一成立“日本社会党”。同年11月15日,“民主党”与“自由党”合并为“自由民主党”。此后,“自由民主党”长期执政,出现了日本政党制度发展的新局面,也被称为“五五体制”。1955—1960年日本政坛上主要是保守政党和革新政党的对立。1964年,由创价学会所属议员为基础组成的“公明政治联盟”正式升级为政党,命名为“公明党”,并在参众议院中的议席逐渐增多。20世纪70年代,日本共产党的势力也明显发展,在1972年大选时就获得了38个众议院议席和6个参议院议席。

进入20世纪70年代后,日本经济高速发展,但政局动荡不安,执政党“自由民主党”的腐败等问题集中暴露,威信严重下降,党内派系矛盾也日益加深。1993年的众议院选举中,“自由民主党”因所获议席不足半数而下台,终结了其长期一党执政的历史,日本的政党政治出现了新的局面和发展趋势。各个政党通过分化重组,新的政党不断涌现。2009年,“民主党”开始执掌政权,出现了日本“民主党”和“自由民主党”两大主要执政党的现状。

二、日本主要政党

日本宪法规定日本的政体组织形式是议会内阁制,国会是最高权力机关,内阁是由国会选举产生,并对国会负责。一般而言,在国会中占有多数议席的政党才能获得组阁权力,执掌政权。当前日本国会中占有议席较多的政党主要有以下几个。

(一)自由民主党

自由民主党简称“自民党”,是当前日本的执政党,也是日本最大的政党。其名称中的“自由”指的是自由经济以及政治意义上的自由,其正式党徽原是类似于日本皇室的菊花纹章,菊花中央标上“自民”两个汉字,但如今基本上政党所采用的标志为“太阳下有两个孩子”。

自民党是1955年11月由原“自由党”和“民主党”两个保守自由主义政党合并而成,1955年组成第一个保守政府,拥有国会中大多数议席,连续执政38年。1993年8月沦为在野党,1994年6月底参加三党联合政权,重返执政地位。1996年11月恢复单独组阁。1999年1月与自由党组成联合政权,10月与自由党和公明党组成三党联合政权。2000年4月与公明党、保守党建立联合政权。2009年8月30日举行的众议院选举中,自民党再次沦为在野党。2012年12月16日,第46届众议院大选提前举行,连同公明党合力达到2/3绝对多数,重新赢回了执政权。在2013年的参议院选举中,自民党重新成为参议院的第一大党,连同公明党重新取得参议院控制权。

自民党是一个对社会多元利益具有较强整合能力的带有民族主义倾向的政党,其长期信奉保守主义的政治哲学。自民党在长期执政下与财团挂钩形成“政治家(政党)、官僚、经济界的铁三角”垄断日本政治。因此,自民党常被视为财阀政治的象征。

自民党本部(相当于中央委员会)有严密的组织制度,有明确的党纲、党章,分为决策机构(政务调查会)、批准机构(党的代表大会、参众两院议员总会、总务会和高干会议)、执行机构(正副总裁、正副干事长)。地方组织分为都道府县的支部联合会和市町村的支部两级,可以做出符合该党的党纲党章以及宪法法律法规要求的决议。吸收党员要符合该党的党纲党章要求,入党条件是赞同并支持该党的政策,在入党书上签名,即可成为党员,去留尊重个人自由。自民党党章规定,总裁由自民党国会议员选举产生,任期 2 年,只能连任 1 次。

自民党一个突出的特点即派系林立,各派系大都有其正式名称,一般以现任会长名字称呼。各派系都有自己的办事处、会计、执行机关和政策研究机构;定期或不定期召开会议;有各自的政治资金来源;在大选和总裁竞选时分别提出本派候选人。据统计,自民党现有七个主要派系:町村派、额贺派、岸田派、麻生派、二阶派、石原派、大岛派、无派阀。

（二）民主党

民主党为当代日本国会中议席数量排名第二的政党,是日本政坛最大的在野党。现在的民主党是 1998 年 4 月由日本民主党、民政党、友爱新党和民主改革联合 4 个在野党组成的新政党。

日本历史上曾经存在过许多民主党,早在 20 世纪 50 年代就曾建立过民主党,1954 年在鸠山一郎的带领下短暂执政,1955 年与同属右翼的自由党合并,形成了自由民主党,后“五五体制”形成,成为当今日本最大的右翼保守派政党。现在的在野党民主党则是 20 世纪 90 年代建立的新党。1996 年,在鸠山由纪夫推动下初步建立联合新党,1998 年 4 月,日本民主党、民政党、友爱新党、民主改革联合 4 个在野党组成了新的民主党,旨在形成一个真正有效监督和约束执政党的反对力量。1998 年 7 月参议院选举和 2000 年 6 月众议院选举后实力大增。该党主张推行民主、稳健的政治路线,构筑新自由社会。2000 年民主党成为日本最大在野党。2007 年 7 月日本参议院选举后,民主党成为参议院第一大党。2009 年 8 月第 45 届日本国会众议院选举,民主党获胜,取代自民党登上日本执政舞台,鸠山由纪夫成为日本首相。2012 年民主党重新回归在野党行列。2012 年 12 月 25 日,日本前经济产业大臣海江田万里当选民主党新党首,2014 年 12 月 15 日宣布辞职。

日本民主党属温和保守型政党,主张推行民主、稳健的政治路线,并主张加强与亚洲各国开展外交活动,深化经济关系,构筑新自由社会，强调对华发展友好合作关系。该党支持基础主要为工会组织和市民工薪阶层，其党员主要为年轻的职业人士。民主党对内主张建立自由、透明和公开的经济社会体系，并推动其日趋完善和成熟发展。在经济社会领域彻底贯彻市场原理，主张在着力发展市场经济的同时，要兼顾社会公平，完善社会保障体系。民主党理念还包括将中央集权政府改造成分权社会，努力实现共同筹谋和参与的社会，实现主权在民。日本民主党以"建立自由与安心的社会"为号召，政策包括要求日本政治"脱官僚"，反对"政治精英、政府官僚、产业界三者紧密结合的铁三角关系"、建立透明与公正的规范、实现共生社会、国民主权原则、在国际上建立可信赖的国家。

民主党的政治理念中比较具有代表性的主张为修改日本宪法。鸠山由纪夫就是积极的修宪派，认为现行的宪法在维护日本和平及国际协调方面发挥了巨大作用。鸠山认为，宪法条文剥夺了日本政治的现实选择，必须在新的国际环境中重新对其进行界定。鸠山还担任了日本"制定新宪法议员同盟"的顾问，并在其主页上有制定的宪法草案。前党首前原的政策主张同样保守色彩较重。他积极主张修改日本宪法，强调应该删除宪法第九条第2款，要求日本拥有陆海空战争力量，日本应该拥有集体自卫权，主张强化日美军事同盟关系。

（三）公明党

公明党自称贯彻中道主义，现与自民党联合执政。公明党于1964年11月成立，其前身为宗教团体创价学会创建的公明政治联盟，1964年11月改称公明党。公明党与宗教有着密切的联系，1964—1969年实行政教合一的体制，其党员来自创价学会的会员。1970年6月实行政教分离，提出了新纲领。新纲领提出以尊重人性为核心内容的"中道主义"，政治理念偏于保守，反对一切暴力主义，以确立议会制民主制度。1979年12月和1980年1月，相继与日本民社党及日本社会党达成"中道革新联合政权构想”协议。1993 年 8 月参加非自民联合政权。但自 1994 年年底以后，日本政界分化改组，公明党分出一部分力量参加新进党，新进党解散后，组成“和平新党”。未分出去的部分则重组为“公明”。1998 年 11 月 7 日，“和平新党”和“公明”宣布合并，并恢复原党名。1999 年 10 月，公明党加入自民党和自由党的联合政权，成为执政党。2000 年 4 月，公明党与自民党、保守党组成联合政权。2001 年、2004 年和 2007 年三届国会选举，由自民党主导，自民党和公明党联合的政权结构一直延续下来。2012 年 12 月 16 日在第 46 届众议院选举中，再次实现了自民党和公明党联合执政的局面。

（四）社会民主党

日本社会民主党简称“社民党”，原名为社会党，是一个左翼政党，于 1996 年 1 月 19 日由社会党改组形成。日本社会党建立于 1945 年 11 月 2 日，该党主要成员是工会和农协的活动家、中小企业主和知识分子。1947 年 4 月在众议院选举中成为国会中第一大党，并开始组阁执政，但执政不到一年即成为在野党，接着参与内阁。此后一直到 1993 年 7 月大选，社会党一直是日本拥有国会议席最多的在野党。1993 年日本政局发生剧变，自民党一党长期政权体系崩溃，“五五体制”被打破。在此过程中，社会党从原有战斗的革新政党不断退却，政治光谱逐渐向右移动，左翼色彩逐渐衰退，逐渐走上中间道路。1996 年 1 月，日本社会党召开第 64 届全国代表大会，正式决定将“日本社会党”改名为“社会民主党”。1998 年 5 月，社民党退出联合政府。

（五）共产党

日本共产党为在野左翼政党。1922 年 7 月 15 日成立，之后曾遭到日本政府的镇压和迫害。第二次世界大战结束后，日本共产党才开始恢复，获合法地位重建党组织。1946 年 4 月，日本共产党首次进入议会，并获得了 5 个席位，1979 年席次增加到 41

席。但由于日本共产党与长期执政的自民党一直处于对立状态，一直被孤立。20世纪90年代，日本共产党根据冷战后新形势，对政策主张再次进行调整。2000年11月，日本共产党召开第22次全国代表大会，修改党章，把党的性质由“工人阶级的先锋政党”改为“工人阶级政党”和“全体日本国民的政党”。该党支持阶层比较稳固，基层组织健全。2004年，日本共产党制定了新纲领，主要内容包括保障社会福利预算、废除美日安保条约、修改日本国宪法以巩固民主主义、坚持三权分立、保障同性恋与少数族群的权利、反对国家主义等。日本共产党奉行“自主独立”路线，在国际问题上反对帝国主义、殖民主义、霸权主义，在国内反对垄断资本，主张在现行宪法下遵守议会民主原则，反对暴力革命和无产阶级专政。

三、当代日本政治发展的特点

政治家族掌握国家最高权力是当代日本政治发展的最大特点。从全球范围来看，家族组织长期控制或者支配性影响政治体系，掌控国家最高权力，这种现象并不特别。就亚洲而言，政治家族统治国家的历史非常悠久，且格外发达，由此形成了一种政治形态，即家族政治。在亚洲地区，家族政治成为一种政治常态，左右着一个国家的政治格局。相对欧洲地区而言，亚洲的民族国家建设起步较晚，一般采用的是现代民主体制。但古老的家族政治仍然在现代政治体系下运行。

家族政治作为一种政治现象进入日本政界始于20世纪60年代，1963年11月，日本举行第30届众议院选举，在新当选的511名议员中，有15人为“世袭议员”。而在1964年11月前首相岸信介的胞弟佐藤荣作当选为首相，成为当时日本政界的一大新闻。90年代以来，各路家族政要后代频频登台，1990年2月在第39届众议院选举中，新当选的“家族议员”达到30人。在2000年6月的第42届众议院选举中，尽管众议院规模由500人缩减为480人，但政治世家出身当选的议员仍有110人。2005年自民党国会议员中，世袭议员占了51.6%。

日本家族政治的形式归纳起来大致为三大类：一是随同父兄进入国会；二是长期的工作上形成的信任关系；三是门生与老师的关系。当然，日本家族政治也是按照一定原则形成起来的，主要是日本传统的家族制度、选举制度、派阀政治以及后援会的存在共同影响的结果。

与其他国家的政治相比，日本的政治实践中出现的政治家族及家族性似乎更为突出一些。现在的日本政界著名的“五大家族”对日本的政治就有着巨大的影响。这“五大家族”即小泉家族、安倍家族、麻生家族、鸠山家族和福田家族。

世袭和家族政治在日本流行有着深刻的背景和原因。从文化层面来讲，传统儒教文明的渗透，使日本门第观念、家族思想和等级意识都非常强烈，知恩图报的理念也深入日本人的认知观念之中。另外，家族政治在日本不断上演还与其政治选举的方式密切相关。日本采用的是小选举区制，一个选区内只出一名政治家，这个选区就是政治家的根基，也在多年根基的营造过程中划分出了鲜明的“地盘”。根基的建立和巩固需要多年的努力，传承就成为最佳选择方式。

家族政治在日本影响深远，但也备受诟病。2005年，美国学者克里·斯托弗·泰特斯·诺斯在其撰写的一篇名为《从政治专家到贵族统治：日本政治的变化之路》的文章中批评称，官僚长期以来一直被视为日本政治的主导者，但是与这些官僚相比，世袭议员应当给予更多的敲打。日本民众也抱怨称政治家们的注意力看起来更像是在极力获取权力，而不是致力于解决日本发展迟缓的经济和日益严重的社会问题。

从积极的层面来看，家族政治在许多方面有其巨大的优势，如有助于保持政权的稳定性，能保障国家政策的连续性，避免政策的不稳定而带给国家和民众的冲击，也有助于政策的长期执行和目标实现。另外，利用家族政治的威望，可降低政治转型的风险。从消极层面来看,家族政治会引发一些负面问题。例如,家族政治造成了政治壁垒,使一些社会精英因为缺乏背景和声望的支持而无法施展身手。

第三节 “明治维新”之后的日本经济发展历程

一、第二次世界大战结束前的经济发展

在第一次世界大战中欧洲战场军需激增,日本经济从中获益很多,重工业在国民经济中的地位提高。随着工业化的进展,日本在第一次世界大战以后,从债务国转变为债权国,在经济结构上则从农业国转变为工业国(1918 年工业比重超过 50%,达到 56.8%),虽然工业结构是以轻工业为中心,钢铁、造船、机械、化学等重工业和化学工业也有了相当的发展。可是,第一次世界大战结束后欧洲军需骤冷,使依赖外国市场的日本经济陷入低潮。日本在工业化与经济军事化加速推进的同时,社会发展却十分迟缓,不同社会阶级、阶层的贫富差距不断扩大,劳动人民的不满情绪日益高涨。1923 年发生了关东大地震,造成了生命财产的巨大损失,也导致银行信用不佳,1927 年发生了昭和金融恐慌。1929 年又卷入世界性经济恐慌,使日本的工农业及金融业遭到沉重打击。1930 年,由于解除黄金出口禁令与世界恐慌等一连串影响,日本经济恶化。第二次世界大战开始时日本经济完全成为国家统制经济,自由主义经济制度崩溃。从 1937 年发动全面侵华战争,到 1941 年挑起太平洋战争,使战争费用更加扶摇直上,国内军事经济畸形发展,国民经济疲惫不堪,明治维新带来的经济成果被战争毁于一旦。

以下从石油工业、煤矿生产、交通运输业、汽车工业、造船业、飞机工业、纺织工业、民用科技、人民生活水平几个方面探析第二次世界大战结束前的日本经济。

石油工业：日本的石油储量非常有限，第二次世界大战前90%的石油依赖进口。从1937年日本全面对华战争爆发以后，日本就已经建造了巨大的油库以储备进口石油，并扩大了加工原油的炼油厂规模。1939年其油库储量曾达到5 100万桶的最高点。1937年日本政府还制订了一个生产人造石油的七年计划，使日本的石油产量有了极大的增长。但人造石油的生产由于熟练技工的缺少，高质量煤和钢的缺乏受到很大限制。

煤矿生产：日本是一个资源贫乏的国家，日本煤的蕴藏量按世界水准来说是量少质低，钢铁工业所需要的全部高质煤要依赖从中国进口，日本煤只用于电力、化学、军火等工业部门和铁路系统。煤矿为了达到1942年年产7 000万吨的水平拼命采掘，自1937年开始，到1940年达到顶峰，几乎耗尽了日本煤矿的储藏。1940年煤炭年产达5 700万吨，1941—1943年年产量保持在5 400万~5 500万吨，到1944年就开始减少到4 900万吨，到战争的最后一年，煤产量至少跌了50%以上。

交通运输业：日本战前已经有遍布全国的交通运输网络，有了连接南北的铁路干线，高架列车是日本重要的运输工具，铁路方面已经有了近现代化的电车机车，城市已经有了地铁。日本船只可以航行到世界各地。

汽车工业：日本汽车工业已经赶超欧美，劳动者素质的提高、技术的成熟成为日产汽车的优势，日本汽车不仅能满足本国的需要，而且部分工业产品开始销往澳大利亚、新西兰等国。1929年，日本公司所生产的汽车不足500辆，到1936年，年产量提高到8 841辆，1938年为30 880辆，1941年达47 901辆，同时还生产了1 024辆坦克。1941年12月，日本陆军已经有62 500辆军用卡车在服役。日本在汽车工业方面已经有了品牌，比如三菱，并已经开始研究节能汽车和电动车。

造船业：一直到第一次世界大战前不久，日本所用的绝大部分舰艇和商船都是外国建造的。1912年12月1日，一艘26 000吨的巡洋舰雾岛号在长崎由三菱造船厂建成下水。自此以后，日本造船业飞速发展。1915年商船产量为4.9万总吨，而在1919年时增至61万总吨，仅次于英国和美国居世界第三位。到1920年，已经有四家日本造船厂建造了一批排水量超过40 000吨级的大型战列舰和战斗巡洋舰。1914—1922年，共建造舰艇64艘，共7万吨。第一次世界大战结束后，造船工业急剧衰落，1934年后又重新膨胀，有大中型船厂60家，船台140余座，职工近40万人，当年舰艇产量达374艘，共40.8万吨。到1941年12月，日本已经拥有世界上最为强大的舰队和一支拥有总吨位达5 916 000吨的可观的现代化商船队。

飞机工业：早在19世纪70年代，日本陆军就制造过载人观测气球。第一次世界大战期间，需要对飞机进行不断地改良和发展，促使日本的飞行机制作所也建立起来。1918年，两家日本最重要的私人工业银行托拉斯——川崎和三菱在神户地区它们自己的造船厂附近建立了飞机工厂。20世纪20年代，其他较小的飞机公司也相继成立，日本陆军还在东京以北的立川建立了一个航空兵工厂和一个航空技术研究所，海军也在东京湾和横须贺建立了类似设施。这些机构负责设计和制造某些类型的试验飞机，但最重要的作用还在于修理、改装和销售普通飞机。日本飞机生产的发展极为迅速，1941年日本生产飞机5 088架，1942年为8 861架，1943年为16 693架，1944年则达28 180架。飞机制造技术战前已达世界先进水平，其零式战斗机凭借轻巧的性能曾经能够压制美国战斗机。

纺织工业：日本工业中第一个明显领先于西方竞争者的是纺织工业，20世纪30年代日本就是世界上棉制品的最大出口商。这种轻工业不需要大量的煤和电力或者昂贵的重型机器，而且廉价棉布在亚洲有着广阔的销售市场，西方国家对于生丝等需求量也较高，因此是日本适合向工业大国发展的良好选择。然而，在20世纪30年代日本开始全力备战时，重工业成为日本的重点，纺织业比重不断下降。

民用科技：20世纪二三十年代，日本的科技水平已相当高了，日本芝浦国产冰箱，广泛应用于民间；国产洗衣机有点像现在的和面机，虽然自动化程度不高，但很耐用，效果也不错；吸尘器、国产收音机进入了普通人的家庭；民用小型相机和民用大型相机，能拍出高清晰的黑白照片（比如佳能相机）；有的小孩子还能骑上电动自行车。

人民生活水平：在 1929 年经济危机前，日本民众生活水平大幅提高，人们思想相对开放，普通阶层可以跟贵族通婚，提倡自由恋爱；东京有了比较繁华的街道，比如银座；人们的休闲方式多样，去歌剧院听歌、湖面划船，棒球运动已成为一些群众的喜爱项目；人们出行可以坐汽车、电车，骑自行车等。但是 1929—1931 年的经济危机及当时的大地震沉重打击了日本经济，高失业率使日本民众生活水平直线下降。

第二次世界大战前及战争期间日本工业发展的情况表明，日本已经具有了超过很多西方国家的尖端技术，并具有了生产相关产品的能力，这些为战后日本经济的迅速恢复和发展奠定了基础。

二、第二次世界大战后的经济发展

第二次世界大战后，日本经济遭受重创，整个日本经济几乎完全停滞。不过，当时支配日本的联合国军，以经济的民主化和非军事化为目标，重点实施了解散财阀、农地改革、劳动改革、倾斜生产方式等改革政策。战后改革使日本在外力的推动下确立了战后的和平发展道路，并使市场竞争原理在除金融外的大多数产业领域得以发挥作用，为整个战后的日本经济、社会的发展奠定了基础。经过了 30 多年的时间，日本扭转了全面崩溃的国民经济，医治了战争的创伤，在此基础实现了现代化，一跃成为资本主义世界的第二号经济强国。

一般认为，第二次世界大战后日本的经济发展可分为以下三大发展期。

1945—1955 年为日本经济恢复发展期。这个时期,在美国的扶植下,日本工业生产超过战前及战时最高水平,国民平均消费额达到战前标准,生铁、粗钢、化纤、电子、汽车等产品出现了巨大的增长。

1956—1973 年是经济高速增长期。在这个时期,日本制定了外向型经济发展战略,调整产业结构,工业生产大幅提升,年均增长率达到 10%以上。出现四大景气(表 2-1),跃居为仅次于美国的第二经济大国。1973 年经济增长到达顶点,国民总收入相当于西德的 1.21 倍、英国的 2.3 倍。

表 2-1　高速增长期内著名的四大景气

名称	持续时间	经济发展的动力与民间消费特点
神武景气	1954.12—1957.6 共 31 个月	以朝鲜战争的"特需"为主导的经济增长。三大"神器"——冰箱、洗衣机、黑白电视带动国民消费
岩户景气	1958.7—1961.12 共 42 个月	以设备投资为主导的经济增长。中产阶层人数增长,带动了高涨的零售业主导的消费
奥运景气	1962.11—1964.10 共 24 个月	以比赛场馆、新干线、高速公路等基础设施建设需求带动的经济增长。民间消费主要为观赛出行或居家购买大型电视等奥运主题消费
伊弉诺景气	1965.11—1970.7 共 57 个月	贸易与资本自由化带来了大规模企业合并。国际竞争力提高。国民收入大幅增长带动了"新三大神器"——空调、家庭汽车、彩电的消费

1973—1986 年为经济稳定增长期。1973 年的石油危机,使日本在 1974 年出现战后第一次负增长,日本经济增长由此进入稳定时期。1971—1975 年,平均年增长率达 5.5%;1970—1980 年,日本国内生产总值上升 3.2 倍。整个日本经济由于产业结构的高度化与企业素质的增强而加强了对外部冲击的抵抗力。1978—1979 年爆发了第二次石油危机,1981—1983 年又出现了世界性经济危机,日本经济所受影响甚小,其经济表现在发达国家中独树一帜(表 2-2)。

表 2-2　石油危机前后 10 年的实际 GDP 增长率（%）

国别	前 10 年平均	后 10 年平均
日本	9.3	3.6
美国	3.9	1.8
西德	4.5	1.6
法国	5.5	2.3
英国	3.3	1.0

随着日本经济、科技水平日益赶超欧美，日本政府逐步认识到必须加强科学技术的自主研发，从模仿外国技术的时代走向独创时代。为此，1980 年提出“技术立国”方针，采取各种政策措施来推动民间企业、政府研究机构和大学三方的“产官学”科技合作与交流。而后，日本国际竞争力进一步增强，工业品出口持续扩大，出口额迅猛增长。

三、20 世纪八九十年代的经济发展

1986 年，日本出现了因日元升值进入泡沫经济时代而引发的经济衰退。图 2-2 是 1985—1996 年的股价变化图，1989 年日经平均指数超过 38 000 点，当时人们购买的房屋、股票资产大幅增值，于是日本民众开始挥金如土，贵金属、宝石、绘画、名牌汽车等高价商品都成了抢手货。1989 年三菱地产用 2 000 亿日元购入纽约洛克菲勒中心 14 栋摩天楼，成为泡沫经济时代日本进军海外地产的狂热顶峰。当时这种资金被称为 Japan Money 并受到世界经济的关注和商家的追捧。泡沫时代东京的地价总和已等于全美国的地价总和……这就是被称为泡沫经济的平成景气时期。这是日本继 20 世纪 60 年代后期经济高速发展之后的第二次大发展时期。但这次和上次不同的是，它的快速增长靠的不是实体经济的支撑，而是大量投机活动的推动。随着 90 年代初泡沫破裂，日本经济出现大倒退，进入平成大萧条时期。1995—1999 年，日本人均 GDP、国民人均收入持续下降，甚至出现了负增长，

具体如表 2-3 所示。

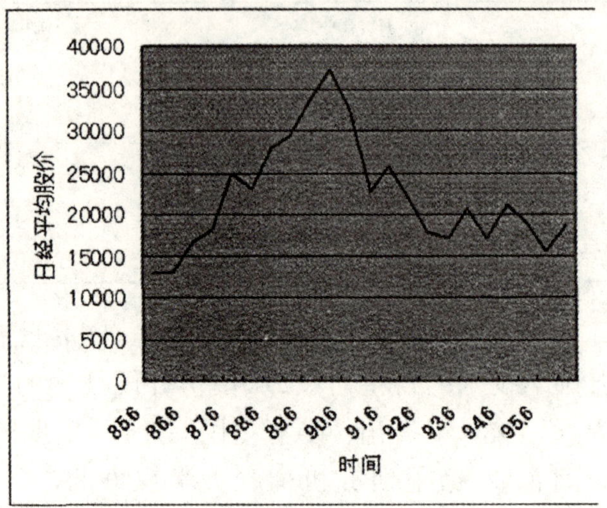

图 2-2

表 2-3 人均 GDP、国民人均收入及年增长率

年份	人均 GDP		国民人均收入	
	金额（万日元）	增长率（%）	金额(万日元）	增长率（%）
1995	402.1	1.6	295.4	0.9
1996	410.2	2.0	302.8	2.5
1997	413.4	0.8	303.1	0.1
1998	404.1	–2.2	292.2	–3.6
1999	400.0	1.0	291.2	0.3

平成大萧条时期也被称为“失去的十年”,加上那之后经济继续低迷的十年,一起被称为“失去的二十年”。虽然 1999 年夏日本爆发了 IT 革命,出口生产出现了 20% ~ 30% 的急速增长,带动整个经济增长近 2%,但复苏十分乏力,并影响到 21 世纪初的经济。

泡沫经济时代的背景之一是日元升值,日元升值严重削弱了出口企业的竞争力,使日本的出口产业受到沉重打击,而出口是拉动日本经济的三驾马车之一。

1985 年 9 月 22 日，世界五大经济强国（美、日、德、英、法）在纽约广场饭店签下“广场协定”。当时美元汇率过高造成大量贸易赤字，陷入困境的美国与其他四国发表共同声明，宣布介入汇率市场。此后，日元迅速升值，仅用一年从 1 美元兑 220 日元左右上升到 1 美元兑 150 日元。由于汇率的剧烈变动，美国国债造成了资产账面亏损，因此，大量资金为躲避汇率风险而进入日本国内市场。当时日本政府为补贴因日元升值而受到打击的出口产业，正在实行量化宽松政策，由于市场上利率下降，产生了过剩的流通资金。

另外，泡沫经济在当时还有两个背景：一是从 20 世纪 70 年代后期开始，日本的银行开始向不动产、零售业、个人住宅等领域融资，资产价格攀升；二是 80 年代以来，全球性通货紧缩形成了股票市场的上升通道。前者严重背离了第二次世界大战后日本的两项基本国策：基本农田制度、产业兴国战略。不动产开发的持续高涨直接威胁到了日本基本农田的保有量。大量投向不动产的资金使产业结构和就业结构发生倾斜，严重威胁了工业、制造业的发展与科技的振兴。

同时，伴随 20 世纪 80 年代中国大门的敞开，中国及其他发展中国家在彩电、冰箱等制造业提供的低价格产品，对日本的制造业造成致命打击。曾经依靠先进的工业制造技术，通过来料加工、出口工业制品带动的日本经济从此风光不再。

为了防止泡沫持续扩大，日本政府采用了金融急刹车的手段。各大银行开始大幅度减小有关房地产的贷款规模，银行利率从 2.5% 快速提高到 6%，由此引发的崩溃像多米诺骨牌一样，在日本各个领域接连爆发，最终致使日本经济泡沫破灭。

四、21 世纪初的经济发展

2001 年，由于受到以 IT 为标志的美国新经济泡沫破裂、美国“9·11 事件”以及日本各地陆续发现疯牛病病例这三次冲击，稍有缓和迹象的日本经济又一步步滑向衰退，陷入了负增长的沼泽之中。2002 年小泉政府推行“无圣域结构改革”，试图通过打破垄断、放宽政府规制管理、充分发挥市场经济的作用，给日本经济注入活力。然而这一政策未能改变低迷的经济状况，通货紧缩持续了近 10 年。由表 2-4 可见日本 GDP 增幅多年出现负增长，2008 年甚至达到 -4.6%。

表 2-4 人均 GDP、国民人均收入及年增长率

年份	人均 G1DP		国民人均收入	
	金额（万日元）	增长率（%）	金额(万日元）	增长率（%）
2000	402.6	0.6	295.7	1.5
2001	394.4	-2.0	288.3	-2.5
2002	390.8	-0.9	285.5	-1.0
2003	393.1	0.6	288.3	1.0
2004	393.5	0.1	289.7	0.5
2005	395.5	0.5	292.8	1.1
2006	398.1	0.7	295.7	1.0
2007	400.8	0.7	297.8	0.7
2008	382.3	-4.6	277.3	6.9
2009	370.2	-3.2	269.0	-3.0
2010	375.1	1.3	275.5	2.4
2011	370.8	1.1	273.3	0.8
2012	370.7	-0.0	275.4	0.8

日本经济增长率持续低迷，特别是在通货紧缩与沉闷的内需消费的相互作用下，形成恶性循环，再加上 2011 年的东日本大地震，更使经济雪上加霜。2012 年 12 月，首相安倍晋三上台后加速实施一系列刺激经济的政策，试图给日本经济带来生机，这个政策就是所谓的“安倍经济学”（图 2-3），其中最引人注目的就是宽松的货币政策和日元汇率的加速贬值。

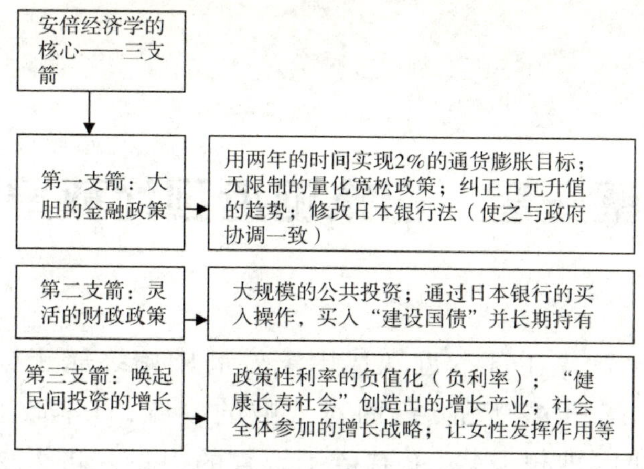

图 2–3

2013 年，安倍经济学的“试运行”可谓初见成效，史无前例的金融宽松政策使日元加速贬值，让饱受日元升值之苦的汽车、家电等出口企业重获生机。从已发表的主要经济数据来看，日本经济恢复的步伐逐渐加快，就业情况明显改善，许多大企业 6 年来首次给员工加薪。关于股价，新政也推动了东京股市大涨：从 2012 年 11 月末的 9 446 点上升至 2014 年 3 月 7 日的 15 274 点，日经指数 2013 年升幅将近 60%，创造了近 40 年来的最高纪录。2013 年经济增长率也达到 1.95 %（2011 年 –0.59 %，2012 年 1.96%）。

第三章 日本的近现代教育

近现代教育在日本近现代国家发展中始终居于极为重要的地位。第二次世界大战后，面对战败的废墟，日本政府宣布：要实现新的建国理想，根本上有待于教育的力量。进入 21 世纪，日本政府进一步确立了“教育立国”的国家战略。日本对教育非常重视，并且将教育的作用发挥到了极致。本章将主要阐述日本近代教育体制的初创、改革、确立与扩充和日本现代教育的发展。

第一节 日本近代教育体制的初创

日本近代教育体制的最初创立是以“学制”的摸索、酝酿、制定、颁布、实施为主线的。《学制》是日本近代史上第一个由中央政府颁布并切实推行的教育立法，它的公布实施，标志着日本近代教育体制的初步创立。

一、“学制”与近代教育体制的初创

（一）“学制”下的教育行政

1871 年 9 月设立了文部省。1872 年 9 月《学制》中对“学区”、教师政策、教科书政策做出了具体规定。中央文部省的统辖、地方教育行政单位的执掌，在宏观层面上掌控着国家的教育政策与教育发展；教师政策、教科书政策，则通过实施教育的人（教

师)与物(教科书),在微观层面上贯彻着国家的教育方针与教育内容;两者共同构成了日本的教育行政体制,以便为国家教育目的的实现提供有力的保障。文部省的创设及其职能的确立,标志着独立的中央教育行政机构的建立。

文部省通过“学区制”掌控地方教育行政。《学制》第一部分“大中小学区之事”规定将全国划分为8个大学区,每个大学区分为32个中学区,每个中学区分为210个小学区,中学区以下的划分由地方官根据当地的土地面积、人口疏密,按郡区村市划分。每个大学区内设一所督学局,任命数名督学及附属官员。督学局的职能是监督大学区内的学校,处理大学区内大小事务;还负责检查并讨论修改教则等。大学区下设的每个中学区内设10 ~ 13名学区管理人,每人负责20 ~ 30个小学区。学区管理人的主要职责是督促区内学龄儿童入学、各小学区内学校的设立与维护、经费的使用等一切教育事务。学区管理人从当地有名望者中选出,由地方官任命,并将名单提交文部省督学局。

这样,便在全国形成了金字塔形的教育行政网,文部省位于金字塔的最顶端,下面是各大学区内的督学局,最下层是各中学区内的学区管理人。明治政府试图通过集权型的行政组织机构,将教育政策渗透到全国各个角落,以利于推行其教育政策、实现其教育目标。

近代教师政策的初步规定。《学制》第三部分“教员之事”规定了各级教师任教资格的原则:小学教师不论男女,必须20岁以上,而且是持有师范学校毕业证书或中学证书者;中学教师必须25岁以上,且持有大学证书者;大学教师必须有学士称号。该教师资格的要求颇高,在当时情况下一时难以达到,因此《学制》中特别说明以上要求只是先作规定,待数年之后再予执行。

教科书政策的初步展开。《学制》中对各级学校的教科书未作详细规定,仅规定“学校必要之器械书籍,须用心加以完备。诸学校所在之书(籍)器(材),应按照第三号制表(登记),每年二月向督学局提交”。此外,文部省在1872年10月公布的《中学教则略》《小学教则》中指定了教科书(其中多为介绍西方文化的启蒙书籍和翻译书籍),各小学及中学可以自由地从中选择使用教科书。与此同时,文部省为了向学校提供各类教科书,也开始了教科书行政事务。该时期,明治政府采取了较为自由的教科书制度。

(二)"学制"下的学校教育体系

《学制》第二部分"学校之事"规定了小学、中学、大学这一单轨制学校系统,规定了实用性的教育内容与班级授课制的教育方法,对职业教育等新兴教育领域也做出了具体规定,从而初步形成了近代学校教育体系。

1. 单轨制的学校系统

《学制》规定"学校分为大学、中学、小学三等"。小学"是使一般人务必接受初级教育的场所",分为普通小学、女子小学、农村小学、贫民小学、小学私塾、幼儿小学。此外,还有残疾人小学。中学"是向小学毕业者讲授普通学科的场所",普通中学分为上、下二等,下等中学从14岁到16岁,上等中学从17岁到19岁,就学年限上下各3年,共6年,讲授高于小学水平的一般学问。大学"是讲授高尚诸学的专业学校",其课程包括理学、化学、法学、医学、数理学。上述系统性、单轨制的学校系统,有别于分散性、双轨制的幕末学校系统。

2. 近代性的教育内容与方法

如果说"学制"所确立的学区制、各类学校等是日本近代教育体制的"硬件""骨架"的话,那么"学制"以及其后颁布的中小学教则所规定的近代化的教学内容与方法则是"软件""血肉",也是近代教育体制不可或缺的组成部分。

就学校教育的内容而言,《学制》规定普通小学的授课内容为:下等小学设拼写法、习字、单词、会话、读本、修身、书牍、文法、算术、养生法、地学概况、理学概况、体育、唱歌,共14门课程。中学的授课内容为:下等中学设国语学、数学(算术)、习字、地理学、史学、外国语学、理学、画学、古语言学、几何学(或代数学)、记簿法、博物学、化学、修身学、测量学(或生理学、政体概况、国情概况)、奏乐,共16门。大学的课程分为理学、化学、法学、医学、数理学。近代教育的一个重要特征是自然科学内容的增加。从上述大中小学的教学内容来看,自然科学方面的内容显然占相当大比重。因此,《学制》规定的各级各类学校的教育内容也体现着近代特征。

《学制》规定了近代的教学组织方式。首先是实行统一的年级制。其次是采用"班级授课制",班级授课制有与之相关的教室管理规则,这种班级授课的方法源于西方的近代教育制度,还在授课中采用"问答教学法",即一问一答的直观教学方法。上述近代教学方法,有别于幕府末期采用的个别式、讲解式的教学方法。

3. 职业教育

《学制》中所列"中学"中的工业学校、商业学校、翻译学校、农业学校,实际上均属中等职业教育范畴。其中工业学校讲授各类工艺知识与技能;商业学校讲授有关商业方面的知识,在国内繁华地区设立数所;翻译学校讲授各类外语的翻译,专门为翻译人员或为了经商而希望学习外语者设立;农业学校为小学毕业且致力于从事农业者而设。

可见,明治政府通过颁布实施"学制布告"及"学制",确立了近代意义的教育理念、教育行政及学校制度,从而初步创立了近代教育体制。

二、"学制"时期的教育规模

(一)义务教育制度的初步建立

义务教育制度应主要包括义务教育强制性的法律规定、义务教育年限和义务教育财政三个方面。

关于义务教育的强制性与年限,“学制”时期并未使用“义务”一词,而是以“(务)必”的表述,将“义务教育”法制化。《学制》规定下等小学6～9岁、上等小学10～13岁,也就是说,原则上6～13岁的儿童“务必”接受初等教育的年限是8年,同时也可根据实际情况斟酌处理。除了上述法律规定,明治政府也非常重视义务教育的切实推行。

关于义务教育财政,义务教育能否普及,关键在于教育经费。“学制”时期的义务教育经费有两大特点:第一,“自费”原则;第二,国家财政补助。

可见,“学制”时期确立了强制性的、八年制的、收取学费并接受国家补助的义务教育制度。

(二)普通中等、高等教育的起步

该时期的普通中等教育机构主要是指中学。明治政府颁布《学制》后,便开始着手组建新中学:将原来的大学南校改为第一大学区第一中学,大阪开成所改为第四大学区第一中学,长崎的广运馆改为第六大学区第一中学,东京的洋学第一学校改为第一大学区第二中学等。《学制》中规定,政府向中学的经营修缮等提供教育补助金。该时期的中学数量增加迅速,1879年达到784所,是1873年(20所)的39.2倍;中等教育在校生人数猛增,1879年共47 876人,是1873年(1 767人)的27.1倍。

该时期的普通高等教育机构仅东京大学1所。1877年4月,明治政府将东京开成学校与东京医学校合并成东京大学,分为法学部、理学部、文学部、医学部。东京大学是日本近代第一所大学,是培养国家高级人才的主要机构,因此受到政府经费的重点支持。早在东京大学成立之前,政府便向其前身——东京开成学校、东京医学校提供经费补助,而且支付给两校的补助经费分别居文部省经费支出的第三、第四位;东京大学成立以后,东京大学及其医学部接受的经费补助仍分别占文部省经费的第三、第四位,仅次于文部省行政经费、府县小学补助金。高等教育在校生人数

1879 年达到 7 415 人，是 1873 年（4 263 人）的 1.7 倍。

（三）师范教育的初步发展

《学制》在“大学”之下提及“师范学校”，规定“师范学校讲授小学教育之教则和教学方法，在当前乃极为紧要，若该学校不实现，则小学不能完备，故期尽快开设此种学校，在实现之基础上向各地派出小学教师”。明治政府对师范教育的重视仅次于小学，前述《学制》的“着手顺序”中第二条即为“迅速兴办师范学校”；对师范学校的经费补助在 1878 年 7 月至 12 月占文部省经费的 7.6%，仅次于对小学及东京大学的补助金额。该时期，明治政府重点发展了三类师范教育机构：第一类是师范学校，明治政府在颁布《学制》之前（1872 年 7 月）便在东京的昌平学校原址设立了一所师范学校，颁布《学制》后继续增设，1878 年有师范学校 101 所，是 1874 年（46 所）的 2.2 倍，1879 年减为 87 所；第二类是高等师范学校，1873 年设立 2 所，1876 年达到最多的 9 所后有所减少，1878 年、1879 年均为 2 所；第三类是教员养成所，各府县为了应对迅速发展的小学教育，纷纷设立此类教师培养机构（1874 年有 70% 的府县设立），至 1876 年，各府县共设立 63 所教员养成所。

（四）职业教育的逐步展开

该时期的职业教育机构主要包括专门学校、实业学校和各种学校三类。职业教育机构可直接为资本主义生产提供各级各类人才，因此受到政府的重视，获得了较大发展。1873 年仅有 26 所专门学校，1875 年开始设立实业学校，1876 年开始大量设立各种学校，到 1879 年三类职业教育机构达到 450 所（其中实业学校 14 所、专门学校 108 所、各种学校 328 所），是 1873 年（26 所）的 17.3 倍。

各类职业教育机构的专业领域主要为农业、工业、商业、外语、法律等。在农业教育方面，1875年6月，开拓使临时学校（1872年5月21日设立）被改为札幌学校，1876年9月又改为札幌农学校；1874年4月，内务省劝业寮内设立讲授德国农学的农事修学场，1877年10月改称驹场农学校（后成为东京帝国大学农科大学）。在工业教育方面，1873年，工部省工部寮工部学校（设立于1872年4月）正式开课，1874年以后称“工学寮”，1877年1月改称工部大学校。在法律教育方面，1875年，专门培养法律人才的司法省明法寮（设立于1871年11月）改为司法省直辖的法学校（1884年改为文部省直辖的东京法学校，1885年合并于东京大学法学部）。

明治政府还尤为重视外语教育与商业教育。在外语教育方面，1873年11月在东京设立外国语学校，1874年一年内，各大学区共设立公立外国语学校7所。1874年12月，东京外国语学校的英语科独立为东京英语学校，与此同时，其他学校也改称英语学校。在商业教育方面，1874年5月，大藏省纸币寮银行课内设立银行学局（1876年7月被废止），聘请英国人讲授簿记学、经济学及银行必需的语言学，成为近代商业教育的开端。地方政府及个人也先后设立商业学校。

第二节　日本近代教育体制的改革、确立与扩充

《学制》颁布并执行了一段时间之后，1886年明治政府又颁布了《学校令》，这是对教育体制的改革。而从“学校令”到成立“高等教育会议”这段时期是日本近代教育体制的确立时期，接着就是日本近代教育体制的扩充时期，即从“高等教育会议”到“临时教育会议”这段时期。扩充时期日本政府新颁布或修改了一系列有关学校教育的敕令，几乎涉及学校教育发展的所有领域，标志着日本近代学校教育制度的进一步改革与发展。

一、日本近代教育体制的改革

1879年明治政府颁布了《教育令》，并分别在1880年及1885年两次对《教育令》进行了修改，在教育目的、教育行政、学校制度、教育与军事等各个方面修改了"学制"明确的近代教育体制，因篇幅有限，这里重点阐述教育行政和学校教育。

（一）"教育令"时期的教育行政

1879年《教育令》虽有"自由"之名，但该令旋即被改。此后，明治政府采取了一系列措施，使教育行政向着国家控制的方向发展，具体表现为以下几个方面。

1. 天皇的教育行政干预

该时期，天皇的政治地位有所加强，突出表现为"天皇亲政运动"。元田永孚于1880年起草了《国宪大纲》，其中列出了七条天皇亲揽的事宜，第一条即为"大日本国由天孙一系之皇统君临万世"。天皇也开始亲自参与教育政策制定。如前所述，1879年颁布的《教学大旨》，便是以天皇圣旨的方式规定了教育的基本理念与宗旨。1882年7月"批准敕选道德教科书"——《幼学纲要》也是天皇亲命元田永孚等人编写的，在编写的过程中，"天皇对该书的编辑尤其深切关注，编纂期间曾命侍讲元田（永孚）呈奉稿本及印刷本，并听取了元田的意见"。而且，该书的发放是在附加天皇敕令后逐级下赐的。天皇还关注学校制度的发展，于1879年9月敕谕批准《教育令》，1881年5月亲览了《小学教则纲领》《小学教员须知》等教育法令的草案，并提出修改意见，文部省按照天皇的意见进行了修改。

2. 国家干涉教育的加强

1879年《教育令》也规定了中央的教育行政统治权，只是对学校教育的规定相对宽松，因而被称为"自由教育令"。但该令于1880年12月即被修改,修改的原因便是其“自由”与“放任”。由此,根据1880年12月之后的《教育令》,国家进一步加强了对教育的控制程度:文部省的教育行政功能加强;中央通过“视学”监控地方教育;基层教育行政官员由民选制改为任命制;教育行政在一定程度上受到行政的干涉,教育行政的独立程度逐渐减弱。

3. 教师、教科书政策的加强

教师是贯彻国家教育政策的“人”的媒介。该时期,明治政府采取了一些措施加强了对教师的掌控。首先加强了对教师的道德要求,对教师的品行内容都做了具体的规定;其次确立了教师资格证制度;最后对教师的待遇做了相应的规定。

教科书是贯彻国家教育政策的“物”的媒介。该时期,明治政府在一些方面开始逐渐加强对教科书的干预程度。首先,政府日益加强了对中小学教学大纲的控制,也就是加强了对学校教育内容的控制。其次,政府开始组织编写国家所需的教科书,在文省部内成立编辑局,进行教科书的编纂。最后,政府开始取缔不符合国家要求的教科书;对教科书进行调查,将其分类,再下达通知说明哪些书可用那些书禁用。

4. 民众教育权的受限

该时期,日本政府也加强了对教育官员、学校教师及学生政治活动的管制,压制甚至剥夺教育界人士的政治自由与权利。首先,对教育官员以及教师的政治权利进行了严格的限制,出台一系列规定限制教师的言论和行动的自由,间接剥夺了教师的政治权利与自由,从而加强了对教师队伍的统制。其次,取缔在校学生的政治活动。1883年10月,东京大学全体学生拒绝参加学位授予仪式,以反对政府取缔学生的政治活动。但是,学生们的反抗未能改变政府意欲加强教育统制的方向。教师、学生的政治权利与自由的受限,也从一个侧面反映了国家教育行政权力的加强。

（二）“教育令”时期的学校教育

该时期，学校教育规模的变化，主要体现为义务教育小幅扩大，普通中等教育、师范教育、高等职业教育均大幅度缩减，高等教育、中等职业教育有所扩大，而初等职业教育增幅最大。从总体来看，该时期学校教育规模的扩大不及“学制”时期。

1. 义务教育制度的修改及其小幅扩大

“教育令”时期，有关义务教育的强制性法律规定、义务教育年限和义务教育财政三个方面，均改变了“学制”时期的相关规定，从而改变了义务教育制度。这一时期的义务教育制度在强制性、就学年限、收取学费等方面的法律规定均有所放松，但同时也取消了国家补助政策，从而修改了“学制”时期确立的义务教育制度。该时期的义务教育发展，从1879年开始，小学数量、在校生人数、义务教育就学率均有所增加或提高，到1883年三项指标均达到该时期最高值后，开始有所下降。但从总体上看该时期的义务教育规模有所扩大，但增幅相对较小。

2. 中等、高等普通教育的不同发展

普通中等教育机构包括中学、高等女子学校。就中学的数量而言，1879年有中学784所，1880年锐减为187所，此后逐年递减，至1886年仅剩56所，1886年中学数量仅为1879年的7.1%；高等女子学校1882年设立时有5所，到1886年发展到7所；从中等教育在校生人数来看，1886年有17 956人，仅为1879年（47 876人）的37.5%。可见，该时期的普通中等教育规模大幅度缩小。该时期的中等教育开始分化为普通教育与职业教育两类。

普通高等教育机构仍然仅有东京大学一所。东京大学的发展呈现三种趋势：一是大学教育的升级，东京大学在本科教育基础上，又开始向更高层的研究生教育发展；二是大学内容的拓展。东京大学成立之初仅设法学、理学、文学、医学4个学部，1885年12月，又新增工艺学部，成为法政、文、理、工艺、医学5

个学部；三是高等教育在校生人数增加，1886 年共有 12 126 人，是 1879 年（7 415 人）的 1.64 倍。

3. 师范教育的缩减与规范化

该时期的师范教育有两个特点：一是师范教育进一步规范化。1879 年 2 月，东京师范学校修改教学大纲，规定预科 2 年、高等预科 2 年、本科 1 年，附加教育学、学校管理法、唱歌，充实理学方面的教学课程；该校同年 9 月又进一步修改校规，明文规定其具有正规教师培养机构的职能。此外，1881 年 8 月，文部省制定了《师范学校教则大纲》，该大纲是第一个有关师范学校的单行法规，规定了初等、中等、高等三个等级的师范学校课程。二是实行师范生推荐入学制度，1883 年 4 月，文部省公布《府县推荐师范生募集规则》，规定师范生由地方政府推荐，该制度有利于政府加强对师范教育的控制。

4. 职业教育的初步发展

该时期，职业教育机构主要包括高等教育领域的专门学校、中等教育领域的实业学校、准中等教育领域的各种学校。日本政府在该时期较为重视职业教育学校的发展。就职业教育的规模而言，专门学校由 1879 年的 108 所减少为 1886 年的 66 所，呈缩小趋势；实业学校由 1879 年的 14 所增加到 1886 年的 25 所，增加了近一倍；各种学校由 1879 年的 328 所增加到 1886 年的 1 603 所，增加了近 4 倍。可见，该时期较低层次的职业教育机构扩大迅速，中等职业教育有所扩大，而高等职业教育机构逐年缩小。该时期，各个领域的职业教育均有一定程度的发展。上述不同专业的职业学校，标志着日本近代职业教育的初步发展，也成为日后各高等教育机构的胚胎。

二、日本近代教育体制的确立

1886 年颁布的“学校令”标志着近代学校制度的建立，1889

年的《大日本帝国宪法》标志着皇权教育行政体系的确立,1890年《教育敕语》标志着皇国教育理念的法制化,军事教育在教育领域中的实施则标志着“军国主义”教育的初步展开。而这些共同确立了日本近代教育体制,但因篇幅有限,这里重点阐述“学校令”时期的教育行政以及近代学校教育制度的确立展开。

(一)“学校令”时期的教育行政

该时期,教育领域则确立了“敕令主义”的教育行政方式,即教育政策不是以法律的形式颁布,而是以天皇敕令的形式颁布实施。“敕令主义”作为日本政府的一种教育政略,对其政治统治是“有效”的,却与世界近代化过程中的“法治主义”趋势背道而驰。

“学校令”一方面使日本学校教育体系化,另一方面也规定了国家对各级学校教育的掌控权限,从而加强了国家的教育行政权。

在教师制度方面,“教育令”时期建立了教师资格证制度,“学校令”时期仍采用教师资格证制度。又增加了教师审定制度,较之“教育令”时期的教师资格证制度,更有利于日本政府将教师控制在其所希望的范畴内,从而确保培养出国家需要的人。在教科书制度方面,“教育令”时期虽为自由制,但政府已经开始加强对教科书的管理,1886年《小学校令》及《中学校令》则明确规定:“小学的教科书应限于文部大臣审定的教科书”,“中学的教科书应限于文部大臣审定的教科书”。该规定标志着日本近代教科书审定制度的确立。

1889年《大日本帝国宪法》中明文规定日本民众有信教自由,有言论、著作、印刷、集会及结社等自由。但是,上述“权利”仅仅是一纸空文。因为,该宪法规定国民享有这些权利的前提条件是“不妨碍安宁秩序”“在法律范围内”。进而,日本政府开始通过各种行政命令或措施,限制教育领域的政治权利,甚至剥夺民众的宗教信仰自由。一是开始限制教育界人士的政治权利,二是压制教育界人士的信教自由。

（二）近代学校教育制度的确立

该时期，森有礼就任文部大臣期间先后主持制定了《帝国大学令》《小学校令》《师范学校令》《诸学校通则》。井上毅担任文部大臣期间则主持制定了一系列的职业教育法令，包括《实业补习学校规程》《简易农学校规程》，这些法令将义务教育制度法制化，确立了多轨制的学校升学体系，呈现出重视职业教育的特征，标志着日本近代学校教育制度的基本定型。

1. 义务教育的法制化及其特点

《小学校令》明确规定："儿童学龄为6岁至14岁之间的8年间，父母及监护人等有使其学龄儿童获得普通教育的义务"，这标志着日本近代义务教育的正式法制化，同时还规定虽然允许免收或减收贫困家庭学生的学费，但仍然要征收学费，这就使得义务教育兼具"义务性"和"无偿性"。而且，该时期基础教育的发展更加注重的是增加就学人数提高就学率，而不是一味地追求学校数量的增加。

2. 普通中等、高等教育的发展

该时期普通中学的发展有两个特点，一是女子中等教育机构独立，虽然仍有一定的局限性，但也是一种进步；二是普通中等职业教育的比重进一步增加。普通高等教育也单独立法而且获得了一定程度的发展，1886年日本政府公布了《帝国大学令》，规定了帝国大学的目的、内部构成、运营管理等。除了帝国大学之外，庆应义塾设置包括文学、法律、理财三科的大学部，民间的高等教育开始起步。

3. 师范教育与职业教育的体系化

师范教育体系化的标志是《师范学校令》的公布，它规定了师范学校的性质、目的、分类、行政管理及财政等。教育师范机构被分为高等师范院校和普通师范院校两类，该时期的师范学校规模并未扩大。职业教育尤其是初等职业教育体系化的标志是《实业补习学校规程》《徒弟学校规程》《简易农学校规程》的颁布实施，这三项法规使实业补习学校、徒弟学校和简易农学校这三类初等职业教育机构法制化、系统化。日本政府还通过财政补助、师资培养等措施，积极促进职业教育机构的发展。

三、日本近代教育体制的扩充

日本近代教育体制的扩充主要的表现是“皇国主义”教育的加强、教育行政统制的加强、军国主义教育的发展和学校教育制度的改革与扩充。因篇幅有限，这里重点阐述教育行政统制的加强和学校教育制度的改革与扩充。

（一）教育行政统制的加强

该时期，教育行政的基本原则仍然是“敕令主义”，天皇继续参与教育决策。除天皇参与外，该时期的教育行政还呈现出一些新的特点。

1. 中央教育行政的新特点

该时期的中央教育行政具有三方面特点，一是新设中央教育审议机构，各界通过该审议会参与教育政策的制定；二是通过视学制度加强了中央对地方教育行政的监控；三是内务省、政界等一般行政机构开始干预教育行政。

2. 提高教师待遇与加强控制

该时期之初，小学教师的经济地位仍然较低，经济地位的低下导致从教人员严重不足。教师人才的缺乏，直接影响着教育质量。于是，日本政府颁布一系列法令，采取措施提高教师待遇。同时，日本政府还加强了教师审定制度。为了防止所谓的“社会主义思潮”，日本政府还进一步加强了对教师的思想监控。日本政府在提高教师待遇的同时，也通过教师任命、教师资格证制度、思想控制等方式，加强了对教师的掌控。

3. 教科书国定制度的确立

该时期，义务教育教科书制度的重大改革是由审定制改为国定制。同时，日本政府也加强了对中等教育教科书的管控。首先，日本政府通过将教科书制度由审定制改为国定审定并存制、加强对教科书选择的控制、加强对“小学教则”的统制这三方面的措施进一步加强了对义务教育教科书的统制。其次，帝国议会上也开始探讨教科书“国定制”问题。除了义务教育教科书外，日本政府该时期还加强了对中等教育机构用教科书的控制。最后，文部省严格审查社会一般图书。

该时期，义务教育教科书国定制、师范教育教科书指定制、其他中等教育教科书审定制、社会图书的认定等措施，表明日本政府对教育内容的控制进一步加强。

4. 对教育领域民主权利的压制

甲午战争后，日本政府曾一度放松对民众政治活动的管制。但是，在社会主义思潮及运动的发展面前，日本政府继而又采取了一些措施，进一步镇压教育领域的民主运动。首先，加强警察统治机构，限制教师的政治权利。其次，对学生的自由运动进行压制，对学生举办的戏剧表演、辩论大会、运动会等各种活动做出了严格的规定。最后，限制大学教师的权利。总之，该时期，中央政府对各级教育行政的控制，其他行政对教育行政的干预，均开始制度化，并开始压制教育领域内的民主权利。

（二）学校教育制度的改革与扩充

该时期，日本朝野均开始探讨改革学校制度问题。民间教育界也成立了“学制改革同志会”，专门研究改革学制的方案。改革方案主要包括两个方面：一是要求扩大各级各类学校的规模；二是要求改革教育内部结构，如缩短教育年限、精简课程、设置专门学校等。在日本朝野改革力量的推动下，该时期的学校教育制度实现了进一步的改革与发展。

1. 免费义务教育的法制化及其发展

该时期,日本政府先后四次修改了《小学校令》,实现了一些方面的改革。首先,增加义务教育的国库补助,法律明文规定免征学费。其次,统一与延长义务教育年限,最终义务教育年限延长了2年。再次,增加义务教育中的实业与法制内容。最后,扩大了义务教育的规模。虽然小学的数量有所减少,但初等教育在校生人数则成倍增加。

2. 中等、高等普通教育的改革

该时期,日本政府修改并新颁布了两项有关普通中等教育机构的法律。一是于1899年2月修改了《中学校令》,中学教育的目的、内涵、名称及设置数量都发生了变化;二是于1899年2月公布了《高等女子学校令》,它的颁布实施,标志着女子普通中等教育系统的确立。与此同时,中等普通教育中的实业与法制内容也有所加强。一方面,中学添加了有关实业及法制经济的内容;另一方面,高等女子学校的教学内容中,家务、裁缝(内容包括育儿、家庭教育等)占整个课程的19.6%,其余则是修身占压倒性比例。该时期,中等普通教育机构总体规模不断扩大。高等普通教育的改革与发展主要体现在高等中学校、大学、帝国大学三类教育机构上。高等中学校由原高等学校改革而来,该时期设立的几所大学主要由专门学校升级而来,帝国大学也实现了一定程度的发展,一是新增设了三所帝国大学;二是扩充了原有的东京帝国大学;三是帝国大学开始对女子开放。

3. 师范教育、实业教育的扩充与升级

初等、中等教育的扩大,迫切要求充实师资力量。于是,日本政府积极采取措施,在几个方面改革扩充了师范教育。一是于1897年10月公布《师范教育令》确立新的师范教育体制;二是师范教育实现了部分升级;三是师范教育增加了法制及实业的教育内容；四是师范教育的规模也有所扩大，各类师范教育机构均有所增加。

该时期，实业教育备受重视。甲午战争以后，日本朝野公开主张：未来的世界争霸是“贸易之战”“实业战争”“商战”。在这一背景下，该时期的实业教育获得了长足的发展。一是颁布《实业学校令》，完善了中等职业教育体系；二是颁布《专门学校令》，建立了高等职业教育体系。在政府的大力发展下，各级各类职业教育机构数量猛增。实业教育规模的扩大，为日本资本主义发展提供了各级各类所需的必要人才。在各类实业教育中，工业教育尤受重视。

第三节　日本现代教育发展

日本现代教育是从第二次世界大战结束后开始的，教育的“民主改革”标志着日本近代教育体制的终结，现代教育体制的开始。接着又经历了现代教育体制的“自由化”，其教育理念、教育行政、学校教育制度和新兴的教育理念都越来越成熟，现代教育体制也慢慢地在进行调整和改革。本节将重点对战后日本教育理念的重构及教育改革和日本现代学校教育制度进行阐述。

一、战后日本教育理念的重构及教育改革

（一）教育理念的重构

日本于19世纪末进入帝国主义体系，它不仅具有封建帝国主义的性质，而且具有强烈的侵略野心。随着日本政治、经济、军事的变化，日本的教育也逐渐转变为更加注重灌输军国主义、国家资本主义思想和极力实行严格军事训练的教育制度，用以训练为侵略扩张充当工具的法西斯军人。第二次世界大战后，日本在

经济濒临崩溃的废墟上度过了最艰难的物资匮乏时期，并着手大规模的全面改革。1950年，美国发动了侵略朝鲜的战争。在美国的扶持下日本变成了亚洲的兵工厂，经济急速发展。1955年恢复到了战前最高水平并进入“经济高度增长”期。战后日本经济奇迹般地发展，其原因很多，而其中日本教育的发展对经济的促进起到了举足轻重的作用。

1. 四项指令驱除军国主义毒素

1945年8月14日，日本正式接受《波茨坦宣言》而无条件投降。在美国占领军的强烈影响和干预下，日本进行了教育改革。

1945年10月22日，美国占领军总部发布第一项指令，即《对日本教育制度的管理政策》。该指令包括：在教育内容方面，禁止军国主义、极端国家主义的教育，废止军事教育科目和训练，鼓励教授和平、个人权利、信仰自由等基本思想；在教育工作者方面，提出罢免职业军人、军国主义者、极端国家主义者和反对占领政策者的教员职务，其中还发布了对文部省与占领军的联络指示，对教育有关人员遵守本指令的命令等内容。

1945年10月30日，占领军总部向日本政府发出了第二项教育指令，即《关于教员、教育官员的调查、开除和任命》。同年12月15日发布第三项指令，即《关于取消政府对国家神道、神社神道的保证、支援、保护、监督及宣传》。第四项指令是12月31日发出的，即《关于停止修身、日本历史及地理课》的指令，其内容包括：停开修身、日本历史、地理的教学科目，禁止制定该三门学科教学法的法规，收回这三门课程的教科书和教师用书，文部省制订替代这些课程的计划方案并提交占领军总部等。

2.《教育基本法》——重构日本教育理念

1946年8月，教育刷新委员会下设了审议教育根本理念的第一特别委员会，着手制定新的教育制度。委员会依据同年11月公布的《日本国宪法》精神，制定了《教育基本法》和《学校教育法》。具体内容主要包含以下几方面。

（1）建立旨在促进个性发展的教育理想。

（2）废除中央集权的教育行政领导体制。

（3）延长义务教育年限为9年。

（4）改战前的六五三三制为战后的六三三四制。

（5）教师是全社会的仆人，应受到与他们服务相适应的道义支持和物质供应。

（6）允许私立学校存在。

（7）强调应当特别重视学术自由、教育和时效性与相互尊重合作。

这两个教育立法奠定了日本新学制的基础。虽然20世纪50年代以后日本的学制有些变化，但其基本结构仍然是这两个教育立法所做出的规定。

（二）教育改革

1.20世纪五六十年代的教育改革

1958年，日本提出“充实基础学力，提高科学技术教育”的课程改革方案。主要措施包含以下几方面。

（1）加强基础学科教学。增加国语、数学和理化等学科的教学时数。

（2）增设新的学科。一般学科中增设数学概论、基础理科、英语会话；职业学科中增设农业设施、系统工艺学、电子计算机、环境工艺学和经营数学。

（3）提高教材标准。反映现代自然科学成果，使教材内容现代化。

（4）实行选修制度。设置大量选修课，学生可以根据兴趣和需要选学。

（5）重视道德教育。在小学、中学和高中特别设立道德课。

2.20世纪70年代的教育改革

1971年6月，坂田文相在中央教育审议会上提出全面改革教育制度的咨询报告——《关于今后学校教育的综合扩充、整顿和基本实施方针》。其总体构想有以下几个方面：确立新的教育目标：培养理想的人；推行以培养“天才”和扩充职业训练为重点的教育政策；进一步改革课程体系，推行课程综合化，使学科相互渗透，精简教学内容，调整学科设置；继续重视道德教育，加强政治性基础知识教育，其中增设“社会学科”。

3.20 世纪 80 年代以后的教育改革

1984 年 9 月，在总理府正式设立了直属总理大臣的“临时教育审议会”，要求用三年的时间对教育以及与教育有关的各领域的各项政策进行全面、综合的调查研究和审议，并提出改革方案。临时教育审议会从成立到 1987 年 8 月 20 日宣告解散，先后提出了四次报告。在最后一次报告中提出了今后日本教育改革的建议，规定了面向 21 世纪教育目标，确定了改革的基本思想，提出了六项具体改革方案。六项具体改革方案有以下几个方面：完善终身学习体制，高等教育的多样化与改革，初等、中等教育的充实与改革，为适应国际化而进行改革，为适应信息化而进行改革，教育行政和财政的改革。

二、日本现行学校教育制度

（一）日本现代教育行政体制

第二次世界大战前日本的教育行政领导体制是极端的中央集权制，战后实行地方分权制，建立教学委员会。文部省是主管教育行政的中央教育行政机关。其职责主要有以下几个方面。

（1）为发展教育、学术和文化事业，进行调查研究并制定规划。

（2）就各级学校和教育机构的物质设备、人员配置、组织与教育内容规定标准。

（3）执行教育预算，支配教育经费。

(4)审定中小学教科书,管理义务教育学校用教科书的购置、免费及供给事项。

(5)审批大学和高等专科学校的设置。

(6)对大学、高等专科学校以及地方教育行政机关提供指导和建议,对县一级教育委员会教育长的任命有承认权。

地方教育行政体制由地方公共团体和地方教育委员会构成。地方公共团体分为都道府县和市镇村,教育委员会是掌管地方教育行政的中心机关。在都道府县一级设都道府县教育委员会,在市镇村一级设市镇村教育委员会。

教育委员会的职务权限,除大学、私立学校以及教育财政事务分别由国家或都道府县知市镇村长负责管理以外,其他一切教育行政事务均由教育委员会管理和执行。如本学区所属学校的设置、管理和撤销;校产的管理、人事的任免;学生的入、转、退学事项;课程、学习及职业指导;校舍维修、教职员进修、福利、伙食等。

(二)现行学制结构

日本的现行学制结构为学前教育、小学、初中、高中、高等专科学校、大学、短期大学、广播电视大学、特殊教育学校、专科学校以及不受文部省管辖的职业训练学校及各种学校等。除此以外还有专门为外国人开设的学习语言的语言学校。

学前教育:学前教育机构有两种,一是幼儿园,属于学校教育制度的组成部分,招收3~6岁幼儿,由文部省领导;另一种是保育所,属于福利机关,招收母亲有工作的、0~6岁幼儿,由厚生省领导,所开设的课程与提供的设备与幼儿园相同。幼儿教育的目的是保育幼儿,提供适当的环境,促进幼儿的身心发展。教育内容有健康、社会、自然、语言、音乐和绘画六个方面,注意感情教育,形式多样。

初等教育:初等教育的机构是单一的六年制小学校,儿童6周岁入学,12周岁毕业。此阶段为义务教育阶段。学习社会日常生活中所需的基础科目,教育课程由各学科和特别活动等组成。

中等教育:日本的中等教育分为两个阶段,前期称“中学校”,即初中,后期称“高等学校”,即高中。

初中:学制3年。日本普及义务教育的年限为9年,初中为义务教育的完成阶段。设置课程大致与小学相同,但扩大了选修范围,增加了音乐、美术、保健、体育、技术和家政等选修课。

高中:日本的高中根据课程设置情况分为普通高中和职业高中两大类。按照学习课程的方式,分为全日制、定时制和函授制三种。以全日制高中为主,招收初中毕业生,学制3年。定时制和函授制学制为四年以上。高中课程设置多样化,并在普通高中内也设置了大量的职业课。

职业技术教育:日本在小学教育阶段以后的各级各类正规学校都实施职业技术教育,也可以说这是日本教育的一个特点。除正规学校外还设立专修学校,专门实施职业技术教育。另外,学校和企业结合,即所谓“产学合作”也是日本职业教育的一种形式。

高等专科学校:传授较深的科学知识和技艺,培养职业上所必需的能力。招收初中毕业生,学制为5年,把高中和大学联结起来进行5年的连贯教育。

专门学校:属专修学校的一种类型,日本的专门学校相当于中国的大专。跟大学理论有所不同的是以实际操作为教学内容。它是根据时代需要而改变课程的专门教育。日本的专门学校专业热门,好就业,在中国和日本均能找到不错的工作,而且学历要求不高,适合很多大专生赴日学习专项技能。

高等教育:日本的高等教育经过战后的几次改革,已经形成多层次、多类型的高教结构。从水平上看有研究生院、大学本科、短期大学和高等专门学校等几个层次,从类型上看除有传统的大学外还有专修学校、大学函授、夜校、广播电视大学和公开讲座等,从属性上看分国立、公立、私立等。

研究生院:在日本叫“大学院”,是培养硕士和博士的场所。

硕士课程 2 年，博士课程 3 年，主要任务是培养科技人才，高级技术专家和大学教师。

大学：大学以学术为中心，在传授广博知识的同时，教授和研究高深的专门学术，发展学生的智力、道德和应用能力。招收高中毕业生，修业 4 年，医科和口腔科为 6 年以上。大学一般由几个学部（学院）组成，但也有只设一个学部的单科大学。课程分为普通教育课、外语课、保健体育课和专业教育课等，采用学分制。

短期大学：传授和研究专门的学术技艺、培养职业或实际生活所必需的能力。招收高中毕业生，学制 2 ~ 3 年。毕业后可以升入对口大学，也可以直接就业。短期大学在为女子开放高等教育大门和发展职业教育方面起到了重大作用，而且与地区社会的联系也比较密切。

广播电视大学：它是应终身教育的需要有效地利用以电视、广播为中心的各种通信手段进行教育的开放性大学。它广泛地为社会成员和家庭主妇提供大学教育机会，并保证高中新毕业生有升入灵活而又有流动性的大学的机会，是日本终身教育的核心，对普及高等教育起着重要作用。它没有大学入学考试，按报名顺序录取，学费很少。

师范教育：日本专门培养中小学教师的机构，主要有教育大学、学艺大学和综合大学的教育学院以及具有培养教师资格的普通大学。根据《教师许可证法》的规定，凡是教师都必须取得相应的教师证书才能取得教师资格。

语言学校：顾名思义，就是学习语言的地方。日本全国有 366 所，大部分集中在东京、大阪、京都及周边地区。其中好的语言学校会提供升学指导。

第四章　日本的宗教信仰

日本是个多宗教的国家，主要有神道教、佛教和基督教三个大的宗教和其他小宗教。日本人以神道为根基，同时积极吸取了佛教，接受了基督教，现世中心的多神教的思维方式扎根于日本人的信仰中，大多数日本人对宗教是宽容的，即使同时与复数的宗教有联系也并不觉得不可思议。本章内容就对日本人的宗教信仰进行具体研究。

第一节　神道教

神道教是日本人所独有的宗教信仰，它是在日本固有信仰的基础上不断融合外来文化而逐步发展形成的民族宗教。神道教首先是一个历史产物，按其发展阶段可以大致分为自发的原始神道、神佛接触的神社神道、国家神道、现代神道四个阶段。

神道教最初以自然崇拜为主。日本的神道与神话有着不可分割的内在联系。通过神话可以了解日本人的世界观和人生观，可以了解日本人精神文化的本质和源泉，也可以了解神道的意蕴。

根据日本神话，宇宙是由“天上”“地下”和“地上”三个世界构成的。“天上”是众神居住的地方。那里是光明的世界，是超越时间的，诸神永远不会消亡。“地上”是人间的世界，这个世界是大八洲即包括日本地理范围内的陆地、海洋及动物、植物等。这个世界是光明与黑暗、夜与昼、善与恶、美与丑、吉与凶交错存在的世界。“地下”的世界则是阴间。那是恶鬼们居住的黑暗世界。

神道世界观的中心是，地上万物包括人在内必须遵循神的意志，听从神的主宰。日本人认为天神生下日本诸岛及五谷万物，并生下各种主宰自然现象的神，如风神、海神、山神、树神等。

在日本神话中有“八百万神”的说法，神道的神是极多的。但诸神之间既不是毫无关系，也不是互相平等的，而是按血统关系等形成主从关系。天上众神的主神是天照大神，由其统率其他神。统治人间的是天照大神的子孙——皇孙命，也就是天皇家族。现实中的有名的家族，也都能在神话的众神中找到其渊源。也就是说宇宙万物都由同一血统的神统治，通过这种统一观念维持秩序。从这里我们可以发现日本人“神国”观念、“万世一系”观念的根源。

日本人对待祭祀活动的神圣感以及一年当中传统节日和祭祀活动之多，与其他民族形成了鲜明对照。最隆重和热闹的还是日本人正月里迎年神的一系列祭祀活动。为了迎神保持清洁而年底进行大扫除，为了过年期间避开炊事而提前做好年饭，为了对神表示虔敬和祭神而除夕守岁，为了保持清静而尽量不扫除房间。挂稻草绳是证明家里已打扫干净，门松则是神的替身，这种习惯至今仍很盛行。

在神道中基本上不谈论死，日本人不太相信转世和来世的理论，他们认为现实世界就是神的展现，充实地度过一生就是人生的最大意义。神道崇尚明净正直、真心诚意等，代表了日本人基本的价值观和审美观。

祭祈神道的神的地方是神社，但日本人最初是将特异的自然物和自然现象都作为神的，建造神社是后世的事。后世的神社多由大殿、拜殿、神乐殿组成，也有的只有拜殿而没有大殿。神道没有教祖，没有教典，也没有戒律。在佛教和儒教传入日本之后，神道受到佛教、儒教的影响也理论化起来。

进入镰仓幕府时期以后，宗教界旧有的佛教宗派如天台宗、真言宗等日见衰微，神道界也出现了反对佛教的神道学派，其中影响大的有伊势神道和吉田神道。伊势神道是 14 世纪由伊势神宫外宫祠官度会行忠、度会常昌等创立，提出系统的以神道为主体，以儒、佛、道为从属的神道理论，主要文献是《神道五部书》。吉田神道是由室町时期文明年间（1469—1487）京都吉田神社的祠官吉田兼俱创立，认为宇宙的根本神是太元尊神，自称所创神道是无本宗源神道、大日该国固有之神道，主要文献是《神道大意》《唯一神道名法要集》。

江户时期（1603—1867），儒学从佛教中独立出来并得到迅速发展，一些神道学者吸收儒学的理论，特别是其中的朱熹理学，创立了神儒调合的神道学派，其中影响较大的有吉川神道和垂加神道。吉川神道也称为理学神道，创立人吉川惟足称自己的神道为治天下的神道，推崇儒家伦理，特别强调君臣之道，谓人伦之道以君臣之道为最高，以此忠道贯于夫妇、父子、兄弟、朋友之道，而君臣之道，万古不易，主要文献有《神代大意讲谈》《神道大意注》《日本神道学则》《神代卷惟足抄》等。垂加神道的创始人是山崎暗斋，他把神代卷与朱子学的太极理论对应起来，以此来解释神的起源，强调太极与神道本源神的同一性，主张儒学神道化，而且力图使神道儒学化，强化了神道理论的道德实践性，主要文献有《神代卷风叶集》《中臣祓风水草》《垂加草》等。

从江户时期元禄年间（1688—1703）到明治维新，由国学者荷田春满倡导，中经贺茂真渊、本居宣长至平田笃胤完成了复古神道的学说体系，反对神道教依附于佛教或儒教，反对用儒佛思想解释日本古典和神道，主张依据日本经典《古事记》《日本书纪》等来探明日本神道教的本义。

明治维新以后政府宣布政教合一，神社神道被当作国教即国家神道，由政府出资资助，天皇也被神格化了。第二次世界大战中国家神道成为统治和控制国民、为侵略战争服务的工具。战后日本政府发布了《宗教法人法》，切断了神道与国家的关系，神道与其他宗教一样成为国民的一般信仰。摒弃政教合一回归神道本性的现代神道教是现代日本精神生活的主要支柱之一。探讨神道教的历史变迁及其影响对于正确认识日本独特的思想、文化、民族心理大有裨益。

第二节 佛 教

一、日本佛教的民族本色

据《日本书纪》载，佛教于钦明天皇十三年(552)，由百济圣明王遣使护送金铜像一尊及经论若干卷传入日本。学者们一般认为，此乃佛教传入日本的时间。不过也有学者持不同见解，而将百济献佛记于钦明天皇戊午年(538)，是年在百济王上表文中大力褒扬佛法无边，“有所祈愿，无不遂心”“最为殊胜”，因此有日本学者认为日本佛教的历史应从此开始。

佛教在传入日本半个多世纪以后，在圣德太子的大力倡导下兴隆起来。604年，圣德太子制定《宪法十七条》，将佛教定为国教。宪法第二条中写道：“笃敬三宝，佛法僧也。”圣德太子还深入钻研佛教教义，著有《三经义疏》，并亲自在宫中讲解佛经，建立斑鸠寺(法隆寺前身)等众多寺院，结果国内很快出现了敬佛崇佛、竞造佛寺的局面。至推古天皇三十二年(624)，全国已建寺院46所，僧816人，尼569人，日本佛教的发展已初具规模。日本民族即是如此，大凡被最高统治者认同的外来事物，往往会在短时期内得到全民族的认同。日本学者中村元深刻指出：其原因乃是由于“支配着日本的，不是自己提出和解决问题的意识，而是权威至上主义”。

二、佛教的现世主义特色

(一)神佛融合

佛教传入前，日本广泛敬神。佛教传入后，宇佐八幡神宫集团为取悦于天皇，得到中央政府的垂青，在神宫内修建三级塔，安放最胜、法华二经。后又对东大寺的修建鼎力相助，从而使宇佐八幡神宫取得了与伊势神宫并列的、具有国家宗庙资格的地位；僧侣也积极在神社内设寺院，由僧侣在神前诵经，并且给日本神奉以佛的称号。

神佛相互渗透、相互靠近、并存并立，此反映出日本人思维方式的宥和性、共融性特点以及日本人现世主义的生活态度，无论是外来神、本地神，只要对自身有所助益，均可兼容并包。如今日本人的宗教信仰即表现为神道与佛教双重信仰，大多数日本人把活着的事交给神社，而把死后的事托付给寺院。也就是说出生的时候、考学的时候、升迁的时候、结婚的时候，往往前去神社祈祷、参拜，而死的时候则请寺院做法事、主持葬礼，这在世界宗教史上都是极少见的。

（二）服务于现世

佛教中心思想是说人生极苦，经过修行往生极乐，而神道则追求“现世本位”。因此日本人将祈祷“来世”，实用主义地转变为祈祷“现世”的内容，以适合于日本文化，具体表现在以下几方面。

1. 药师寺的兴隆

药师如来全名“药师琉璃光如来”，其出自《本愿经》。原意是说，众生若听到药师如来的名号，即可消罪业而修善根。但佛教传日后，药师信仰则变为一种祈愿天皇病体康复，此外还包括保佑平安、降雨、顺产、求官、克敌等服务于现世生活的内容。如607年法隆寺药师佛，即为祈愿用明天皇病体康复而建。

2. 守土护国

日本佛教还具有“镇护国家”的现世职能。圣武天皇在东大寺《仁王经》跋文中称：“上为国家，下及生类，乞索百年，祈祷万福。”表明信佛的目的乃镇护国家，安身立命。12世纪，荣西（1141—1215）将临济禅带入日本，并著《兴禅护国论》，强调兴禅的目的乃镇护国家。他得到幕府将军的支持，在京都造建仁寺，又赴镰仓开创寿福寺。从而使原典中少见的守土护国的内容现于日本的佛教之中，从而将超凡脱俗的佛教，变成为世俗生活服务的宗教。

3. 参与时政

佛教原本远离政治，释迦遗训云："不参与世事……好结贵人。"(《佛遗教经》)但日本僧侣则是入世、参与时政、效忠皇室的。如奈良法相宗僧人道镜曾任太政大臣，由于备受孝谦天皇的宠爱，企图篡位，遭到大臣们的反对而下野。又如真言宗祖师空海(774—835)，晚年恶疾发作，弥留之际仍上奏天皇："沙门空海，得沐恩泽，竭力报国。"并表示"生生为陛下法城，世世为陛下法将"。奈良名僧善殊(723—797)在所著《本愿药师经疏》序文中亦表示，弘佛的目的是"终于天朝的大愿，报恩国家的广恩"，使皇室千秋万代。佛教入日后，亦被打上了日本文化的烙印。

三、佛教的世俗化改造

自平安时代起，净土宗风靡日本列岛，其中，亲鸾上人(1173—1262)成为传播净土宗并将净土宗加以日本化改造的核心人物。在印度或中国为非主流的净土宗，在日本则变成主流。亲鸾在世时备受奈良旧佛教念佛教团的强烈排挤和打压(被流放)，但是正因为他的出现，日本佛教开始朝着否定戒律的"在家佛教"方向发展，并且深刻地影响着日本人的生活。

(一)娶妻生子

平安时代以前，也有不少僧侣暗蓄妻妾，但亲鸾认为这是虚伪的。他继承了净土宗开山祖师法然(1133—1212)的思想，并发挥至极致。他认为既然法然主张无论善人恶人，只要念佛，都能往生极乐，那么娶妻生子也应该没有什么关系了。他积极主张"在家佛教"，提出排除一切清规戒律，认为即使不出家，过娶妻生子的世俗生活，而只要念佛，靠佛力便能“往生”。于是乎，一旦信仰净土宗，便立即能感受到信仰带来的极大喜悦，因此亲鸾的净土宗深受日本民众的喜爱，他创立了看起来好似毫无戒律的新佛教。

亲鸾还身体力行，一生结过两次婚，生有四男三女；另一名僧莲如上人（1415—1499）则妻妾五人，子女二十七人。1872 年，政府宣告允许僧侣娶妻、食肉及蓄发，自此，寺院中的僧侣们穿上袈裟做和尚，脱下袈裟便是有家有室的普通人。第二次世界大战以后，日本僧侣娶妻生子更是公开的行为了。按照佛教戒律，出家僧人不得结婚生子，但日本佛教界却打破戒律，这一独特的“创造”则是始于亲鸾上人。

现代日本僧侣大多因袭亲鸾的传统，恪守严格戒律的仅是少数。日本佛教自成一家，与中国强调戒律的大乘佛教有所不同，不过唐昭提寺的和尚则继承了鉴真律宗的根本，与中国和尚一样，恪守着严格的戒律。在日本，除唐昭提寺及临济宗住持一级的僧人外，和尚娶妻生子、食肉饮酒是极普遍的。

16 世纪赴日的葡萄牙传教士佛洛伊斯曾在《日欧比较文化》一书中谈道：“欧洲僧侣节制饮酒，日和尚虽禁饮，但醉倒在路上的则屡见不鲜。”佛教“五戒”中虽有不饮酒之禁忌，但日和尚通常都饮酒。此外，欧洲僧侣为表示蔑视世俗生活，不穿丝绸衣服，而日和尚穿锦着绣，招摇过市者不乏其人。

究其原因，制约着外来佛教吸收机制的乃是神道哲学，“原始神道以诚为本”，其主张对人的自然本性、情感乃至情欲不加以限制，任其自然，纵其发展。因此，即使禁欲主义的佛教，到了日本也被大加还俗，走向“开放”，日本佛教世俗化特征也日益明显。

（二）主持丧葬

在印度，佛教是不参与丧葬活动的。佛教传入日本初期，僧侣也不参与主持丧葬活动。但平安时代以后，随着净土宗的普及，主持丧葬逐渐成为日本僧侣的重要工作。笔者认为，这是净土宗为适应日本文化心理的需要而做出的“本土化”调整，同时也是为谋求自身生存需要而加以改进的结果。

对净土宗加以“日本化”阐释与独特发挥的关键人物就是亲鸾上人。亲鸾融日本人传统的“生—死—再生”的彼世信仰于净土宗之中，在《观无量寿经》和《阿弥陀经》中极力证明念佛的信徒死后如能往生净土成佛，必然会再回到现世。即，亲鸾有着强烈的“还相回向”思想，他试图说明人往生之后还要回来，还要转生回归到现世，这是亲鸾思想的核心。实际上，亲鸾的净土宗乃是日本人心灵深处彼世观的反映，也是外来净土宗与日本人的传统信仰相结合的产物。与此同时，净土宗的僧侣又把原来由土著宗教进行的葬礼仪式吸收到佛教中来，从而大大增强了净土宗对民众生活的影响力与穿透力，净土宗逐渐变成日本佛教的主流。于是，把人的灵魂送往彼世的仪式、葬礼、忌辰、供养等，逐渐都由佛教来司掌。

佛教葬礼之所以在日本产生并长盛不衰，是因为在日本人心灵深处存在着浓郁的彼世信仰，即“生—死—再生”的生命轮回观。通过佛教葬礼这种将死者送往彼世的仪式，死者的灵魂才能再生，日本人的灵魂最终才能有所寄托，心灵才能获得宁静，得以安然离世。有灵能的人在葬礼上所说的话非常重要，他们一方面要说服彼世的先祖，让先祖相信现在送去的人并没有干过什么坏事，同时要说服死者不要迷恋现世，安心地到彼世去。无论是杰出的科学家、知名的学者、高级官员，还是一般民众，都有着这样的愿望，即通过做法事，往生彼世，再回到现世，以此进行着生命周而复始的轮回。也就是说在日本，葬礼、忌辰、供养是僧侣的工作，诞生、结婚、七五三儿童成长礼仪，是神主的任务。现在的日本人就是在这样的无意识之中，把死与生分别交给佛教与神道了。

如今，大多数日本和尚过着“两亩地一头牛，老婆孩子热炕头”的优哉生活。“两亩地”指的是日本和尚大多靠“地”吃饭，即寺庙多经营墓地。日本地价昂贵，一块两三平方米的墓地也要上百万日元，靠出售墓地和每年收取墓主的功德钱，就可让大多数和尚过上相当滋润的生活。“一头牛”指做法事的费用。有一年暑假，一位日本朋友的奶奶过世，据说断断续续地做了三个月的法事（至少九次），大约花了300万日元，这在日本是非常普遍的。

（三）祖先崇拜

祖先崇拜也是日本佛教的一大特色。在日本，一年一度的盂兰盆祭是仅次于新年的第二大节日，也是以佛教文化为背景的祭祀祖先的重大节日。日本的盂兰盆祭既受到以“祭祖”为主旨的中国盂兰盆祭的影响，同时由于适于日本文化的风土而得以发展，并传承至今。但在中国，清代以后，民间的盂兰盆活动就逐渐消亡了。

盂兰盆节其实原产于印度，但其中没有祭祖内容。“盂兰盆”在天竺语中意为“倒悬”，“拯救倒悬之苦”乃盂兰盆的本意。据《盂兰盆经》记载，释迦十大弟子之一的目连，为拯救坠入恶鬼道、忍受倒悬之苦的母亲，向佛祖祈求帮助。佛祖称其母罪孽深重，要靠十万僧众的力量，并警示他于7月15日设盂兰盆祭，以百味饭供养四方僧众方可拯救其母。目连遵照佛祖旨意从恶鬼道中解救了母亲。

由此可见，盂兰盆会在佛教兴起之时，主要是以盆施僧，超度前世父母。传入中国后，南朝梁武帝曾因循之，大兴盂兰盆祭。唐代以后则被“中国化”，形成以“祭祖”为特色的中国风格，是民间救度亡灵、祭祀祖先的重要节日。道家经典以七月十五为中元，中元乃地宫大帝的诞辰，这时要打开地狱之门，祖先、鬼魂等来到人间，所以这一天要祭祖和拜鬼。由此显示出以祭祖为主题，儒释道共融的中国特色。其实祭祖原与佛教无关，它是中国化的产物，后传入日本，被发扬光大。由于与日本传统的祖先崇拜相契合，故完好地保留至今。

盂兰盆祭传入日本，始于圣德太子时代。圣德太子曾为他死去的父亲举行供养，从此，以祖先崇拜、死者供养为主题的盂兰盆祭就在日本列岛扎下根来，如今已成为日本佛教的一大“胜景”

与特色。先祖们在盂兰盆节回到现世,各种各样的孤魂野鬼们也随先祖们一起回来,所以盂兰盆节不仅要款待先祖,还要供养这些孤魂野鬼。

每年盂兰盆节,是日本法定的休息日,一般放假一周到十天。日本民间一般于7月13日便拉开盂兰盆节的序幕。但实际上自7月1日开始,人们已开始清除从祖坟到自家门前的杂草,相信祖灵会沿此路回家。7月13日早上人们开始搭建盂兰盆棚,人们如同迎接盛大节日那样地采盆花、买供品。13日傍晚,各家都在佛坛和盂兰盆棚处点"盆提灯",传说祖先依靠明灯才能回家。住在海边的人相信祖先会从大海彼岸回来,故海边往往点上迎神火。

盂兰盆棚是祖先回家的寄身之处,十三日傍晚人们献上米粉团,十四日供奉米饭和面条,十五日敬上唐年糕,并且不断变化种类,称"百味饭",这是沿袭印度盂兰盆节做供养的习俗。日本人还常以鱼做供品,因为佛教的盂兰盆会禁杀其他动物做供品。在京都地区,人们还用筷子穿上用黄瓜和茄子做成的马和牛,表达希望"祖先乘马速来,牛拉礼品慢走"的心情。盂兰盆节期间,各地寺院、街道等处都会举行各具特色的盂兰盆舞,一切均自愿参加,服装很随意,乐器一般为大鼓和笛子,节拍为七七七五调,歌词往往即兴创作。届时男女老幼均兴致勃勃,翩翩起舞。笔者曾参加过爱知县冈崎市的盂兰盆祭,深为日本民众对传统文化的执着和热情所感染。总的来说,通过与祖先共饮、共欢、共舞,表达欢迎祖灵回家的心情。7月14日、15日是供奉祖先的高潮时刻,各地以不同的形式表达对祖先的感激之情以及对未来的祈愿。

一般认为,7月16日是盂兰盆节最后一天,这天要送祖先回到所来之处,叫"送灵"。与"迎神火"一样,在盂兰盆节降下帷幕的这一天傍晚,各地点燃"送神火",以送祖灵离去,其中最负盛名的是京都"大文字"送神仪式。届时京都大文字山半山坡燃起"大"字形篝火,以送神灵离去。"大"字第一笔长75米,第二笔146米,第三笔124米,蔚为壮观,非常优美。

如今，盂兰盆节已成为日本佛教的重大盛事，虽历经现代文明的考验与洗礼，但盂兰盆“祖先崇拜”的传统一千多年来依然统摄着日本人的精神世界，届时出门在外的人们忙着返乡祭祖。带有中国道教色彩的“中元”一词，则演变为盂兰盆节时互送礼物的习俗了，至今在日本还广为流行。周作人曾经说过：“我们在日本的感觉，一半是异域，一半是古昔，而这古昔健全地活在异域的。”（《苦竹杂记·日本的衣食住》）日本一方面高度现代化，但另一方面又不割裂传统，将传统与现代和谐共熔于一炉，这样的文化景观可以说在日本比比皆是。

四、佛教的现代色彩

在日本，僧侣是一个很受人尊敬的职业，被视为智慧、博学和富有的象征。提起僧侣，一般人会以清心寡欲来形容，但日本僧侣的真实生活则是千姿百态，丰富多彩。不仅大多数和尚娶妻生子，享受与常人几乎无异的生活，而且他们所从事的职业也极其丰富，包罗万象。

（一）世袭兼职

在日本，有些和尚除当寺院住持外，还是出色的科学家、工程师、大学教授、律师、电视节目主持人，甚至电影导演。日本寺院多为世袭制，就是说，寺院的住持在世时，他的长子往往同常人一样，读大学、研究生、博士，出国留学，当教授，而当儿子的事业如日中天之时，父亲却不幸离世（圆寂），那么寺院住持自然由他来继承。在这种情况下，他们也只好两边兼顾了——既是大学教授，又是寺院住持。这种从业方式也被日本社会广泛认同。

（二）托钵僧

请求布施的托钵僧不到施主家门前去恳求布施，而往往选择繁华的车站、广场等人员流动的中心地带。戴上斗笠，穿上僧袍，端然屹立，低头祈祷。看到这样的僧人，不时地会有人前去布施，而每得布施，托钵僧便摇动法铃作为回报，大概是为布施的人送去祝福。这样的托钵僧人，也成为日本大都市一道独特的风景线。

（三）和尚、尼姑"时装秀"

位于东京的筑地本愿寺，2007 年 12 月 15 日迎来了一场特殊的"时装秀"。僧侣们在寺中搭起 T 形台，身着五光十色的僧侣服装，展开服装走秀。举办方表示，此举乃为弘扬佛教文化，吸引年轻人关注佛教，光顾寺院。按佛教传统，僧侣本应以朴素为宗，但为吸引时下的年轻人，僧人们独出心裁，纷纷穿起了色彩各异的僧袍，有的僧袍还镶上金色饰物，可谓精心设计，精心制造。当天的这场"时装秀"还以动感音乐为烘托，约 40 名和尚、尼姑身着佛教八大流派的各式各色服装登台亮相。走秀时，僧侣们还高声诵读经文，并不断地向空中抛撒代表莲花瓣的五彩纸屑。

第三节　基督教

一、基督教的冲击

（一）与新宗教的遭遇

天文十八年（1549），耶稣会的弗兰西斯科·沙勿略在鹿儿岛留下足迹，这成为其踏上日本的第一步，颇具纪念性意义。这是日本基督教时代的开始。直至天文二十年（1551），在这两年多的时间里，沙勿略在平户、山口、京都、大分等地传教，后来他将事业托付给托雷斯。由沙勿略开始的基督教传教取得很大成就，到 17 世纪初基督教被禁止的时候，基督教拥有了 30 万 ~ 40 万的信徒。

基督教是自佛教传入之后日本人遇到的最大的外来宗教。虽然佛教源自印度，通过丝绸之路，带来印度或西方文化的熏风，但从交流方面来说，它基本上是在东亚的范围之内传播的。相反，基督教是欧洲宗教文化经过大半个地球直接传入日本的，因此，日本遇到前所未有的、陌生的异质文化。与此同时，无论是否愿意，日本都被抛入全球化的世界文化之中。这不仅仅是宗教层面的问题。正如基督教的传播是与火枪的传入同时进行的一般，在东亚范围之内，西欧的文化传播伴随着人们难以想象的物质文明。日本基督教的发展与南蛮贸易的关系非常紧密。

（二）利用佛教的概念理解基督教

那么，基督教究竟是如何被接受的呢？自沙勿略时代开始，基督教的传教士们在各地受到佛教徒的质疑，为了在辩论中击败他们，传教士们学习佛教，并用佛教的概念来传教。诚如佛教曾将新的崇拜对象——佛——带入日本一样，基督教带来的“德乌斯”也是此前的日本所没有的新的神。因此，如何将“德乌斯”翻译成日语就成为传教士的首要解决的问题。起初，沙勿略用佛教中的“大日”来翻译“德乌斯”，但由于误解不断加深，最终他决定直接使用“德乌斯”一词。然而，比如说，《基督教教义》——其作为基督教的教义书非常著名——在叙述永远的“阿尼玛”（灵魂）时写道：“人们不仅仅只有色身，还具有不会终结的阿玛尼。”又比如，在叙述“库洛斯”（十字架）的意思时，书中写道：“我等之御主基督于库洛斯上为我等解脱。”像这样，书中大量使用了“色身”“解脱”等佛教词语。在叙述恶魔时，书中使用了“天狗”一词，这也很有趣。

基督教教徒在传教时常常将焦点放在如何积极地从当地的宗教中寻找相似性上。在中国，在是否承认儒教的问题上展开的礼仪之争就是一个典型。在日本，关于在多大程度上承认基督教与佛教存在相似性的问题方面常常在传教士之间引起争论，实际上，传教士们很难将佛教词语完全排除在基督教之外。

正因为如此,明确表明与佛教、神道处于不同立场的问题成为基督教中不可或缺的工作。有别于佛教、神道的基督教的最大的特点是唯一神创造天地说。在《基督教教义》一书中,“第一重要之题目”一节表明了“从无创造出天地之人德乌斯乃唯一之存在”,并指出其绝对性:“是即策划我等现世、后世之御主也。”特别是在叙述“阿玛尼”(灵魂)之永远以及严肃的救济论——“若不成为基督教徒,则不会有扶助后生之事”——时,由于这种救济论强调信徒信仰,引起了佛教徒们的反感。如果从基督教原有的立场来说的话,绝对神创造天地及来世的问题是源于犹太教的传统,那么源于基督的救济才是它的重点。但是,这一前提已经超越了日本传统的宗教常识,成为争论的焦点,因此,这一点被刻意加以强调。

此外,在叙述针对基督的信仰时,书中指出:“虽云人死,但人应觉悟死必定呈现于言语之中、身体之间也。”这是讲人对死亡觉悟时的严酷性。它进一步强调了与“一向一揆”结合在一起的净土真宗的信仰,由此,在严酷的镇压中诞生出坚持信仰的信徒们,对统治者来说,这更增添了他们的危机感,也更增加了他们对基督教徒的憎恶。

(三)在论争中比较东西方宗教

基督教与佛教的论争自沙勿略时代就已经开始。对原有宗教——不仅仅是佛教,还包括儒教、神道在内——系统地进行批判并阐述基督教之优越性的著作是不干斋巴鼻庵的《妙贞问答》。巴鼻庵原本在大德寺修行禅,19岁的时候成为基督教徒,后加入耶稣会。由于他精通日本的宗教和典籍,因此受到人们的重视。1608年,或许由于与女性之间的问题,他被驱逐出教会,后来,他著述了一部批判基督教的书(排耶书)——《破提宇子》。他是一位在基督教逐渐受到镇压的基督教时代后期度过不平凡一生的宗教思想家。

《妙贞问答》由三卷构成,以妙秀和幽贞两个僧尼的问答体写成。该书的内容是这样的，上卷详尽地批判了佛教的各个宗派，中卷批判了儒教和神道，下卷则叙述了基督教的教义。对于佛教和神道的批判，在该书的下卷中这样写道：“佛法之极归于空，云佛者亦空也。又神道之奥乃阴阳，神者又指阴阳。”在叙述佛教和神道的特征时，书中这样记述道：“空即为无，因其无一物，故佛无可尊。又云阴阳者，于我宗则云马特里亚·皮里玛乃无心无智之无也。”此外，他还批判道：佛、神均非“真之主”。将佛教的立场视为空无，是巴鼻庵本人从禅那里学到的知识，将神道视为阴阳则源于中世的阐释。

对将佛教当作“无”的思想进行批判并非源自巴鼻庵，从沙勿略的继承人那里，我们就已经感受到了这种批判精神。后来，“有”与“无”的对立论一直持续到近代。巴鼻庵在弃教后创作的《破提宇子》中转而批判基督教，令人颇感兴趣的是，在这部书中，他将“无”当作根本——“无之一字中有不可思议之说法”，对基督教的“有”的立场进行了批判：“唯无智无德乃真实。德乌斯为有智有德者，乃使人惴惴不安。”由此，这个时期关于基督教的论争已经向我们展示出今天我们进行东西方宗教比较时的观点。

二、从伴天连流放到禁教

基督教在传教过程中遭遇到各式各样的抵抗，尽管朝廷发布了对传教士进行流放的公告等，但最初传教士的传教还是比较顺利的。进入丰臣秀吉时代，即天正十五年（1587），突然幕府发布针对伴天连的流放令，一时间社会上乌云密布。在此之前，丰臣秀吉对基督教还表示出善意，但他为何突然发布伴天连流放令呢？在这个流放令中，丰臣秀吉说：“日本乃神国，由基督国传授邪法一事，实乃不可之事。”丰臣秀吉在表明日本为“神国”的同时，认为基督教是反“神国”的邪教。

正如后面我们叙述的那样，在神佛的权威下，丰臣秀吉期望将自己定位于神佛中拥有绝对权力的统治者。当人们从这个角度观察丰臣秀吉作为统治者的形象时，在人们的眼中，于德乌斯的权威之下提出不同秩序的基督教就映射出危险的信号。

丰臣秀吉的伴天连流放令虽然没有马上达到禁止基督教传教的目的，但到庆长元年(1596)时，由于“圣菲力佩”号的船员提到，基督教参与到西班牙扩张其版图的活动之中，因此，丰臣秀吉的态度剧变，对基督教采取了严厉的镇压措施，在这种情况下甚至发生了长崎二十六圣人殉教(1596)的事件。此后，政权转入德川家康之手。德川家康本人虽然也倾向于禁止基督教的传教活动，但最初从与南蛮贸易的利益出发，他对传教活动采取了默认的态度。然而，进入庆长十八年(1613)时，德川家康发布了由其宠幸的僧侣崇传起草的《伴天连流放之文》，直接提出禁止传教活动的号令。在这篇流放文中，“日本原本神国也”的说法又被提及，文中还指出日本社会的秩序——因日本是神国、佛国，所以这种秩序才得以延续下来——为基督教所破坏，应该加以禁止。最终，基督教未能融入神佛的秩序之中，受到排挤。

此后，针对基督教的严厉镇压持续进行，对此加以反抗的岛原之乱(1637—1638)最终使得镇压进一步得以强化。这与当时的锁国政策相结合，形成了一个独特的封闭文化——只有长崎一地成为与世界进行沟通的窗口。不过，所谓的南蛮文化对此后日本人生活的方方面面都产生了影响。

三、基督教的再度兴起

19世纪后半叶，日本与欧美各国建立了外交关系，基督教在日本的传播再次盛行起来。1854年，美国海军提督贝利率领海舰进入浦和港，日本宣布解除锁国政策。1859年以后，从美国派遣来了新教传教士。另外，天主教、俄罗斯东正教也开始了传教活动。此后这些外国人传教士一方面发展信徒，另一方面在日本从事社会事业和教育事业，使基督教在日本有了很大发展。1860年，美国浸信会差派的宣教士乔纳森·高普勒来到日本，把新约

《圣经》翻译成日文。

1867 年,明治政府成立,为巩固政权再度立神道为国教,以日皇为天皇,为太阳神的玄孙,全民皆须向其下拜。由于基督徒拒绝以人为神,因而有不少基督徒再度遭到逼迫,然而仍有不少敬虔信徒不肯以人为神下拜,于是当权者再度颁布基督信仰禁令,四处逮捕教徒,用诸多方法逼信徒弃教。

1873 年,在外国抗议下,明治政府宣布解除禁教令,基督信仰可以再度自由传播。宣教士在长崎和附近地方陆续发现有不少坚守信仰的"隐修基督徒",在没有牧师没有圣经的情况下,一代接一代地等待信仰自由,等了两个多世纪后终于可以公开为主作至死不渝的见证。可惜的是当中有不少"隐修基督徒"在长期闭塞之下,信仰已变了质,混杂了不少当地的迷信。

1876 年,解除禁教令的第三年,明治政府在北海道开设全国第一所高等学府——札幌农业校(后改为北海道帝国大学,第二次世界大战结束后改名为北海道大学至今),聘美国麻省农业大学校长克拉克博士为首任校长。由于克拉克博士是清教徒,认为办学应以培养人格为首务,认为除了基督信仰没有其他力量可以提升年轻人的道德标准,便向聘他的官员开出受聘条件,就是要容许他在校内以《圣经》为施教依据。日方求才心切,允许了克拉克博士的要求。该校外籍教授也主要来自美国,所以学校成立初期的宗教气氛十分浓厚,校长克拉克博士的人品更吸引了不少日本青年信奉基督,因而诞生了内村鉴三、新渡户稻造等杰出的基督教信徒。

1877 年,日本政府开办了全国第一所大学——东京大学,外籍教授以来自欧洲为主。1880 年,日本牧师小崎弘道等创办杂志,开始了基督徒的言论自由。1889 年,日本发布宪法,保证在不危害和平、不抗拒公民义务的条件下保护宗教信仰自由。

1890 年,明治政府为确保国民对天皇效忠,在 10 月进一步神化天皇制度,颁令全国学校师生要奉天皇为神的礼拜,并于 1891 年 1 月开始实施。东京第一高级中学校教师基督徒内村鉴三，在校长捧读天皇《教育敕语》时，坚持不鞠躬礼拜，被视为“大不敬事件”，招致非议，被指为国贼并遭免职。

1938年东京大学基督徒教授，因反对执政者对外的侵略行动，以及妄以天皇为神，特别是基督教思想家内村镒三的学生矢内原忠雄呼吁全民及执政者悔改，随即全部遭当局勒令革职。1941年，大规模的教会迫害再次爆发，70名牧师被杀。

四、第二次世界大战之后的基督教

1945年8月15日，日本宣布投降，盟军总司令要求日本废除神道教育，改日本天皇制为君主立宪制。战后美国占领军总部为打击国家神道，采取大力扶持基督教的政策，使基督教有了迅速的发展，信徒人数很快上升到100万人。1946年，日本天皇发布《人间宣言》，正式宣告自己是人不是神，矢内原忠雄与其他教授随即获邀复职，矢内原忠雄于1951年获选为东京大学校长，继续在校内传扬基督的和平信息及救赎信仰。1953年，国际基督教大学在东京成立。

但是，由于基督教的教义理念与日本的文化传统和宗教意识有很大差异，基督教过于强调神的唯一性和排他性，要求坚决地排斥更为松散的神道教和日本佛教，日本国民中信仰基督教的仍然较少，而且信徒中以知识分子和青年为多。相关统计数据显示，“1947年至1952年五年间，日本基督教信徒人数有较大增长，达到42万人，1990年达到107.5万人，不足全国人口总数的1%。1996年基督徒的人数达到317万人，不足全国人口总数的2.5%”①。

现在与其他宗教教派的活动一样，基督教各派的活动都受到日本战后宪法和《宗教法人法》的保护，各派创立了大学。另外，还设立了超越宗派的国际基督教大学。不管怎么说，在基督教的传播过程中，构成欧美文化中心的基督教的思维方式、生活方式、

① 吴松芝等：《日本文化探究》，北京：中国文史出版社，2013年，第59页。

道德等也逐渐为日本人所接受。

五、基督教的影响

回顾基督教文化时，可以了解到，在早期的信徒之中——包括高山右近等大名以及医学家曲直濑道三等知识分子在内——形成了一个精英文化圈。正如向遥远的梵蒂冈派遣少年们——天正遣欧少年使节——那样，如果不对基督教加以全面禁止的话，或许在日本会绽放出巨大的国际文化交流之花。从禁止基督教传教活动到锁国政策的执行，一方面从欧洲的血雨腥风的侵略中保护住日本的社会和文化，实现了德川时代三百年的和平；另一方面又带来了一个不幸的后果，即将刚刚诞生的蕴含着种种可能性的世界文化之芽一摘而光。

基督教本身给日本带来从未有过的新思维。如前所述，在基督教发挥作用之前，其严格的一神教信仰本身就是日本从不曾有过的东西。这种连殉教都令人感到欣喜的强烈信仰在使人们颇感惊讶的同时，又足以使人们对统治者加强戒备心理。这很可能就是日本宗教史上罕见的招致残酷镇压的原因。面对基督教等一神教，日本传统的多神教就显得非常宽容、温和——今天，这种奇妙的宣传话语在我们耳边高声回响。然而，当我们回顾镇压基督教的残酷性时，很显然，我们很难说日本的宗教是极其宽容的。

当时日本的宗教本身就是一种追寻原理、具有一神教性质的宗教。从这一点来说，当时日本的宗教正处于符合接受基督教的状态之中。因此，我们认为，日本人之所以接受基督教，是因为对外来的宗教感到稀罕而趋之若鹜，同时也存在思想史方面必然性的一面。将基督教当作日本宗教史上的异物加以驱除的想法是不恰当的。

尽管如此，仅仅对基督教在日本宗教史上的发展加以理解也是片面的，基督教从外部给日本宗教带来从未有过的、崭新的思维，这也是事实。基督教因受到镇压而走向消亡，因此人们很容易低估自中世进入近世时基督教所发挥的作用。然而，通过与外来的基督教的接触，日本的宗教产生出对新的理论武器的需要。此外，受到丰臣秀吉和德川家康等统治者极力崇拜的宗教形态也随着与基督教的接触以及与基督教的竞争而开始确立。尽管基督教受到禁止，但兰学，甚至连平田笃胤的神道也都受到基督教的影响。进入近代以后，基督教虽然发挥了巨大的影响作用，但在由神佛构成的坚固的日本宗教结构中，基督教被视为异端，被驱除出宗教之外，其地位非常独特。通过对基督教地位的确认，我们可以反观日本宗教史的特殊结构。

第五章　日本民族性格与文化心理

每一个民族的性格与文化心理都会受到各种因素的影响，而且每个民族的性格和文化心理一定会有异于别族的特点，日本也不例外。本章主要从以下四个方面阐述日本民族性格与文化心理：一是日本稻作文化及民族性格；二是日本人称谓的选择与民族心理；三是地震与日本人的"无常"观；四是日本人的"娇宠"心理与"耻"意识。

第一节　日本稻作文化及民族性格

稻作文化是中国先进的文化之一，经由渡来人传入日本，不仅对饮食生活产生了重要的影响，而且对日本民族性格的形成也有着不可磨灭的作用，本节将简单介绍稻作文化的形成，详述稻作文化造就的日本民族性格。

一、稻作文化的形成

在公元前1万年左右，日本进入了绳文文化时期。在这个时期，日本列岛的农业活动还没有真正开始，从现有的绳文遗迹可以窥探出当时绳文人还处于狩猎、采集经济阶段。公元前3世纪到2世纪，日本社会进入了新的发展时期，较为先进的大陆文明经由朝鲜半岛传播到了日本列岛，作为文明社会基础的农耕文化开始在日本扎根生长。日本也由石器时代进入铁器时代，这在日本文化史上的意义是划时代的。随后以使用金属器具和水田耕作为主要内容的农耕技术也传入日本，促使日本进入了以稻米耕种为基础的农耕社会。

农耕文化的产生是人类文化史上的关键一步，稻作文化传入日本列岛，可以说让日本文化的发展发生了巨大的变化，日本社会由绳文时期进入弥生时期。不管是从生产还是生活的历史传统来看，日本都属于农耕文化圈，与游牧文化圈存在明显的差异。农耕文化圈可以分为小麦栽培圈和水稻栽培圈，在世界上的分布范围非常广泛，在亚洲、非洲和欧洲都有分布。具体来说，欧洲、中国北部和朝鲜半岛属于小麦栽培圈，中国南部、朝鲜半岛南部、日本、南亚和东南亚地区气候温暖湿润，属于水稻栽培圈。虽然中国和日本都属于农耕地域，但中国可以分为北方黄河流域的小麦栽培区和南方长江、珠江流域的水稻栽培区。另外，中国还同时拥有广阔的游牧文化圈，内蒙古、西藏等（西部，西北部地区）就属于游牧文化圈。在漫长的历史长河中，民族迁徙、民族大融合时有发生，中国的农耕文化受到一定程度的游牧文化的影响。与中国一样，欧洲虽然地处农耕文化圈，但畜牧业发达，对畜牧业的依赖甚至比中国还要大。其他如阿拉伯人、犹太人、印度人等也有较长的游牧史。而日本文化几乎和游牧文化没有关系，所以其稻作文化的特质非常明显。

二、稻作文化造就的日本民族性格

（一）集团主义

稻作文化对日本人集团主义的形成有很大的影响。日本属于稻作文化圈，从古至今，日本人都是在高温潮湿的环境中以集体劳作的形式来种植水稻的。筧泰彦在其著作《日语和日本人的思维》中是这样描述稻作文化的："日本人的社会性、日语和日本文化，在表面上来看与发源于游牧、畜牧生活的西欧文化具有相似性，但实际上二者之间存在着显著差异。”在稳定的农耕环境下，田地和用水设施都是固定的，所以，居民的住宅也就相应地固定在这些田地周围。

水稻的栽培一直都是以在耕地共有和为保全耕地而需集体协作完成灌溉土木工程的基础上形成的农业共同体的集团生活为前提的，不管是灌溉秧田、插秧，还是收割、脱粒，都需要集体共同合作。所以在日本以家庭为单位进行横向协作的村落共同生活中，协作、团结等精神都受到极大的推崇。就这样，协调合作作为家族和家族之间的纽带，逐渐形成了稳固的地域社会。在同一片水域生活劳作的居民，他们的命运被紧密地联系在一起。新年伊始，居民们聚集在一起祈祷来年风调雨顺，遇到灾害气候，居民们会携手共渡难关，遇到丰收年，各家各户会集体庆祝丰收，举行感谢神灵庇佑的新尝祭。

在设施共同管理和共同作业比较多的地域社会里，只要是以自我中心的行为举动都会给全体居民带来麻烦。所以，集体利益优先于个人的集体主义就逐渐形成了。川岛武宜在《日本社会的家族构成》中这样形容日本的集团主义社会：“所有人都不可采取个人行动，意识不到自己是独立个体的日本人，总是顺从集体的意向，为集体利益牺牲个人。所有人都被共同体秩序的氛围所包围，每个人都意识到自己是那种占支配地位的氛围的必然客体。违反这种氛围与之相对抗的意识和行动，都意味着要破坏这种牧歌式的和平。那是被严格禁止的大忌，实际上也没有任何人持有那样的想法。”到现在，这种集团性的行为方式被企业和集团继承了下来，重视与他人协调的特性被看作是日本所特有的集团性。

（二）亲植物性

在培育水稻的过程中日本人也对植物萌发了特殊的感情。如果在欧洲，形容战场上众多的士兵时一般都会说像羊群一样多，但是在日本就会说像云一样多。另外，用植物形容美人也是日本的民族特点，他们常用水萝卜比喻女性皮肤的白皙。城户幡太郎在《国语表现学》中指出："国语中很多情况下都是借用植物来表述色彩的，这可以理解为和欧洲人相比日本人对于大自然的生活态度与草木间的关系更密切。"

日本人喜好植物的性格特点在衣、食、住等各方面都有具体的体现。在服装方面，日本人多使用棉、麻、绢等植物纤维，在欧洲则常用动物皮毛制作服装。日本的和服从印染着大朵的菊花、樱花、梅花、牡丹花的皱绸、友禅绸、锦缎和服腰带到木屐带，都装饰着自然界的花草树木的花纹。还有其色彩的名称也多取自植物界，比如樱色、桃色、葡萄色等。

在饮食方面，日本人的主要食物是大米和蔬菜，餐具则是用竹子等植物做成的。明治维新以前，日本人几乎不吃肉，与此截然相反，欧洲人则主要食用家畜的肉和乳制品，作为餐具的刀叉则是金属制成。芳贺矢一在《国民性十论》中曾有过这样的描述："我们的日常生活与自然趣味及植物的关系密不可分，从食物方面看，春风、秋风时节的牡丹饼数御萩最为有名，看看点心铺的点心名便可知其大概。松风、红梅烧、矶松、桃山等一般名称自不必说，还有叫椿饼、抚子饼等名称的。不只是名称，形状也以做成花木形状者居多。……盛料理的器皿上也都是花木形状的泥金画。毋庸赘言，一切漆器、陶器美术工艺品上都有草木花鸟画。"

日本的住所大多都是木结构的茅草屋，而欧洲人的住所则以石造的居多。坐在日式的房间里，一边吃着日本料理一边欣赏着优美的庭院，日本人在家居生活中很好地融入了丰富的花草树木外景。屋子里壁龛处墙壁上或者挂着花鸟水彩画，或者挂着山水水墨画，壁龛上摆放着虽然不知名但是很精致的插画，房间的横楣上雕刻着蔓藤、竹子、梅花等图案。整个房子庭院里充满着植物的气息。

除了在衣、食、住方面可以体现出日本人爱好植物的特性，日本文学受其影响也很大。在日本，多以俳句、和歌那样简短而独特的文学形式来咏颂风花雪月，赞美大自然；而在欧洲，一般与政治思想以及人类的内心世界相关联作品才比较受欢迎。日本文学中的比较人世和自然，从人生马上想到自然，从自然马上考虑到人生。从和歌中引申出来，通过所有文学作品，渗透到军记小说、谣益、净琉璃等一般的文字形式中。说到秋风就会联想到寂寥的事情，说到春雨就会有温暖、寂静的感觉。

（三）纤细性

稻作文化还对日本人细腻性格特点的形成发挥了不小的作用。在培育水稻的劳动中，从灌溉秧田到插秧、收割、脱粒等整个过程，都需要农民细致的作业和观察，一旦粗心不仔细，一年的辛苦劳动也许就会付诸东流。另外，为了不错过农耕的最佳时节，必须仔细观察季节的变化，事先做好充分的准备。为了掌握季节变迁的规律，人们需要认真观察自然景观的变化情况。在日本，人们观察的重点不是天象的变化，而是地上自然景物的变化。如"樱花盛开之日"等词语所表述的，就是通过捕捉自然界的变化来认知季节更替。受中国的影响，日本人也将一年分为若干时节，不同时节逐渐形成了各种不同的庆典活动仪式。在漫长的历史生活中，养成了日本人对季节敏锐的感受性，造就了日本人独特的细腻性格。

日本人的纤细性格，以各种形式体现在日本人的文学、艺术、日常生活等众多领域中。日本文学中独特的审美意识如"物哀""幽玄""侘""寂""粹"等都来源于日本人的细腻性格。对于社会和自然的细腻感觉，可能世界各个民族或多或少的都会有，但像日本人那样从平安时期开始直到江户时期漫长的文学发展历史中，源于纤细感触而形成的审美意识始终占重要地位的情况，恐怕就是日本人特有的了。川端康成（1899—1972）在《我在美丽的日本》中这样说："西洋的庭园建筑一般都是对称结构，相反日本庭园的风格则以不对称为美，大概日本人觉得不对称结构表现的东西比对称结构表现得更多更广泛吧。当然，这种不对称性美，和日本人纤细微妙的感受性之间能够保持协调。……'山水’一词，既有山和水即自然景色，或山水画即风景画、庭园之意，也包含着‘荒凉’‘冷清、破败’等意思。可是，讲究‘和敬静寂’的茶道所推崇的‘侘、寂’，则蕴含着人们丰富的心性体验，极其狭小、简陋的茶室，内涵着无边的广阔和无限的温文尔雅。”由此可见，无论是日本庭园也好，还是日本画抑或是茶道，日本艺术的所有领域无不渗透着日本人的纤细个性。

这种纤细个性，也充分体现在日本人的日常生活中。日本人的纤细性格，造就了日本人的精巧手艺，使他们能够制造出优良的艺术品。古代日本就向中国出口扇子、刀等手工艺品，很受中国人喜爱。如今，日本的电器产品和汽车，也以其优良的品质和优雅的设计日益受到世界各国消费者的青睐。

（四）勤劳性

稻作劳动对日本人勤劳品质的形成也有很大影响。水稻的栽培需要体力好、耐力过人而又细致的劳动力，在耕耘的时候，不仅要求男子全力以赴，更需要所有人手的共同劳作，家中的女性和少男少女都是不可或缺的劳动力。在水稻生产的过程中，必须经过大量的重复、协作劳动才能有好的收成。

如果是在热带地区种植水稻，即使劳动者没有花费太多的精力和时间去照料，也会有个好的收成。但是在寒带地区不管劳动者付出多大的努力都无法种植成功。这是由自然环境决定的，日本正好位于热带和寒带之间的温带地区，它的自然环境相比中国和其他的亚洲国家都要好一点，只要付出辛勤的劳动，就能够从大自然那里得到回报。中国的情况则和日本稍有不同，中国的北部和中部每年都灾害连连，与日本相反，每隔三四年才会有一个风调雨顺的好年景。即使在中国的南方水稻种植地区，尽管土地肥沃，阳光充足，雨量丰富，但气候变化还是对水稻的丰歉有直接的影响。所以，日本处于这样的自然环境中，只要人们积极努力、辛勤劳作，总能从大自然那里得到丰厚的馈赠。特别是水稻种植，与其他作物相比需要费更多的精力。在日本，“米”字本身就意味着就是要经过"八十八"道工序才能收获的意思。而且,越是下功夫,就越能获得丰收,勤劳耕作的效果就愈明显地显现出来。日本人充分地认识到,人从自然那儿获得的收获与人自身的努力息息相关,他们相信只要付出努力就必然能得到回报,只要人不辞辛苦勤劳肯干,就能克服劣势的环境,使增收成为可能。这样就形成了在有限的土地上投入较多的劳力,尽可能地提高产量的集约型农业生产。在这种只要付出辛勤劳作就会有回报的认识基础上,逐渐形成了以勤勉为善的伦理观。日本人被称为世界上最尊重劳动的民族之一,这种民族性是基于农业劳作体验而形成的。

现代以来,日本以勤劳精神弥补了国土狭小和资源匮乏的不足。"加班""工蜂""压力""过劳死"等用来形容日本人工作、生活状况的词语频频出现,恐怕与过于强调勤劳有着密切的关系。

第二节　日本人称谓的选择与民族心理

称谓就是称呼,它是一种以人际关系为基础的两个及两个以上人之间的语言行为,称谓不仅是语言问题,同时也是社会文化问题,它的使用选择和一个民族的社会心理密切相关,而且可以表现出不同的特色。本节将简单阐述日本人际关系称谓的选择,日本人称谓选择与民族心理方面的内容。

一、日本人际称谓的选择

称谓词在人际交往中的选择因为社会结构、文化传统、价值观念乃至思维方式不同而体现各自社会及民族的特点,构成各自独特的规则。这里主要从家庭和社会两个方面探讨现代日本社会人际称谓的特点。

（一）家庭关系称谓的选择

在家庭关系中，日本人称呼上者使用的是亲属类称谓词，而不使用人称代词类及其他类称谓词。对上者，例如对哥哥要说“这本书是哥哥的吗？”而不能说“这本书是您的吗？”人称代词包括姓名不表示人际的属性关系。日本人认为，用不表示属性关系的词称呼上者是很不恭敬的。在家庭关系中，上者用人称代词类和名字称呼下者，但是不会用亲属类称谓词，例如，在现实生活中不会有对弟弟说“喂，弟弟”，对女儿说“女儿到哪儿去”这样的说法。

在家庭中，称呼上者不用人称代词、称呼下者不用亲属称谓词是一个原则。另外还有一个习惯，就是以家庭称谓的“虚词用法”。例如，日本的夫妻之间在孩子出生之前都互相用名字、人称代词。但是孩子出生之后，夫妻间的称呼会发生非常明显的变化，要开始从孩子的角度来称呼对方，妻子称丈夫为“孩子他爸”，丈夫则称妻子为“孩子他妈”。当家庭中另一个更小的孩子出生后，全家人就又随同新生儿的称谓，称孩子的哥哥、姐姐为“哥哥”“姐姐”。

（二）社会关系称谓的选择

日本社会中的称谓选择基本上与家庭关系称谓建立在同一原理轨道之上，可以认为是家庭关系称谓的延伸。

（1）在社会生活中，日本人对老师、前辈、上司等上者不使用人称代词称谓，不但不说“您”，就连“您的”也不说，比如“先生的夫人”。而上者对学生、部下、后辈等下者使用人称代词的称呼，如“你的妻子”。

（2）一般来说，下者称呼上者要使用对方的身份地位名称，如“先生”，但是上者对下者的话就不需要使用身份地位名称。

（3）在用姓名称谓方面，下者不能直接称呼上者的姓名，如必须称呼姓名则要在其姓后加上身份地位名称一起使用，如“山本教授”。相反，上者称呼下者的时候会直接使用姓名，但一般只称其姓而不称全称，并且习惯在其姓后加上“君”等称呼，比如“小野君”。

（4）在只知道对方的职业而对其姓名、身份地位都不清楚的时候，一般使用职业名称称呼；与连职业特征也看不出来的人打招呼就根据不同的情况选择称谓，如果对方是少女就称“小姐”，如果认为对方是已婚妇女就称“夫人”，在实在没有依据可循的时候，就干脆用一些词义含混的词打招呼。

（5）日语亲属关系称谓的社会化，即把亲属关系称谓用在社会上，比如称呼社会上的人为“老爷爷”“老奶奶”“阿姨”“叔叔”等就是其社会化。

（6）最具日本特色的是，在社会生活中，日本人称青少年为“哥哥”“姐姐”。另外，日本人习惯将母亲概念的称谓用在社会生活中，比如在饮食业、娱乐界，行业内的职员和客人都习惯用“妈妈”来称呼女老板，寄宿的青年学生也习惯用“妈妈”来称呼女房东。

二、称谓选择与民族心理

日语以及日本人对称谓词的选择有其自身的特点，其特点以及其形成的原因具体如下。

（一）日本人在称谓选择上，上下级等级意识很强

日语称谓词结构复杂、存在很多变体的一个重要原因是，上者对下者使用一种称谓，下者对上者使用另一种称谓，而且因为上下关系的不同，说话者需要改变对自己的称谓，这充分地证实了中根千枝教师所指出的日本社会纵式结构的特点。

对上者使用亲属关系名称和身份地位的名称称谓，对其在家庭乃至社会中的“权势”的接受和攀附无疑是一种尊敬的表示，同时也是一种服从。与此相反，上者对下者不需要尊敬和攀附，

所以使用无属性的人称代词或者姓名称谓也是理所应当的。在上下等级森严的社会里,称谓词是有尊卑对立的权势语义,是用V(尊敬)还是用T(非尊敬),取决于双方地位、体力、年龄、财富、出身、性别、职业上的高低不同。与T—V的权势语义相联系的是一个相对静止的社会。在这样的社会中权势生来就有,每个人安心于上天安排好的位置。这揭示了日本称谓的选择与日本社会特征的关系。

(二)日本人的称谓选择重视双方在群体中的角色

在家庭中,新婚夫妻相互之间的称呼使用人称代词,也使用名字,这说明两个人的关系尚且处在一种个体的契约关系上,基础尚不甚牢固。一旦孩子出生,夫妻之间有了血统上的连带,家庭也成了稳定的群体。家庭是社会的细胞,从社会角度来看属于一个整体。日本是一个群体观念很强的民族,而其观念特征是视社会群体为“家”,因此日本人的群体观念即是一种扩大化的家族观念。

日本人喜欢相互递名片,其主要用意是让对方了解自己的所属和身份地位,以便采取相应的称谓选择和交往格次。社会上重视选择身份地位名称称谓,正是想通过称谓不断地明确相互间的角色和态度,以加强群体的秩序与和谐。

(三)群体主义观念导致了“自我不踏实感”

自我不踏实感,是大部分日本人共同具有的性格特征,是日本人自我结构的基本特征。因此,在生活的各个方面,日本人都表现出依存他人的心理趋向。人际上的称谓乐于选择亲属关系称谓和身份地位名称,而不善于使用人称代词和姓名。被认为是依存对方的立场、地位的对方依存、对象依存的称呼,旨在缩小对方和自己之间的心理上的距离。客人称酒吧间的女老板为“妈妈”,是在这位妇女面前把自己降为“幼儿”的倒退心理起着作用,在这种情况下，好像是向自己的母亲撒娇，以此来忘掉自我不踏实感，在无意识中使自己的欲求得到满足。

第三节　地震与日本人的“无常”观

自然环境对一个民族的影响是举足轻重的，对日本来说，地震对其民族性格的影响非常之大，日本人总是活在地震的阴影下，渐渐地，日本人在不安定的自然环境中形成了积极的“无常”观，而无常观又融入了日本的文学、日本人的危机意识、日本人的生死观和审美意识中。

一、从地震看日本人的无常观

日本地处亚欧板块和太平洋板块相接触的地带，由两大板块碰撞而成，构造上属于亚洲陆缘岛弧海沟体系的一部分。日本位于环太平洋火山地震带上，地震频发，有“地震国”之称。地震频繁，随之带来的灾害又不断，所以日本人在感叹“自然无常”的同时，又在与其不利的自然环境长期抗争以求生存。虽然人们做好了心理准备来面对灾难，但在地震灾难发生后，看到自己的家园被毁，亲人离去，人们悲伤痛苦，意识到了生死之间的瞬时转换，也感受到了生死变化的无常。面对地震他们从容不迫、秩序井然，他们所表现出来的镇静与淡然正是日本人无常观的体现。

二、无常观对日本其他方面的影响

（一）无常观与日本文学

与日本文学相关联，并在一定程度上渗透到日本民众的精神生活中的，是“无常”一词表达出的万物流转、不存在常住事物的

"诸行无常"思想。

对于日本人来说,"无常"一方面是佛教中用来表述世间万物生生灭灭变化无常之意,另一方面是表示人生虚幻渺茫的日常用语。在弘法大师所作的《伊吕波》歌中,便阐述了古代日本人对于无常的理解:刚绽放的美丽花儿顷刻间便凋谢了,人的一生也并非一成不变,跋涉无常的人生坎坷路,似梦似醉世事不可预知。这首歌中的"无常",是叹息世事的推移变化之快,人生如花期般短暂,咏叹岁月不饶人的佛教思想。这首歌中的"无常"有很浓的宗教意味。

日本人的无常观也体现在贵族文学中。从《竹取物语》《伊势物语》,乃至《大和物语》《源氏物语》,都是典型的贵族文学。在"法华八讲"那样华丽的佛教法会中,全篇充斥着深感俗事无常想要出家的佛教思想。津田左右吉在其著作《文学中的国民思想研究》中指出:"整篇《源氏物语》,概而言之,描述了人生的虚幻渺茫,及无人能与这种虚幻无常的命运相抗衡之意。之所以在源氏家族华美的舞台背后总有一丝抹不去的寂寥,原因即在于此。从源氏出生起即笼罩着哀愁的气氛。"认为《源氏物语》的主题是宿命和无常。

到平安末期,日本的无常感绽放出了更加华美绚丽的文艺之花。《平家物语》通篇的思想,是叹息作为日本全国的统治者,平家一族直到昨天还显赫至极,一朝没落便荣光不复当年。《平家物语》开篇便模仿《涅槃经》下卷中的〈仁王经〉护国品中句子,"祇园精舍之钟鸣,诸行无常之声韵。沙罗大树之花色,胜者必衰之表征。"以"骄者必败,宛如春夜一梦。强者终亡,仿佛风中浮尘"开篇,成为贯穿全文的主题。文中描述了建礼门院出家后,白河法皇探访大原的女院即有名的大原宠幸故事,最后以女院消失结尾。当时,因感悟到无常而出家的人不少。而他们之所以有无常之感,既有主体方面的主观原因,也有社会原由。在以死、没落等人生无常的幻灭之美为主旋律的故事中,胜者必衰、因果报应的佛教思想贯彻始终。

镰仓初期的鸭长明在其随笔集《方丈记》中，以佛教的无常观为基调，列举了各种事例以阐述人生之变幻无常，并记述了自己最终隐退到日野山方丈庵闲居的情形。“河川里流水不断，但已非原来的水。淤水中漂浮着的泡沫，时而消散时而集结，不会恒久不变。世间的人及其归宿，宛如这流水和泡沫。”“在无常现世中，为谁而烦忧，又因何而欢悦。宿主及其最终归宿的无常之态，无异于牵牛花瓣上的露珠。”表达了著者认为现世短暂而虚幻的无常观。

14 世纪吉田兼好的名作《徒然草》，由对人生百事进行思考的随笔及见闻等共 243 段构成，通篇贯穿着无常思想。“孤单寂寞中，终日面对笔砚，记述掠过脑际之无聊琐事的短暂无常。”“世间万象短暂虚幻而不足惜。”表达了人生一世皆为空，不足以眷恋的无常观。

南博在《日本人的心理》中这样写道：“日本人从中学时期就开始学习一些阐述无常观的文章，说明这种想法代表了日本人的人生观。不仅如此，也有人认为，日本的文学思想中文学本身的作用即在于向人们灌输无常观。”

如此这般，“无常”不仅对古代日本人，对现代日本人的文化心理也产生了方方面面的影响。日本著名的现代诗人土井晚翠（1871—1952）的《荒城之月》深受日本人的喜爱，经著名作曲家龙廉太郎（1879—1903）谱曲而成为一代名歌。

日本的民谣和童谣很好地体现了日本人在日常生活中所体验到的变幻无常之感。正如忽然盛开又突然凋谢的樱花一样，在炫目之美过后，留下的是无限的虚幻之感。

如前所述，日本是一个远离大陆、四周环海的孤岛，自形成统一国家以来未曾受到外族的入侵，日本文化是在吸收外来文化的过程中，独立发展起来的。处于这样的自然环境之下，发自于日本文化深层的孤独感，比同是岛国的英国要强烈得多。这种孤独感给日本人的心理带来了深刻影响。日本文学和日本美术所追求的“物哀”“侘”“寂”等审美意识，将蕴藏于日本人心底的孤独，以文学和美术的形式表现了出来。

（二）“无常”与日本人的危机意识

日本人所接受的“无常”是哲学认识上的“无常观”，诸行无常，诸法无我。但是，这种看透人生的“无常观”中，不只包含着悲观的人生观。在世界万物生生灭灭、变化无常的生活中，日本人不仅感受到了变化，也感受到在无常中追求生存意义的快乐。日本人对“无常”的理解中，虽有佛教的消极意味，但更多时候日本人往往在消极中求积极，在变化中求新生。佛教以“无常观”否定现世，祈求来世的幸福。而日本人则以“无常”否定过去的现世，肯定未来的现世。中国和印度有关“无常”的理论，而日本则将“无常”的实践活动日常化了。

上面提到过《平家物语》的全篇带有无常和感伤色彩，开头的“胜者必衰”“骄者必败”“强者终亡”等，在阐述人生无常道理的同时，概括了现实世界的存亡规律，认可新生事物的发展。

日本人在感到宿命性的“无常”与危机的同时，积极顺应自然，在资源匮乏的孤岛上辛勤劳作。由无常感引发的危机意识，与拼搏心理相结合，造就了日本人的勤劳品质。日本人想方设法为栽培更多更好的水稻而付出了不懈努力。如前所述，与其他农作物相比，种植水稻需要花费更多的精力。且愈下功夫收成愈好，勤劳的效果昭然若揭。日本人的勤劳不仅体现在水稻栽培方面，也体现在现代企业的经营活动中。日本人常被比喻成是“工蜂”，实际上，到下班时间仍留在公司“加班”的职员占绝大多数。

一般人都很辛苦，因此无常感暂且是个安慰，将希望寄托于明日的荣乐而生存下去。可以说，对于日本人来说，正因为现在的无常才期待着将来能幸福。然而，无常的世界留给日本人的不仅仅是哀伤与幻灭，也给日本人带来了危机意识。危机意识造成日本人善于自我否定的性格特点，也造就了日本人的革新精神。日本人在自我否定的过程中吸收中国的隋唐文化，建设起封建制律令国家。后来在吸收西方文化的基础上，通过政治、经济等方面的改革,增强了国家的实力。日本人常出于危机意识而通过自我否定向世界学习,以促进自身的发展。

自我否定造就了日本人的革新意识,也造就了日本人盲目崇外的性格特点。日本从古代开始就是在吸收外来文化养分的基础上发展起自身文化的。在漫长的历史发展过程中,日本人不仅对外来文化表现出好奇心,也表现出对外崇拜的自卑心理。日本自古便对中国文化崇拜有加。推古天皇十五年(607年),日本派遣小野妹子出使隋朝。小野妹子归国时隋炀帝派遣裴世清随同前往日本。日本为了迎接来自隋朝的使臣大兴土木,修饰驿馆,整饬驿道,裴世清到日本四个月之后才受到天皇的正式接见。其时,天皇说:“我闻海西有大隋,礼仪之国,故遣朝贡。我夷人,僻在海隅,不闻礼仪,是以稽留境内,不即相见。今故清道饰馆,以待大使,冀闻大国维新之化。”对中国文化的憧憬之意溢于言表。镰仓时期的名僧道元于1223年留学宋朝学习禅宗,遍游中国著名的禅寺,5年后返回日本,创立了曹洞宗。道元具有很深的中国文化素养。道元在其著作中这样写道:“西天及神丹人本质直,盖为中华,教化佛法则迅速领会。我朝自来人少仁智,难期正种,此番夷使然……且我国之出家人,诚不如大国之在家人,举世愚笨,心量狭小……如此之辈,即使坐禅,岂能立即证得佛法!……我国之人,仁智未开,人又迂曲,即使教以正直之法,则甘露反成毒汁。”他对中国文化的推崇之意可见一斑。江户时期的著名学者荻生徂徕极端崇拜中国文化,他将世代相传的复姓“物部”改为中国式的单姓“物”,并搬到品川,并为离中国近了一些而高兴。

近代以来,日本又对西方文化表现出崇拜之意。高桥义雄(1861—1937)在《日本人种改良记》一书中提出,日本人无论是在体力方面还是在智力方面都劣于西方人种。因此,为了增强竞争力,日本的男子应该和妻子离婚而与西方女子结婚。此外,日本的大作家谷崎润一郎(1886—1965)也是西洋崇拜的代表人物。谷崎润一郎虽在晚年回归传统后写了如《细雪》《阴翳礼赞》等描述日本自然之美和传统之美的作品。不过,在其早期作品中,他对西方的艺术、制度的赞美之词随处可见。当然,对于外来文化,在自卑感的背后,日本人同时具有鄙外主义。不过,这种鄙外主义是为了慰藉由民族自卑感而造成的不安心理所表现出来的精神现象。总体来说,日本人的对外意识中,崇外思想占主导地位。

(三)“无常”与日本人的生死观

1.“切腹”

对日本人的生死观给予最大影响的是佛教的“无常”思想。净土宗提出“厌离秽土、欣求净土”,主张离开污秽的现世,寻求净土世界。禅宗另一派的开创者道元在《正法眼藏》中提出“生死由生死”,告诉人们无须在意生死的问题,无论是生还是死,皆应竭尽全力。这种思想,成为镰仓时期以后明日或许战死沙场的武士们的心理支柱。

强调忠诚、礼仪、朴素、节俭的武士道德为“武士道”。“武士道”发端于镰仓时期,在等级身份制度森严的镰仓幕府时期,统治者要求武士对自己的身份具有自豪感,具有无论发生什么情况都会对主人尽忠的献身精神。江户时期九州岛佐贺藩的武士道书籍《叶隐》中提出:“所谓武士道,即死之道。”这是对禅宗用语的引申,体现出死即是通往完全之生的思想,也是对镰仓时代以来所提倡的武士道的强化。武士所提倡的“死之觉悟”,不是禅宗中悟道的“觉悟”,而是一种世俗生活中的态度,随时准备战死沙场的决心。这里一方面包含着对生的眷恋,另一方面包含着当死来临时的一种心态。

这种“死之觉悟”观念当中,贯穿着“无常观”思想。武士们一方面感受到人世“无常”,另一方面也重视“名”与“耻”,重视世俗生活中以主从关系为中心的人际关系。可以说,正是“无常观”观念使他们能够克制住日常生活中的杂念与欲望,能够为保护自己的名誉、为报答主人的恩情从容赴死。

极端体现这种“死之觉悟”思想的是武士道中的“切腹”，通过割裂致命性较弱的腹部，演出一场悲壮的生死剧以张显自身和家族的名节，并保护其遗属。这就是切腹之礼仪，也是一种制度。

《万叶集》中有关于“心中”的和歌却没有关于“切腹”的和歌。有关“切腹”的记载始见于平安末期，到南北朝时期“切腹”观念定了下来。到江户时期切腹被形式化了，包括“水腹”“手腹”在内，最常见的是作以扇切腹状以保全武士名节，然后由刀斧手砍头。明治六年《改定律令》颁布后，切腹作为一种刑法被废止，但仍作为自杀方法的一种流传下来。

“切腹”有多种方法。有从左向右横切的，有并排纵向切三刀的，有横切一刀后从肚脐出切成十字状等方法，也有称作竖切的在脐下纵切，最后将刀尖刺向右腹致命的。这是因为切破小肠只是出血而已，刺到肝脏才能致死。因此，真正的切腹是由左侧的直肠刺向右侧的肝脏。但实际上用这种方式切割自己的身体很困难，有不少失败的例子。因此，便有了上文提到的“水腹”，即用水涂在下腹部的切腹，“手腹”是用手作切腹姿态，然后再由刀斧手砍头。

2.“心中”

“心中”一词是江户初期的近松门左卫门（1653—1724）将武士尽忠的“忠”字拆开后上下对倒而形成的词。江户初期，“心中”一词指如发誓、剪发、刺青等男女间确认爱情的行为。到江户中期以后，演变为牺牲仅有一次的生命的方式，便开始以“心中死”或“心中情死”相称。1703年，近松门左卫门写了一本名为《曾根崎心中》的净琉璃脚本。该脚本描写了大阪内本町酱油作坊平野屋的管事德兵代和北新地天满屋的妓女阿初之间悲戚的爱情故事，故事以二人在曾根崎的天神之林殉情自杀的“心中”情节收尾。该脚本在歌舞伎和净琉璃演出中受到好评，“心中”便成了“情死心中”。该故事的主人公通过死保全了爱情，也体现了日本固有的“死而后生”的生死观。

佛教对日本人的生死观产生了很大影响。有人相信在现实社会无法走到一起的男女，死后可以在天国一起过上幸福生活。近松门左卫门在《心中天网岛》中对“寂灭为乐”的描述，所体现的正是否定生、追求净土世界的思想。

现代日本作家渡边纯一的《失乐园》描写了现代日本人的“心中”爱情故事，反映了现代日本人的爱情观与生死观。虽然，时代背景和故事情节发生了变化，但日本人对于男女之情的思考和“死后而生”的观念没有改变。

3. 自杀

第二次世界大战后，日本社会依然保留着自杀的传统。1968年，诺贝尔文学奖获得者川端康成自杀而死，1970年大文豪三岛由纪夫（1925—1970）切腹自杀。自杀不仅给本人带来永不复生的损失，也给家庭和亲朋好友带来巨大的悲伤和困难，给社会带来损失。日本的自杀率较高，根据统计，日本人每10万人中即有20.4人自杀（1984年），自杀者占死亡总人数的3.8%，日本和罗马尼亚、匈牙利是世界上自杀率最高的三个国家。根据厚生省的统计，1998年日本的自杀人数达32 863人，比1997年增加了34.7%。2003年为历史最高，共34 427人，2004年为32 325人，自1998年以来，日本自杀者连续7年超过3万人以上。其原因，正如“由死而生”所表述的，自杀在日本被看作是一种英勇的举动，而不是罪恶。这受佛教厌世思想的影响很大，与以自杀为禁忌的基督教文化思想大相径庭。

（四）“无常”与日本人的审美意识

“无常观”思想对日本人的文学、艺术、文艺等方面的美学意识产生了极大的影响。在日本人审美意识的深层，有一种与自然一体的感觉和佛教中诸行无常的想法。不过，在不同时代背景下表现出来的审美意识也各有不同。

1.“物哀”

一般认为，日本人在吸收消化中国文化的基础上，到了平安时代，形成了自己独特的精神文化。平安时期占主流地位的审美意识正是“物哀”。

“物哀”始见于本居宣长的文学评论《紫文要领》《源氏物语玉梳子》等著作中。本居宣长提出：“四季应时的景观，便是感知物哀之物。”在本居宣长看来，“物哀”是“对所见所闻所接触的事物，发自内心的感叹”。看到自然界的月亮、花草等，就会觉得“多美的花啊”，“多皎洁的月亮啊”，这些都是对物哀的感知。“物哀”指的是在“物”即客观对象和“哀”即主观感情相一致的情境下产生的和谐情趣。作为一种审美意识，“物哀”是一种带有优美、纤细、沉静、伤感色彩的理念。

对于人们用来表达看透世间万物的虚幻无常及感触的“物哀”，在《源氏物语》等文学作品中有着浓墨重彩地描述。在《源氏物语》中，有 14 处写到了“物哀”，下面便是描写紫上晚年述怀的例子。

“作为女性，其持身之难，苦患之多，世间无出其右了。若对于悲哀之情，欢乐之趣，一概漠不关心，只管韬晦沉默，安能享受世间荣华之乐，慰藉人生无常之苦呢？”文章大意是：女性处境窘困，值得同情。不过，女性若能够感受到“物之哀”，感受到自然界四季的情趣，相对于人世间的荣光以及虚幻无常来说，对自然的注意反而是一种心灵上的慰藉。此处的“物哀”含蓄而深沉，体现了女性特有的敏锐的心理活动。

《枕草子》中对“物哀”也有描述。“时节变迁，此即物哀。世间有‘秋季物哀多’之说，此实属情理。然，现今浮现于脑际的景象，乃春之物哀也。”毋庸赘言，“物哀”中的“物”，与“物思”“物悲”中的“物”是同一词语。“物”是一个不特定的用法灵活的词语。成为感受主体人的对象物的，一律都是“物”。“物”既可以是自然物，也可以是人类或人类的创造物。在凝视对象物过程中产生的悲欢喜怒，都是“物哀”。

被不特定的对象物所激发出的某种感动便是“物哀”，其中孕育着日本人文学心理的认识，日本文学的原理性思考认为，只要心有所动就能萌生出文学创作。因为，日本人认为，文学的出发点是基于原点的朴素而纤细的思考。另外，文学没有特定的目的。无目的而纤细也是日本文学的主要特点，可见“物哀”正是日本文学的精妙之处。

2.“幽玄”“侘”“寂”

日本中世时期的文学、艺术、文艺等领域的审美意识是“幽玄”。在和歌世界中，确立“幽玄”审美意识的是藤原俊成（1114—1204），他所创作的和歌，不仅追求和歌的外在形式之美，还追求“言外有音、余音缭绕”的静寂之美、纤细之美。

战国时期结束后，重新获得安定祥和生活的中世人所追求的审美意识，是仍蕴含着战乱时期那种人生无常意味的“幽玄”。这种审美意识的深层潜在着一种佛教思想。中世的连歌论首次对日本人的审美意识进行了正面论述。连歌论中的“飞花落叶”等词语，由佛教中描述自然界植物生命短暂的无常观，形成了“幽玄”的审美意识。“幽玄”的美学意识影响到和歌到连歌的创作，后来渗透到能乐、茶道的美学意识中，并以“寂”为江户俳谐所继承。

最为重视“幽玄”美意识的是世阿弥（1363—1443），世阿弥在能乐理论书籍《风姿花传》中以花论述了“幽玄”之美。能乐中的“花”强调客观之美，强调感染力，批判露骨逼真、粗糙躁动的下品位的表演，主张自然调合、沉静孤寂的上品位的“幽玄”之美的表演。

“幽玄”的美意识在安土桃山时代形成了茶道世界独特的“侘”“寂”美学理念。茶道中的朴素而不奢华，所追求的正是包含着悠然、娴静之心的“侘”的审美意识。以千利休（1522—1591）为首的茶道宗师们，能从一朵野花和常见的器皿中发掘出美。

“侘”的精神在茶道世界中成为重要因素，摒弃奢华，追求朴素，如何将藏在内心深处的“侘”表现出来便是恬静（侘）茶追求的精髓所在。在一个极小朴素的空间，在所限的规定时间内，却能感受到无限丰富的内心之美，这体现了茶道中一期一会的精神。“幽玄”的美意识后来为后世的俳句作品所继承。

“寂”是以松尾芭蕉（1644—1694）为中心的俳句世界所说的审美意识，描述的是一种寂静而孤高的心境。“侘”和“寂”的精髓则在于禅宗所讲的悟道境界。如俳句中的“侘”和“寂”都蕴含着寂寥的情感成分，无常观的影响显而易见。对事物之美会产生“短暂”“寂寥”的感觉，并非日本人的审美意识所特有，西方人的美学中也存在类似的表达方式。但在日本，这种表达方式却始终贯穿于人们的审美意识中。松尾芭蕉（1644—1694）除了用“风雅”“侘”“寂”之外，还以“栞”“细”等作为对美的理解。“栞”是指“凋谢”“枯萎”“凋零”等，而“细”所体现的则是“纤细之美”，二者都和无常观密不可分。总之，在日本人的审美意识中，有一种发端于佛教思想的情感，一直传承至今。

在日本人的艺术作品中很重视“间隙”“余韵”。江户时期以来的邦乐、邦舞、演剧等，各段落或各幕之间的间歇安排都很重要，包括书法和绘画中的空出来的间隙也有深刻用意。在文学作品中也不把所有的话讲完，也是为了让人们在无声之处体味美感。

此外，日本人的审美意识中有很强的追求不完整美的倾向（中国大多数情况下追求的是左右对称的匀称之美）。正如《徒然草》中的所描述的是“没有月晕的月亮……”。日本人认为，正像俳句一样，那种语言艺术看似表述不很充分，但比之用言语所表述的部分，其内在蕴含着的感情更为重要。

第四节　日本人的“娇宠”心理与“耻”意识

“娇宠”心理与“耻”意识是日本民族性格中比较特殊和重要的两种,对日本人的“娇宠”心理和“耻”意识进行研究,可以为剖析日本人的民族性格和文化心理提供新的视角。

一、日本人的“娇宠”心理

(一)日本人的“娇宠”

日语中的有些词汇,在英语或汉语中找不到恰当的词语对译,“娇宠”就是这样一个词。这个词不仅让西方的欧美人费解,就连同是东方人的中国人恐怕也不太好理解。

日本著名的精神病学家土居健郎曾说:“娇宠不仅是理解日本人精神构造的关键词,也是理解日本社会的关键词。”

土居健郎1942年毕业于东京大学医学部,20世纪50年代曾两次赴美国留学。他留美期间在访问美国人时,对相互间生硬的语言交流感到吃惊,同时又觉得很不可思议。他以当时的文化冲突为契机,开始探寻日本人在心理方面的特殊性。

之前日本的精神科医生习惯于用德语记录患者的症状,而土居健郎则认为“语言是对各个不同国家最好的投影法”,并决定用日语记病历。在这样的实践过程中,土居健郎注意到“娇宠”这个词是日语独特的表达方法。于是,他在为患者治病时也从“娇宠”入手,并从这一观点出发观察分析日本社会和日本人的心理。1971年出版的《娇宠的构造》,是他研究“娇宠”的成果汇总。

娇宠心理并非日本人所独有,其初始形态可从幼儿对母亲的依恋中找到原型。欧美语言中有表达被动态的对象爱的学术用语,但日常用语中则没有相当于日语中的娇宠之意的词语。娇宠是日语特有的词汇，这意味着日本人在日常生活中就能感知到娇宠心理。

“娇宠”理论一经提出，立即受到人们的关注，并与中根千枝的“纵式社会”理论、本尼迪克特的“耻感文化”理论齐名，成为最有名的“日本人理论”之一。

（二）“娇宠”与日本人的文化心理

语言不仅仅是表达情感的工具，语言形式本身便包含着一定的心理因素。通过比较不同的语言，便可以在一定程度上研究清楚人的心理特征。

日语中用来表达“娇宠”心理的词汇，还有“别扭”“乖戾”“乖僻”“埋怨”“发脾气”“奉承”“拘泥”“顾虑”“有隔阂”“害羞”“情愿”“客气”“恳求”等不少和“娇宠”有关联的感情用语。这些词都以不同的方式表达了“娇宠”心理。如“别扭是指因不能直白地撒娇而有些可怜的样子，不过别别扭扭的也是在撒娇。”“埋怨是指自己的撒娇遭到拒绝而对对方产生了敌意，不过这种敌意比憎恨具有感情色彩，因此和娇宠心理有直接的关系。”“恳求是希望被允许撒娇。”“顾虑通常是在向对方传达客气情绪，那是出于不知对方是否会爽快地接受自己的撒娇而引起的不安。”“害羞是指在别人面前撒娇感到有些害臊。”“客气是担心如果不客气会被对方看作是厚脸皮，引起对方讨厌。……客气实际上也是在撒娇。”这些词汇在日语中形成一个庞大的类型体系，而在欧美的语言中则找不到与之相当的词汇。如上文所述，欧美人要表达“娇宠”这个概念时，所用的是“被动态的对象爱”这个专业术语。土居健郎还指出：“欧美的语言无法区别能动和被动的爱，在这一点上显得较贫乏。”这些事实说明，“娇宠”文化在日本较发达，“娇宠”存在于日本人的意识深处。

“娇宠”心理的原型是母子关系中的幼儿心理。随着幼儿在精神方面的发展，长到半岁以后便能察觉到自己和母亲是各自不同的存在，并感知母亲的存在对自己来说不可或缺。于是，幼儿就想要和母亲贴近,这便是“娇宠”。也就是说,“娇宠”是对母子为不同个体事实的一种抗拒,是一种寻求母子一体感的心理。

无论是在东方还是在西方,这种“娇宠”现象原则上在对所有幼儿的观察中都会有所发现。而日语中有“娇宠”一词,可以使这种心理扩大化,并对日本人精神生活的方方面面产生巨大影响。

首先,“娇宠”对日本人的审美观产生了较大作用。一般来说,所谓美,是对对象物留下的愉悦感觉,在这种体验中,享受美的人与美的对象物之间会产生一体感,这种对美的体验和“寻求一体感”的“娇宠”体验有相似之处。于是,当现实生活中“娇宠”的要求得不到满足时,为了追求真正永久的一体感,有不少人将目光转向了对美的追求。日本人的审美意识在整体上比其他国家的人强,或许也是出于这样的原因。

与此相关联,日本人的审美意识中最有名的“侘”和“寂”,反映的就是避开人世而喜爱闲寂的心理,这点与通过“娇宠”寻求与他人沟通的情况正好相反。不过,能达到“侘”“寂”境界的人并不会抱怨孤独,他们反而能体味到与自己置身于其中的周围环境所产生的不可思议的一体感。

此外,日本人善于吸收外来文化的特点也可以用“娇宠”的观点予以解释。“娇宠”是寻求与其他事物间的“一体感”的心理。能够灵活运用这种心理的日本人,一旦认识到外面的世界无法熟视无睹,马上便能与周围融为一体,并努力摄取学习。古代日本对于中国文化和近世日本对于西方文化,几乎是以相同的模式进行摄取的。因此,可以说潜在的“娇宠”心理是日本人能以惊人的速度实现近代化的因素之一。

在这方面,中国和日本之间存在显著差异,中国人的“娇宠”心理不是很发达,又对自己的文化怀有深深的自豪感,因此对外来文化的吸收摄取往往比日本慢得多。

“娇宠”在幼儿期的母子关系中不可或缺,事实上是一种较为普遍的心理。“娇宠”是培养人生中最基本的信赖感所必需的,对于成人后构筑全新的健全的人际关系也不可或缺。“娇宠”的心理倾向一般在欧美人身上也存在，只是欧美人随着自身的成长，“娇宠”心理逐渐受到抑制。自我的确立或成熟，意味着“娇宠”心理被彻底压抑。然而，日本人对“娇宠”的心理倾向较敏感，且日本社会对此无限宽容。在日本，与“自我确立”相对应的词是“成人”。“成人”不意味着“娇宠”心理被抑制，反而意味着对“娇宠”感受性的敏感和发达。其中包含着对自我“娇宠”心理的自觉，对他人“娇宠”的理解，在自己“娇宠”得不到他人的回应时痛苦的忍耐等。其实，“娇宠”是人类的普遍心理，即便受到抑制也是存在的。在欧美，基督教徒对神的感情相当于日本人的“娇宠”心理。

二、日本人的“耻”意识

日本封建社会所孕育出来的特殊社会意识中，有“惜名”和“知耻”这样的行为规范。有关“名”和“耻”的思考古已有之。早在《万叶集》中就有了“扬名”的思想。到了镰仓时期，这种思想更加表面化了。据文献记载，镰仓武士们总将“惜名”挂在嘴边，在当时的人们看来，这是很重要的行为规范。由此便产生了想要“扬善名、忌恶名”，忌讳、避免遭受“耻”的人生态度。

这种“名”“耻”意识，历经室町时期一直延续到江户时期，并受到山鹿素行、大道寺友山（1639—1730）等人的吹捧。大道寺友山在《武道初心集》中提出：“行义勇，必先知耻”，耻的意识很受重视。武士阶级作为特权阶级，相对町人和农民有着很强的优越感，为了显示这种优越感，他们特别强调“重名”“知耻”，这在武士道论中有明确记载。在内容上，名与耻作为维系上下垂直的主从关系之基本纽带，体现了武士阶级的生活规范。也就是说，在他们的思想意识中，“名”和“耻”都是维系主从关系不可或缺的“体面”“脸面”。

然而，随着町人阶层经济实力的增强，“争面子”“丢面子”等生活规范作为与主从关系毫不相干的完全个人主义的“体面”“脸面”意识，开始在町人之间受到重视。在受了侮辱或被冤枉，抑或是被喜欢的女人抛弃等情况下被别人取笑时，就会觉得“丢面子”，这时无论付出多大的代价也要努力去“争面子”。

重名、知耻等生活规范，归根结底是一种他人本位的伦理。而“罪感文化”则提倡建立道德的绝对标准并且靠它启发人的良知。因此，人处于这样的社会环境中，做了不妥的事情后即便无人知晓也会因自己的罪恶感而懊恼，即使在无人知晓的情况下也会自主行善。而在日本，历来就缺乏这样的自律性。

本尼迪克特，美国著名的文化人类学家鲁斯·本尼迪克特在其名著《菊与刀》中指出，日本文化是以“耻”为基调的文化。以“耻”为基调的文化“依靠外部的强制力来做善行”，也就是说是将耻意识作为道德的绝对基准。如，“这种行为很羞耻”“那样的想法太羞愧”等，总是以如何对别人评价做出反应作为其思考和行动的目标。而且，这种耻辱感也成了社会文化形成的原动力。

本尼迪克特认为，与日本“耻感文化”相对应，西方的基督教文化相当于“罪感文化”。基督教中具有一种“原罪”思想，认为人生来就背负着沉重的罪恶。人遵照神的教化生活并最终得到救济。因此，在基督教社会中，“良知”这种内在意识起着很大作用，“做了不妥的事情后即便无人知晓也会因自己的罪恶感而懊恼”。这种道德自律所带来的压力，形成了“忏悔”这样的心理疏通机制，人们可通过坦白罪行减轻负罪感。

“耻感文化”和“罪感文化”之间有显著差别。其一，“罪感文化”对于别人不知晓的事情，也会抱有罪恶感。然而，“耻感文化”以他人的存在为前提，因为“耻感要求有外人在场，至少要感觉到有外人在场”。其二，归根结底，“耻”的感觉来于对他人存在的意识，没有他人无论什么样的行为和思想都不会觉得羞耻。道德自律的依据来自外在的强制力，“正确行为的内在强制力全然不在被考虑的范围之内”。

当然，这样的论述只是为了将两者归类以作区别，本尼迪克特自己也指出：西方人也具有耻辱感，同样日本人也具有罪的意识。只是日本人比之罪感更重视耻感，并由此造成日本的社会结构、国民性乃至文化在整体上与西方大不相同。

西方人的罪感来源于基督教的原罪思想，其罪责可以通过忏悔减轻。基督教文化圈认为人能通过坦白罪行和忏悔赎罪。而在日本，“耻”意识和名分（体面）密切相关，“耻”的行为会带来“污名”，即名誉的损失。讨厌“污名”，消除、洗刷“污名”的方法就是“禊”。此外，正如日语中有一句话叫“丑上加丑，越发丢脸”所说的，如果坦白了罪行或许会招致更大的耻辱。正因为如此，日本人在没犯错的时候常会道歉，而真正犯了错误反而不道歉的情况很常见。

第六章　日本的道文化

日本人非常崇尚“道”文化，随着时代的发展与变迁，他们逐渐将这种文化融入生活的方方面面，甚至还发展成为生活中的各项技能。外界所熟知的日本“道”文化主要包括武士道、茶道、花道和书道、剑道和柔道。本章将着重对这几方面的道文化进行深入分析。

第一节　武士道

一、武士道的内涵

“武士道”又被称作“兵之道”“弓箭手之习”“弓箭之道”等。通常人们提起日本的武士道，会联想到战争、残暴等名词。的确，武士道曾被日本的统治者利用，为法西斯效力，犯下了滔天罪行。但是，如果深入细致地去了解武士道的文化精神，会被它丰富的内涵所折服。

武士道不仅仅作为一个与文道相对应的名词，在《文学中所体现出来的国民思想研究》中，津田左右吉对“武士道”是这样解释的：“中古以来‘道’所指的是歌道等，如今也用作‘专门学问艺术’之意。”[①] 武士道的伦理道德核心为“忠勇”二字，在内容上武士道不仅仅只包含着武艺、武术两方面，还包含着为人之道、生活准则等方面的内容。要求武士内外兼修，勤奋博学，以文武双

① 韩立红：《日本文化概论》，天津：南开大学出版社，2008 年，第 185 页。

全为尚。

（一）“武士道”一词的起源

日本镰仓幕府是武士道的发源地，但镰仓、室町时代，还没有“武士道”一说，就如前面所提到武士道的别称一样，武士道最初就是被称作“武者之习”“兵之道”，一直到了江户时代，才有“武士道”这一说法。

武士阶层虽然在明治维新时期就基本上消亡了，但有趣的是，武士道的精神却深深地埋在日本人的思想观念里，代代相传，是大众认同的不成文的规章法理。

（二）武士道思想来源

武士道思想并不是单纯地在某一种思想上生根发芽，可以这样说，它更像是一个大杂锅，将儒家、禅宗、道家的思想融汇到一起。比如，它崇尚儒家的忠勇，追求禅宗“生死一如”的遗世独立精神。也信仰“本来无一物”的道家洒脱理念。就像日本近代思想家新渡户稻造做出的评价：“武士道是一部不说，不写的法典，是一部铭刻在内心深处的法律，其蕴含了哲学、道德、荣誉、礼仪等诸多内在品格。”①

让人遗憾的是，在日本军国主义大行天下之时，统治者利用了武士道精神，将它与神道思想融合，信仰天皇，同时歪曲武士道的儒学、禅宗精神，最终走向极端，犯下罄竹难书的罪行。

二、武士的人生哲学

（一）死亡哲学

对武士来说，如何才能活得有意义，如何才能在死的时候没

① 杨薇：《日本文化透视》，天津：天津教育出版社，2010年，第82页。

有遗憾，是他们终其一生都在思考的关于生命的哲学问题。对武士来讲，最重要的一个理念就是“赖活不如好死”，所以，可以将武士推崇的死亡哲学归纳为如下两个方面。

第一，在战斗场上视死如归，拼尽全力直到最后一刻，绝不怕死。

第二，面对生活中的不如意，勇敢坚强地活下去。

注意的是，武士道精神并不是盲目地要求愚勇，而是恪守着一种“应该活时决不轻生，应该死时决不偷生”的信念。这一点也和孟子学说里所提到“道”相一致。“天下有道，以道殉身；天下无道，以身殉道。”

（二）忠勇至上

在武士眼中，忠勇献身是至高无上的荣誉，也是超越一切的道。在日本历史上，关于赤穗四十七浪士的忠勇事件一直流传至今，还被著名的歌舞伎剧作家近松门左卫门写成了剧本《忠臣藏》，成为老百姓最喜欢的剧目。

故事发生在元禄十四年（1701），赤穗藩主浅野长矩和德川幕府礼仪官吉良义央发生口角，长矩拔刀伤了义央。幕府决定惩罚长矩，命其剖腹自杀。长矩家臣大石良雄等47名武士愤于主人受辱身亡，决心寻机复仇。

7年后岁末，47名武士一起冒着大雪严寒，冲入吉良义央家中，杀死义央，为主人报了雪海深仇，然后集体剖腹自杀，这四十七名武士的“忠勇”之举震惊全日本。

（三）勤俭节约

“生如樱花之绚烂，死如秋叶之静美。”樱花是日本的国花，它花期短暂，但在绽放时毫无保留，这也能体现出一种武士精神，意识到生命是短暂的，所以不要轻易浪费生命，抓紧时间去实现人生的抱负，使人生更加有意义。

同样，面对生活方面，浪费也是最大的恶行，武士崇尚清贫主义，勤勉俭约是最重要品德。武士平时的衣着饮食以节俭为主，比如德川家康的将军，饭桌上也是三菜一汤。而进入江户幕府时代，更是通过颁布行政令，自上而下地在全国推行节俭意识，即便到现在，日本国虽然早已成为发达国家，百姓生活富足，勤俭节约依然是他们奉行的价值观。

（四）重名知耻

武士道要求武士内外兼修，不仅仅是精通武艺，更重要的是德性，懂得忠义廉耻。因此，武士宁可死也决不能接受侮辱，更不可做出对不起良心的耻辱之事。

武士道还强调要以“正直之心”立身，对国家要无私奉献，鄙视私心私利、损公肥私的行为。所以，武士一旦是因为个人的行为导致集体或国家蒙受损失或失去名誉时，唯有自杀才是谢罪并能洗刷名誉的最高行为。而那些不讲信用的商人、无力还债的人、失职的官员与不愿做战俘的士兵一样，唯有自杀才能将污名洗刷掉，进而维护名誉。也就是说，“当丧失名誉时，唯有死是其解脱，死是摆脱耻辱的可靠的避难所”。

（五）礼仪风尚

武士被要求寡言多行，语言简洁但精练。在对男孩子的教育方面，最好是能有“沉默是金”的态度，保持武士的威严。日本文化还认为武士应该能掌控自己的情绪，喜怒哀乐不形于色，将感情随便从面部流露出来是失礼的，哪怕是最自然的情感也是需要努力克制的。

武士推崇隐逸之人生，看透死亡与人生的枯荣；武士也追求庄子齐物论之境，宠辱不惊，看庭前花开花落；去留无意，望天上云卷云舒。以相扑手举例，在比赛时，即便是出奇制胜，也不会展露出狂喜的一面。从容、淡定是武士认为最好的礼仪表现。

武士习惯性将自己化为“无”,面对外人时,也习惯性地礼貌贬称自己的配偶。武士奉行低调做人做事,在面对人生无常时,有着强烈的悲世情怀。很多武士最终都向往成为一名脱尘的“隐士”。由此可见,在东瀛日本,老庄思想早已深入武士的生活中,在武士道中被广泛运用。

据史料记载,武士社会的清规戒律非常严格,武士家庭的教育也极为严厉。男孩子如果不幸生为武士家族,那么从小就得学习“忍”。“忍”字是“心上有刃”,也即必须用刀压抑自我。等到孩子无论任何处境都能忍耐时,才进一步进行武术和其他技能的训练。

三、武士的魔鬼训练

(一)训练忍耐

作为武士,是要掌握一定的武术技能及其他技能,但是在进行这些训练前,最重要的一项练习就是学会“忍”。特别是对于出生在武士家族的男生,从小就要接受在不同的处境中练就忍耐的训练。因为日本武士认为,只有学会了忍耐,才能学好其他技能。

训练忍耐的目的主要是禁欲,避免因自己的情绪而影响他人,也避免因情感冲动做出耻辱之事。所以,武士没有饭吃要忍,没有娱乐要忍,没有老婆要忍,受到委屈也要忍。总之,凡事都得忍。

(二)训练勇气

16世纪的某日深夜,在日本江户郊外的一片树林里,两个武士正进行一场决斗。只见寒光一闪,其中一人倒下了。没有人知道他是谁,但人们都知道胜者的儿子就是当时才六岁的本曾昌义。就是他,后来成为日本历史上赫赫有名的武士。

决斗后的第二天深夜,本曾昌义就被父亲叫去。父亲用刀抵着本曾昌义幼小的背脊说:“到树林里去,那里有个死人,旁边有块石头。你要用他的血在石头上印上你的手印，做不到我就杀了你。”从此，残忍的、血腥的武士道的影子深深印在他幼小的心灵上。

没有刀的武士不叫武士。在武士道里，刀是武士的灵魂的话，勇敢就是武士身份的刀鞘。武士虽然喜欢用刀，但不能将刀用在不正当的地方。同时，武士也不能逞“匹夫之勇”，不经思考的莽撞之勇是不珍惜生命的表现，同强盗没有什么区别。

（三）训练冷静沉着

训练有素的武士一定会持续稳定地保持沉着冷静的心情，无论遇到什么事情都决不会惊慌失措。武士之所以为武士，就在于他们知道退一步以成全忠节；战死沙场以成全节义。只有稳定地保持沉着冷静的心情，才能发挥出应有的勇气。

四、对武士道的评价

（一）武士道精神对生死观的影响

武士道精神早已刻入日本人的骨髓里，在社会生活中，也到处能展现武士道精神。比如，第二次世界大战结束后，日本的老百姓生活不好，粮食采取配给制，往往会出现不够吃的情况，一般人就在黑市上买。当时有一位法官叫山口良忠，由于自己是审判罪人的法官，所以不能带头做出违法的事，最后他选择了活活饿死。

比如，前几年由于日本经济不景气，一些大公司的老总因公司亏损、倒闭，觉得无法面对世人，无法向员工交代而剖腹、跳楼自杀。在面对生死问题上，自古以来，日本人都认为为民族、为国家可以“视死如归”；可以为上级的狭隘利益“大义大节”而死；还可以为亲戚朋友、父母兄弟的所谓“小义小节”而死；甚至为自己的失败、耻辱和欲望不能得到满足而切腹自杀。这种生死观的历史渊源就是武士道精神。

进入21世纪后，日本年轻人似乎越来越远离武士道精神，为此，一些老人特别忧心忡忡，他们认为武士道精神就是大和民族的魂，年轻人一旦淡忘这种精神，国家也就没魂，会衰败破亡。可见武士道精神在日本老一辈人心中的地位。

（二）武士道的利

从整体上看，武士道精神对促进整个民族的团队凝聚是功不可没的。作为二战的战败国，日本能在最近百年里迅速成为发达国家，靠的就是这种精神来发展壮大自己。有些学者甚至认为：武士道的精神是日本近代化成功最重要的经验。

（三）武士道的弊

武士道所追求的精神本身没什么问题，但它要求武士以忍和克制为尚，在长期的思想封闭和压抑作用下，往往使受过训练的武士变得抑郁寡欢，导致日本整个民族思想都较为孤独和狭隘。

武士道思想的狭隘、局限性和极端性也给日本以及周边国家带来了灾难，在中日甲午战争和日俄战争中，利用武士道精神出现了陆海两个所谓的“军神”，即桔周太和广濑武夫。他们的“忠魂奕奕永报皇恩”和“七生人间报国恩”的精神被当时的宣传机器大肆宣扬，助长了军国主义气焰，起到了极其恶劣的作用。

侵华战争和太平洋战争期间，日本法西斯军国主义猖獗，武士道精神得到进一步的张扬。日本的军政头目甚至不断强调太平洋战争不是军备与军备的较量，而是美国人对物质的信仰同日本人对精神的信仰之间的决斗。因此，日本帝国主义在国内宣扬“死的哲学”，推行“臣民教育”，驱使国民走上战场，在国外则大肆屠杀中国、朝鲜和东南亚人民。

虽然战败后，日本经过了一系列的民主改革，对军国主义思想和武士道精神进行了清算。但军国主义的阴魂不散。某些极端右翼分子依然崇尚“英勇”的武士形象，甚至极端地利用武士道精神“借尸还魂”。1970年，著名的文学家三岛由纪夫煽动自卫队政变为复辟天皇制，但最后还是因为失败而切腹自杀。

更值得关注的是日本女性的地位低下，同武士道精神也有着密不可分的关系。21世纪的日本女性还是无法取得与男性平等的地位。纵使日本经济发达，但整个社会依然是以男性为中心。更加令人担忧的是，大部分日本人对政事的看法也不能摆脱武士道阴魂的影响，比如日本同周边国家的摩擦、首相参拜神社、自卫队性质的改变以及派兵到伊拉克；等等。

综上所述，武士道精神就像是天使与魔鬼的共存，应该吸取其精华部分，去其糟粕。

第二节　茶　道

茶道是一种以茶为媒的生活礼仪，也被认为是修身养性的一种方式，它通过沏茶、赏茶、闻茶、饮茶，增进友谊，美心修德，学习礼法，是一种很有益的和美仪式。

一、茶道的由来

日本列岛没有自生茶，自古也没有饮茶的习俗。所有这一切都是从中国传去的。中国的茶文化来自平民大众的日常习俗，而日本则恰恰相反，饮茶文化走的是自上而下的道路。茶在刚刚传到日本的时候完全属于奢侈品，只有皇族、贵族和少数高级僧侣才可以享受，茶道被当作一种高雅的先进文化而局限在皇室周围，内容和形式都极力模仿大唐。自镰仓时代开始，饮茶活动以寺院为中心开始逐渐普及民间。至此，日本茶道初步形成。

到室町时代，畿内的茶农为了对茶叶评级而举行品茶会，由这种茶集会发展成为许多人品尝茶叶的娱乐活动，并发展了最初的茶道礼仪。这一时期，“斗茶”成为茶文化的主流，游艺性为其主要特点。后来室町幕府的第三代将军足利义满对斗茶进行了提炼，为向宗教性质的“书茶院”过渡做了铺垫。第八代将军足利义政在他隐居的京都东山建造了“同仁斋”，地面用榻榻米铺满，一共用了四张半。这种铺满榻榻米的室内设计为后世所借鉴，由此形成了各式各样的“茶室”。此前的斗茶会都在较大的空间举行，显得喧闹而不注重礼仪；而“同仁斋”将开放式的、不固定的空间进行了缩小和封闭，这就给茶道的形成创造了稳定的室内空间。这种房间称为书院式建筑，在其中进行的茶会就称为“书院茶”。“书院茶”要求茶室绝对肃静，主客问答简明扼要，从而一扫斗茶的杂乱之风。书院茶完成了将外来的大唐文化与日本文化相结合的任务，并且基本确立了现代日本茶道的点茶程序。可以说，到了室町时代末期，茶道已基本诞生。

二、茶道用茶

茶道是日本文化的结晶和代表，同时也是日本人生活行为的规范和心灵的寄托。此外，通过日本的茶道，可以对这个国家的文化和这个国家的人有一定的认识。在展开对作为文化艺术之日本茶道的叙述之前，有必要了解日本茶道的载体——茶是怎样被栽培、制造、加工的。下面就对茶的制作过程进行具体分析，以对日本茶道用茶有一定的认识。

（一）采茶

在最负盛名的茶产地——宇治，人们实行了一种大棚植茶法。

在茶树开始抽芽的二月，为茶园支起大棚，上部覆盖苇蒹。苇蒹将直射光改变为漫射光，为喜阴的茶提供了良好的生长环境。如此获得的茶芽质地柔软、肥嫩，所含有效成分极高。其采茶法与普通茶的镰割手捋不同，而是用手一个一个地采下一芯三叶或四叶、长约 10 厘米的茶青。

（二）制茶

制茶的过程分为蒸和焙两步。先要准备好蒸茶用的灶、锅、笼屉和焙茶用的炭床。将采下来的鲜叶薄薄地铺在笼屉上用强火蒸 30 秒左右，其间还要用筷子搅拌一次，以使杀青均匀。每次蒸的鲜叶极少，目的是防止其重叠（因日本茶青片大、体薄、易碎）。把蒸好的茶放在炭床的竹屉上（竹屉表层有厚纸）进行烘焙，其间要不断地用手摇动竹屉以使其均匀干燥。每一次烘焙的茶量十分少，也以不重叠为准。烘焙所用时间十分短，大约只需 30 分钟，这样制成的茶色泽翠绿、香气自然。

（三）藏茶

选用可盛装 5 千克左右的陶瓷瓮，先将陶瓷瓮洗净烤干，在储茶瓮还没有凉透的时候，即将茶投入其中，口部用干燥的梧桐木盖塞紧，再用纸条反复贴牢，加封盖印。宇治茶根据精制的程度分为四个等级。一为“极上”，二为“别仪”，三为“极描”，四为“别仪描”。特级茶被称为“白袋”。

茶坛往往被送到气温较低、湿度较小的深山冷藏洞里静置半年，待 11 月才将茶坛取下山来，届时有隆重的开瓮茶会。这时，主人邀来几位知己，郑重地将茶坛摆在茶室，在众目注视之下，主人按照一定的手法用小刀细心地切开茶坛口部的封条，先将坛内的散装茶叶倒出一部分，然后将置放在坛心部的装有极品茶的小白袋小心地拿出，将其当场破袋打开，让客人欣赏其翠绿的色泽，享受其自然的香气。

之后，主人取来小巧的茶磨将茶叶磨成鲜绿的茶粉。装在小白袋里的极品茶是由最嫩的芽茶做成的，其中的氨酸含量高达 5% ~ 6%，口感微甜柔和，日本人用此来点成浓茶。浓茶的点饮方式是，在 11 克左右的茶粉中加入 50 毫升左右的热水之后，用茶刷稍稍搅拌，呈膏状之后，再加入 50 毫升左右的热水，彻底调匀。点成后的浓茶呈墨绿色,浓度似炼乳,有青草的浓烈香气,口感略苦、稍涩、滑润。这样的浓茶一次不多喝,约100毫升的茶量分三人传饮方能饮尽。

三、茶道的道具

在茶道形成初期,没有"茶道具"一词。当茶道成为一种艺术时,用于茶道的用具就被称作"茶道具"了。今天,茶道具已经成为日本艺术品的代表,是世界艺术史上一朵放射着异彩的奇葩。下面对茶道道具的四个特点进行具体分析。

(一)自然之美

茶道具不是作者主观设计的产物,而是原材料本身的内在美进一步发挥的结果。无论是木、石,还是竹、陶土,在茶人们的"帮助"之下,它们各自潜在的"天资"得到了充分的发挥。因此可以说,茶道具具有自然之美。

(二)生命之美

在日本茶道里,每一件茶道具都有它的履历。例如,它是谁制作的,它的名字是什么,曾受谁喜爱,曾出席过什么重大的茶会,等等。茶道具还有正脸和后身之分。茶人们对茶具十分珍重。茶人说茶道具的价值在于人怎么去对待它。

(三)用之美

茶道具的艺术美是以实用为基础的。它与绘画、雕刻等一般艺术形式不同的是,每一件茶具都是茶事活动中的一个用具。一方面,它是有局限性的。必须具备承担某种职能的能力。茶道具的制作者不能凭借自己的艺术空想去设计。另一方面,茶道具有极大的独特性。每一个具体职能的特殊要求促使承担这一职能的茶道具产生并形成了独特的形式。

(四)各美其美

美是个人的爱好问题,这一点在日本茶道中体现得淋漓尽致。大部分成名的茶道具都冠有“某某人爱用过”。

日本茶道的兴起是以鉴赏、收藏中国文物的活动为前身的。在日本茶道兴起的初期,唐物自然是主角,是人们争购的对象。直到千利休对唐物之美进行否定,并确立物之美。千利休堪称日本美意识的缔造者。经千利休的鬼斧神工,日本人真正找到了表现日本民族自己的崇尚自然之美意识的方式,面对气势恢宏的中国艺术潮流,扬起了“各美其美”之帆。

四、茶道的礼法

日本是一个重视礼法的国家,尤其重视上下级的关系,日本茶道也不例外。日本礼法以上下级关系为轴心,其条例规范十分细致。具体而言,茶道的礼法主要体现在以下几个方面。

(一)全面性

茶道的礼法包括主与客之间的礼、客与客之间的礼、人与物之间的礼,茶席上出现的人和物都受到尊重。

1. 主与客之间的礼

主人与客人之间,客人为上,主人为下。主人要千方百计地设法使客人感到舒适。例如,如果客人是老茶人,就要多放茶粉,点得浓一点。如果客人是年轻人,茶的口味就要做得浓一点,含蛋白质的材料可以多用一点儿。主人要在客人面前反复擦拭本来已经清洗过的茶具,以此表示对客人的尊重。主人不与客人同席陪餐,希望客人用餐随意一些。总而言之,主人时时处处要站在客人的立场上考虑问题,细微之处也不放过。主人对客人如此尊重,客人也要站在主人的立场上多为主人着想。

2. 客与客之间的礼

首先,客人是有级别的——首席客人、次席客人、三席客人、四席客人、末席客人。大家要尊重首席客人。在茶席上,客人坐成一排,喝茶、欣赏道具等都以首席客人为先。然后依次进行,其他客人要认真查看客人的意向,积极加以配合。若首席客人认为为某件茶道具为此次茶事上最应注目的茶道具,其他客人们就特别下功夫来欣赏,也就是说,努力与首席客人取得一致。其他客人对首席客人表示尊重,首席客人也要照顾其他客人。

3. 人与物之间的礼

在茶人们看来,所有的器物都是有生命的,都要倍加尊重、珍爱。客人们喝茶时,首先要将茶碗庄重地举起一下之后,用左手掌托住茶碗,用右手将茶碗向顺时针方向转两次,将茶碗的正面转向对面之后,才能饮用。这样做是使自己的嘴唇不与茶碗正面接触,以表示出自己对茶碗的谦恭态度。

(二)适度性

茶道的表现手法十分准确、适时,包括无声礼、有声礼、约定礼。

1. 无声礼

茶道的礼法以“默礼”(即不说话的礼)为最高礼,其数量也是最多的,这里译成无声礼。无声礼是通过主人的行动、姿态,或是物与物的碰撞声来实现的。

2. 有声礼

有声礼的语言很简练,而且声音很小。有些场合是以有声礼致谢,以无声礼回谢的,以此来减少不必要的言语。

3. 约定礼

在茶道的礼法中有一些已经约定好了的礼法，这种礼法也可称是一种规则，可称为约定礼。有了这些规则，茶事才规范化。

以上所叙述的无声礼、有声礼、约定礼不仅在日本茶道中反复出现，而且已融入日本人的日常生活之中。

（三）合理性

茶道的位置、顺序、动作三要素将饮茶这一日常生活行为规范化、系统化。

1. 位置

任何道具放置的位置都有一定的规定，严谨至厘米。拿道具时，拿其哪一部分都有明文规定。位置表现了茶道中的空间之法。

2. 顺序

在做某一个动作时，不能只看结果，要注意到达结果的过程，要按照规定的顺序逐一进行，即使在客人看不见的茶厨中也不能草率。顺序表现了茶道中的时间之法。

3. 动作

动，即移动，从某一姿态移至另一姿态，从某一位置移至另一位置。茶道对其移动的路线有严格的规定。或曲线，或直线，分得很细。动作包括了茶道中的空间与时间两者之法。

日本之所以会产生这种世界上最严谨、最细密的礼法，除了日本社会以上下级关系为轴心的因素之外，还与日本的居住、饮食、服装习惯有很大的关系。

五、茶道的思想

在日本学术界，对日本茶道思想的解释经常用下面三个概念：和敬清寂、一期一会、独坐观念。

（一）和敬清寂

“和敬清寂”被称为茶道的四谛、四规、四则，是日本茶道思想上最重要的理念。茶道思想的主旨为：主体的“无”，即主体的绝对否定。作为“无”的化身而出现的有形的理念便是和、敬、清、寂。由这四种抽象的事物又分别产生了日本茶道艺术成千上万种形式。

茶人们在添炭、点茶、喝茶时，要保持主体与客体的一致，即茶人自己与茶、炭的一体性。如其中有隔阂便称不上达到真正的“和”。主人与客人之间的配合、客人与客人之间的配合、茶道具之间的色彩、形状的搭配等，都必须达到大和之美。但“和”并不能没有节度，茶事上还要贯穿“敬”。要明确各种事物所分担的责任。

相互承认，发挥其作用，做到上下有别，有礼有节。例如，同一形状、同一色彩的茶道具不能同时使用，与此相反要交叉使用，以此来互相提色。有了“和、敬”还不够，还要有“清、寂”。茶事中的一切都必须清洁、清爽，不能有丝毫的尘埃。水要清，茶要纯。整个气氛要安静，不能有多余的声音，特别反对杂谈。

（二）一期一会

“一期”指“一期一命”“一生”“一辈子”的意思。一期一会是说一生只见一次，再不会有第二次的相会。这是日本茶人们在举行茶事时所应抱的心态。这种观点来自佛教的无常观。说宇宙间是无常的，人的生死、友人的离和也是无常的。每个人都难说自己一定有明天。人的生命是短暂的、脆弱的。这是人生的实态。面对人生无常的事实，有的人绝望、悲观，而有的人则在生的瞬间里竭尽全力地奋斗，变消极为积极。佛教的无常观督促茶人们尊重一分一秒，认真对待一时一事。当举行茶事时，要抱有“一生一世只一次”的信念。

的确，即使是常来常往的老朋友，在此时节、此茶室、此道具、此气氛下举行的茶事是不可能再现的。主人客人都要有一定的“紧迫感”，这种“紧迫感”又是创造不朽艺术的一种精神源泉。

（三）独坐观念

“独坐”指客人走后，独自坐在茶室里，“观念”是“熟思”“静思”的意思。面对茶釜一只，独坐茶室，回味此日茶事，静思此时。此日再不会重演，茶人的心里泛起一阵茫然之情，又涌起一股充实感。茶人此时的心境可称作“主体的无”。

在这里，茶事确是一场静心清魂的佛事。茶人也不愧为在家的僧人。茶室可比作寺院的佛堂。从这个意义上说茶道真可谓一种新型的宗教。茶道作为一种文化形式，它的许多现象是接受了禅宗的影响的。例如，茶人的正装为黑色的半袈裟。这与禅宗里的僧服是雷同的。茶人在点茶时，必须穿白布袜，这也是禅寺的习惯之一。

茶食的日文名称为“怀石”或“温石”，取名于禅僧打坐时，为挨过空腹的痛苦而揣进怀里的烧热了的石头。在吃茶食时，不准张口咀嚼食物，咀嚼时不准出声之类的规定也来自禅寺。吃完茶食要将自己用过的碗一一用纸擦净，这一习惯也与禅寺一样。在召唤客人入席时采用鸣锣的形式也与禅宗相同。

六、日本茶道的美学

茶道美学属于禅的“无”的艺术的一部分，日本茶道美学有七个特色，下面对其进行具体分析。

（一）不均齐

“不均齐”也可说是不对称、不整、不正等。茶道不以正圆、正方为美，而认为扁瘪、歪曲更有情趣。如果用书法的楷、行、草作比喻，便是以草为上。如果用数字作比喻，便是奇数高于偶数。

不均齐比起均齐来说，内容更丰富，变化更多样，可能性更多。

（二）简素

“简素”是对浓重、冗长、绚丽的否定，可以解释为淡白、清爽、素雅、粗放。在色彩上茶道认为单色、无光泽、暗色为上。茶室里的摆设以少而精为好，摆设少，空间大，给人一种清爽的感觉。

（三）枯高

“枯高”是在否定了感性的、外在的东西之后成立的，可以解释为遒劲、古老、阑珊。好比一棵古松，经过500年、1000年之后，一些小树条枯萎了，老松在与风雪的搏斗中，舍去了一些可以舍去的东西，但是这时的松干才显出格外遒劲的风度，这种风度是在小松树上找不到的。这种风度，很难用美字表达出来，但它的确是一种超越了美的存在。

（四）自然

茶道美学上的“自然”是在否定了自然物及孩童所表现出的自然之后建立起来的。自然即不造作、无杂念、不勉强。茶道讲求顺其自然。茶道具虽然越古越好，但为了让它显得古色古香而故意去磨它，损伤它是不对的。有的人修行年头不多便学着别人做起不对称的茶碗来，由于他是故意使之不对称的，所以他的作品也会是造作的，不会成功。“自然”应是无相自己的忠实的表现。

（五）幽玄

“幽玄”可解释为幽深、含蓄、有余音。茶道艺术讲究不将意思完全表达出来，只显露出它的一部分，剩下的部分让对方去回味。

(六)脱俗

“脱俗”可以解释为自由、自在、不拘形式。进入茶庭以后,人们要忘记俗世间的烦恼,用清水洗手、漱口,洗净心中的污泥。进茶室时,要从一个小入口钻进去,由此表示茶室是一个清静的新世界。在茶室里禁止谈论金钱、美女,禁止说别人坏话,只准谈论春草秋月等与茶道有关的事。

(七)静寂

“静寂”可解释为安静、沉稳。在茶事的进行中特别要保持安静、庄严的气氛。茶人的表情要温和,但一般不笑。茶人动作的节奏是比较慢的,说话的声音也很小。茶室中要尽量减少话语,在传达意念的时候采取许多暗示法。但是为强调静寂的气氛,有的动作还要故意做出声音。

日本茶道美学的这七个特色不是一个拼凑的大杂烩,而是出自同一个根源的;不是相互无关的,而是具有同一属性的。茶道文化必须是一个统一体,不具备这七个特色就不能称之为茶道文化。缺少了其中任何一个也不行。

第三节　书道和柔道

一、书道

(一)书道的由来

提起书法,相信不少人会认为它是中国独有的一门艺术。其实,书法在日本也很盛行。在日本书法艺术被称为书道。书法艺术自古盛行中国,后来普及朝鲜、越南和日本。奈良时代,日本全面吸收中国唐朝文化，书道也不例外，在大学寮里设有书法博士，教学生学习中国书法。公元754年，中国僧人鉴真东渡，带去“二王”书法真迹，使“二王”书法在日本流传，并产生空海、嵯峨天皇、橘逸势等著名书法家。17世纪中叶，中国黄檗宗名僧隐元等赴日，带去了中国造诣很深的书法，使日本书道发生了极大转折，出现北岛雪山、细井广泽等隐元流派书法家。到了清末，从中国来日本的清朝公使馆官员杨守敬，带来13 000件拓本碑帖，给日本书法带来划时代变化，被尊为日本书道的现代化之父。书道是日本书法的综合艺术，它追求意境、情操和艺术美。日本书法分两类：一类是汉字书法，另一类是假名书法。7世纪时，日本引进中国的表意文字，称为汉字。中国书法传入日本后，上层人物首先效仿，圣德太子亲自抄写的《法华义疏》，成为日本最早的墨迹。

如今，日本书道极为普及，有3 000万人学书道，占全国人口的1/4；从小学到大学都开设书法课。日本书道繁花似锦、流派繁多，书道组织远超过中国，最大组织是全国书道联盟，其次是关西的日本书艺院。在日本，书道古称“人木道”“笔道”，江户时代才称为“书道”。日本书道正式开始于奈良时代，并在平安时代得到繁盛的发展，一直延续至今。日本的书道爱好者，大约有两千万人，占人口的六分之一左右。像茶道、花道等一样，它也是一种修身的方式。

（二）书道的演变

书道是用毛笔书写汉字或假名文字的一种造型艺术，在中国、日本和朝鲜都很盛行。

日本的书道，始于从中国传入的汉字，后来日本发明了假名文字，书法之美更以多种形式展现出来。日本书法自古以来受中国的影响很大，一直传承至今。

天平时期，王羲之典雅的书法风格很符合日本人的欣赏品位，在日本备受推崇。平安时期，随着假名文字的形成，假名体特有的流畅、连贯的写法深受日本人的喜爱，假名书法在日本迎来了全盛期。对借助文字与人交往的朝廷子女教育来说，书法是必不可少的内容。

实用性书法转变为艺术书法，是镰仓末期到室町时期的事情。当时，和其他艺术领域一样，书法也出现了各种不同的流派。然而，在室町时期，各流派将主要精力放在口传秘事方面，流派的传承局限于墨守老师的风格，缺少为提高书法本身的努力。进入江户时期，这种倾向更加明显，随着町人文化的发展，书法在庶民中作为一种教养得到普及，不过那只是照猫画虎，学习者按照老师的墨迹照葫芦画瓢而已。

明治时期，中国六朝风格的书法传入日本，给日本书法界注入了新的活力，开始尊重个性。比起以往保持流派的传统，更注重自由地表现自我。现在，书法已经将重点放在远离实用性的艺术性表现方面。书法和绘画不同，是一种由点、线构成的抽象的造型艺术。作者生命的跃动通过富有弹性的毛笔的变化得到具体表现，因此书法中的立意比技巧更重要。

（三）书道教育

日本文部省规定，日本中小学每个年级都必须学习汉字，高中毕业生应该认识整个“常用汉字”表里的 1 945 字，不仅能读，还要会写。受过大学教育的日本人，认识的汉字要更多。日本在义务教育阶段，在小学三年级开始开设书法课程，一直到初中毕业。在高中阶段作为艺术选修课（音乐、美术、书道）三科之一开设。大学学习阶段，在有教育系、文学系的大学中开设关于书道的课程。特别是各县培养教师的师范类的系科，设置有书写教育、书道教育的教研室，设置有相关专业。

在岩手大学、新泻大学、筑波大学、东京学艺大学、静冈大学、福冈教育大学等国家公立大学本科和硕士研究生教育中都设置有书道的系科和专业，培养书道的专门人才。在私立大学中，大东文化大学设置有书道系科，四国大学开设了书道文化系科，培养目标是合格的书法家和书道教师。两大学还在研究生院设置了书道相关的专业。还有许多大学在本科阶段开设书道专业和相关专业。

中国是日本文化之源,书法也不例外。但不可否认的是,日本的书法艺术,不论从人数、规模、普及程度、装裱质量等,都已超过了书法的母国——中国。西岛慎一先生是专门出版书法类书籍的二玄社原总编。说起中国的青年人字写得潦草,对书法的兴趣不如日本青年时,他一针见血地指出,最主要是文化断代了,重拾不易。另一个原因是计算机的普及。据《环球时报》记者采访日本《墨》月刊主编酒井明先生时了解到,关于日本的书法爱好者,没有一个精确的数字,一般认为有两三千万人,也就是说五六个日本人中,就有一个练书法的。称得起书法家,能举办个展、出作品集的人,全日本大约有100万人。在经销文房四宝的东京银座“鸠居堂”三四层画廊,一年到头,天天有书法家的个展。

书法的极大普及,与日本人重视书法教育关系密切。不难发现,普通日本人,特别是一些上了年纪的人,汉字都写得很漂亮。除了学校的书法基础教育外,每年1月2日还举行用毛笔书写新年贺词和吉祥祝福的诗歌的“开笔试毫”活动,还举办各种观摩比赛,还有遍布各地的书法教室,都给书法爱好者提供了学习的机会。另外,还有由文部省后援的毛笔字等级证书考核机构,等级分为4～1级,1级是最高级别。

日本人为什么那么喜欢书法?书法家们普遍认为:“与中国一样,日本是一个汉字大国,有着书写汉字的悠久传统。无论大街上大小商店的匾额、车站站牌、街道名,还是报刊书籍、日本人的姓名,处处离不开汉字。办什么手续,都要签字。当然现在随着计算机普及,学书法的人数有所下降。即便是这样,日本依旧保持和继承着书法传统。”例如,凡是正式场合,日本人都要用毛笔写信签字。比如在贺年片中,很多是印刷精美的工业产品,但发信人会用毛笔非常工整地签上自己的名字。电视上大臣们签署国家文书时,很多人也是用的毛笔。能用毛笔签字,这在日本是个人修养的一个重要体现方式。

（四）篆书、隶书、楷书、行书、草书

篆书，是最古老的文字字体，分为大篆和小篆两种。大篆是最古老的石刻文，始见于周朝。小篆是秦始皇统一文字时所创的新书体，也叫秦篆。小篆将大篆体拉长，将点画写得方方正正。小篆笔画左右近似于对称，具有较强的装饰性。

同一时期，应日常生活中速写的要求，拉直并简化小篆的笔画，就形成了古隶书（秦隶），经过汉朝（汉隶）的发展，到后汉时期统一了字形，成为公文用字。因多为下级官吏即徒隶们所使用，故此也称为隶书。

楷书也是汉朝末期由隶书演变，经过六朝时期的发展，到唐朝时完成的。在日常生活中被广泛运用。楷书主要是一种公文用字而实用性不太强，因其字体端正，现在一般被用作标准字体，也被活用为活字体。

在西域出土的西汉时期的木简中，有作为八分的速写体，笔画简练连体书写的章草。行书也是从连体书写的隶书演变而来，草书、行书体都形成于东晋时期。草书因阅读困难而不够普及，行书易写易读。

学习书法，多从唐朝时期的楷书入手，虞世南的《孔子庙堂碑》，欧阳询的《九成宫醴泉铭》，颜真卿的《颜氏家庙碑》都是最好的字帖。在行书和草书方面王羲之最著名，留有《兰亭序》《集字圣教序》等不少名贴。日本汉字书法作品主要有空海的《风信帖》、小野道风的《屏风土代》《玉泉帖》，藤原行成的《白乐天诗卷》等。

（五）三笔与三迹

三笔，是指日本书道史上三位书法高手：空海、嵯峨天皇和橘逸势。其中最杰出的是空海，他在王羲之书法风格的基础上糅入颜真卿的风骨，独创出自己的书法风格，被称为日本书法的开

山鼻祖。与三笔相对，日文字书法的三位书法高手小野道风、藤原佐理、藤原行成被称为三迹，他们的书法分别被称为野迹、佐迹和权迹。

二、柔道

柔道即“柔软之道”。柔道是起源于古代柔术、体术为基础的一种徒手格斗的武术。柔术的历史悠久，在日本最早的历史书《古事记》中就有关于“比力气”的记载。柔术和相扑虽然有所不同，但是都属于使用技术的肉体格斗。

（一）柔道道馆

在明治维新之际，当时东京大学的学生嘉纳治五郎对柔术很感兴趣，学习了多种流派，并且认识到它的教育意义，于1882年开设了讲道馆，努力研究和指导柔道。嘉纳治五郎汲取各流派的优点，加上本身的创意，建立了适合新时代的技术和理论。以胜负、体育、修心为目的，以重视处世之道优于技术为发展之途，并命名为柔道。阐述柔道意义的道场被称为讲道馆。讲道馆的道场也因门生日益增加而扩大，进而强化组织、充实各项设备。战后，海外柔道因积极推动而得以顺利发展，日本也正式加入国际柔道联盟组织。昭和59年（1984），为讲道馆创立一百周年纪念，文京区春日的八层楼建筑的国际柔道中心落成。该中心共有420个榻榻米大的大道场及6个中小型附属道场，是一座共有1266个榻榻米大的巨型道场，称得上是柔道界实至名归的大殿堂。

（二）柔道赛事

昭和23年（1948），全日本再度恢复全国性的柔道锦标赛，并于次年同讲道馆结成全日本柔道联盟，每年共同举办全日本锦标赛、全日本东西对抗赛。到今天，已有120多个国家参加国际柔道联盟，全世界有500万名柔道爱好者。从1964年的东京奥运会起柔道就成为奥运会比赛项目。此外,还举办世界柔道锦标赛等各种国际大赛。不仅如此,自卫队、公司、町道场的爱好者也逐渐增加,随着比赛规模的扩大,学校对抗赛、全日本柔道锦标赛、天览比赛、明治神宫大赛等大小竞赛的举行,使得柔道爱好者热血沸腾,并积极精研柔道技术,造就了不少世界知名选手。

(三)比赛规则

根据柔道的规定,参赛者都必须穿柔道服。比赛场地为14.55米见方,中央设9.1米见方(50张榻榻米大小)的内场,双方在场内互相揪住竞技。柔道有摔技、擒拿术和拳打脚踢3种技巧。练习分练“式”和“自由对练”两种,“式”为遵循一定的顺序、方式进行的练习;“自由对练”就是自由竞技。水平高低用“段”和“级”表示,最高为10段,最低为初段。段以下为级,1级最高,共分5级。段和级以腰带的颜色区分。10段、9段为红色,8～6段为红白色,5～初段为黑色,1～3级为茶色,4级～初学者为白色。除按体重分级比赛外,还有无级别的比赛。无级别的榜首才被尊为真正的冠军。与相扑、剑道、茶道、花道一样,柔道总是非常注重礼仪,它“始于礼、终于礼”。柔道的基本原理不是攻击,而是一种利用对方的力量来护身的技术。

第四节　花道与剑道

一、花道

(一)花道的由来

日本的“花道”也叫“华道”,世界闻名,是一种很迷人的艺术。在日本,几乎到处都有一盆盆、一瓶瓶色彩艳丽、婀娜多姿的插花。“插花”,就是把剪下的树枝或花草经过艺术加工,放入容器中,使之更绚丽的一种技术。因为是使用活的、新鲜的树枝或者花草加工,加工后放上清水可保留几天,所以又叫“生花”。

日本的插花艺术有着悠久的历史,然而花道最早的起源却是中国佛教的供花。奈良时代佛教传到日本,佛前供花的习惯也随之传到日本。平安时代供花逐渐演变成供人们欣赏的插花艺术,直到15世纪末才出现花道的专门艺术家,花道艺术开始形成。花道艺术之所以能普及和流行,而且受到日本各方面的重视,其主要原因是因为“日本人对自然的一种心情”。

日本人民自古以来就热爱大自然。他们甚至对一朵花也要研究它的来龙去脉,观察它的形状姿态,喜爱它的千娇百媚。这种深刻重视植物,甚至和植物心心相印的日本人所特有的精神是花道艺术能普及和流行的主要原因。另外,日本列岛气候温和,四季变化明显,春、夏、秋、冬都有大量应季的鲜花开放,这也是普及和流行的重要条件。对于日本人来说,在用鲜花装饰室内的习惯养成之前,他们就已同鲜花结下了不解之缘。日本人对花的认识随着时代的发展而不断变化。在远古时代,日本人对充满生命力的花具有一种敬畏和恐惧感,认为花是神灵的再现。

因此,当时的花与其说是观赏的对象,倒不如说是信仰的对象。人们关注花的形态的细微变异,从中领悟超自然的真义。之后,审美的本能引导人们将对花的认识,从信仰转向观赏,开始了把花作为鉴赏对象的插花活动,并进而发展为寓哲理性和形态美为一体的真正的插花艺术,使之成为日本民族智慧的体现。

作为一门艺术,插花的魅力不仅在于它所具有的美学观赏价值,而且还在于它所具有的丰富的寓意和深刻的哲理,这种寓意和哲理,更显示出日本民族的智慧。在日本人的眼里,一束束鲜花和植物,不仅是居室的点缀,同时也是一种美好的愿望和祝福。如:长青松和玫瑰意味青春常驻和福寿绵延;牡丹和竹子表示繁荣与和平;白菜花、菊花和兰花则表示欢乐等。另外,日本的插花艺术还十分注重动感,并根据这一观念选择相应的素材:以盛开的花卉、荚果、枯叶反映过去；以半开的鲜花或绿叶表示现在；以含苞欲放的蓓蕾、丰腴待发的幼芽表示未来。同时，一年四季也都具有不同的象征手法，如以枝条有力的曲线变化象征春天，以舒展的花瓣、花叶和枝干象征夏天，以稀疏的细枝象征秋天，以凋零枯萎的枝条象征冬天。

西式插花讲究花朵的丰满、色彩的艳丽和花团锦簇的热闹。日式插花以花材用量少，选材简洁为主流，强调花与枝叶的自然循环，生态美姿是宇宙永恒的缩影，若常以宽宏意境和深邃内涵从事插花艺术的表达，就自然能直接体会到园艺家对植物本性认识以至尊重的境界。

（二）花道的主要流派

日本当代的花道流派主要包括池坊流派、未生流派、小原流派和草月流派，每一流派都拥有超过百万的弟子。

1. 池坊流派

15世纪由立花名家池坊专庆创造的池坊花是当今花道界最古老的流派。池坊之名取自京都六角堂，当年六角堂内的许多僧人都擅长专庆的立花，所以池坊又是花道的代名词。日本宽政三年（1462）池坊插花术的开山祖专庆应邀为武将佐佐木高秀插花，几十枝鲜花插入金瓶内，绮丽无比，顷刻专庆的池坊插花术在立花界获得很高的声誉。16世纪专应创作了《池坊专应口传》，专荣创作了《池坊专荣传书》，通过专应、专荣的努力，池坊立花成为花道界的主流派。

直到今天，池坊立花仍是日本国内规模最大的花道流派。1952年建立了池坊专科学校，使用新的教授方法培养花道人才，同时也开展对花道理论、技艺的研究。池坊插花的形式主要有“立花”“生花”和现代“自由花”。

2. 未生流派

未生流派是日本江户末期由未生斋一甫（1761—1824）创立

的另一个花道流派。今天，未生流派已发展成为比较有代表性的流派之一，致力于花道知识的普及工作。如今，未生流派内又相继出现了斋家未生派、庵家未生派、院家未生派、嵯峨未生派、未生派中山文甫会、真养未生派、平安未生派、本能寺未生派、未生苑、大阪未生派、未生方云会、都未生派、洛阳未生派等。

未生流派将儒家的天地人和作为插花的原理，基本花形为体现天圆、地方统一体的两个直角三角形，在直角三角形内，未生流派进行了多种多样的创造发挥，其作品的特点是明快、简洁。

3. 小原流派

明治时代初期(1868—1912)，日本面向西方敞开了国门。这种门户开放给日本国民生活的各个方面带来了翻天覆地的变化。在花道艺术方面，由小原流创造的花道造型“盛花”给这门艺术带来了彻底的革命。在以前的所有传统造型中，花材都是集中地从花器的同一点伸出，而小原则使用了各种各样的支撑物，因而可以在“水盘”(一种阔而浅的花器)的更为广大的范围内排列剪枝。这种方法使得与传统造型不相容的其他新的材料得以使用，同样也促成了景观造型的出现。景观造型是以一种自然主义的方式，而不是象征的手法描述了自然美。

小原流派是日本明治末年由小原云心创立的。小原流派至今仍是日本有代表性的花道流派之一。云心自幼随父学习池坊派的插花技术，后来云心发现池坊派插花术重心过高，不够安稳，便创立了有重量感、重心偏低的插花术。接受自然影响的小原插花术以新颖的花型，为插花技艺增添了时代感。

明治维新后，西方文化以及各国奇花异果大量进入日本，传统花材和花型不合时代要求，出现革新局面。小原插花术的诞生是日本人学习西方文化的反映，但是小原的插花术一直受到正统派的指责，云心不同于其他流派逐个收弟子学艺，而是招收弟子在自己家进行集体教授，这种教学法在当时可谓划时代的创举，至今小原流派的自然主义插花术仍受到不少日本人的喜爱。小原云心率先改革原有的“立花”和“生花”插法，创立“盛花”花型，将花插入圆形浅盆的插花器上，表达自然景观之美。小原流派插花主要以“投入花”和“盛花”为主要形式。

4. 草月流派

伴随着许多现代化流派的出现，花道改革如火如荼地进行。草月流派的创立者肋使河原苍风（1900—1979），提倡花道作为一门现代艺术应该鼓励其表达方式自由、创新。战后期间，许多先锋派作品吸收了抽象雕刻和超现实主义方法，扩大了作品的规模和使用材料的范围，这就大大加强了花道的表现力。另外，传统流派。例如，池坊流派在保持自己经典造型以及对“立花”和“生花”做了现代改进的基础上，在课程安排上增加了更多新的花道手段，包括“盛花”等。

由勅使河原苍风创立的草月流派是战后兴起的新流派。今天它同未生流派、小原流派一样，成为仅次于池坊流派的、有影响的花道流派之一。勅使河原苍风批判了形式固定化的传统流派，提出自由地使用花器，自由处理素材的新理论。草月流派着眼于现代生活，其组织造型，将西方的艺术观点糅合于插花艺术之中，铁丝、塑料、玻璃、石膏等均成为草月流派使用的插花辅助材料。今天，尽管日本人对草月流派的评价各不相同，但它仍然是有实力的花道流派之一。

除了这四个流派外，日本还有成千个大大小小的花道流派。其中较大的流派在世界各地都建立了分会和学习团体。1956年，代表各花道、各流派利益的团体组织花道国际在日本东京成立，从而促进了花道艺术在全球范围内的发展。

当今的日本，花道艺术已经成为许多不属于任何特定流派的普通人士日常生活中不可分割的一部分，各种花道造型装点着普通人的家庭生活，在一些特殊的时刻和节日中，人们则采用某些特殊的材料表达了美好的愿望。在新年，代表永恒的常青松，尤其受到插花者的欢迎，并且通常和竹子搭配使用，表达了人们青春常驻的美好祝愿；杏花则适合送给受尊敬的长者；三月三日，为日本传统的偶人节，也被称为女孩节，人们常把桃花和传统的木偶搭配在一起展示，表示内心的祝愿；在儿童节的花道造型中，多用蝴蝶花代表男性力量；九月，人们集会赏月时，用南美洲草来做花道造型，代表了萧瑟的秋天。

（三）花道形式与意境

1. 花道的形式

按照时代的需要，花道产生了各种各样的形式。今天，仍保持生命力的有立花、生花、投入插花、盛花和自由花。

（1）立花

立花即竖立的花。起源于16世纪，成形于17世纪第二代家元专好时期。立花是池坊流派的代表花型，也是各种池坊插花形式的源泉。它是由7至9支花材构图，分上、中、下三段插作而成的一种左右对称而竖立的花型，构图严谨，意境抽象，着力表现山川峻岭、岩石峭壁、溪流山村等大自然的景观之美。每支花材都有一定的长度、一定的位置、一定的伸展方向和插作次序。各花枝必须插在瓶内，并由此伸出，花脚集中呈圆柱。材料多采用的是松树、桃花、竹子、柳叶、红叶、扁柏等。之所以称为立花，是从草木升高的姿势而采取竖立的形态。要用铁丝来调整花木素材的姿容，其意图在于再现一种自然的景致。

（2）生花

生花即生长着的花。起源于18世纪，成形于19世纪池坊专定时期的简易插花形式。以三主枝为骨架，组成半月形或不等边三角形的不对称花型，选用花材少而精，构图简洁，造型优美，亭亭玉立，充分表现出花材的自然形体美、色彩美与组合之美，同时也充分体现出人们对花草所寄予的情感。

生花的三主枝分别象征宇宙间的天、地、人。生花是使花保持生命力的表现方法，使用的是鲜花。江户时代中期，作为招待客人的生花已经诞生，它主要被放在壁龛上，和投入法、盛花不同之处在于插花的器具象征着大地。生花主要表现的并不是花木局部的美，而是其伸展开来的生命力，品格高尚、绚丽、端庄是生花的特征。

（3）投入插花

这种插花法是在深深的花器里插上花枝，使其保持自然形态，就像是随意投入似的，所以取了这个名称。作为投入花插作的容器，一般其颈项较高，以便花材投入，且不用插花器固定花材，仅将花材靠在窗口容器的内壁或底部使之稳定。投入花对于初学者不易掌握，但对于插花熟练者则得心应手。初学者可以选择自然姿态优美的花材直接投入成型，不失为一条捷径，投入花有吊在壁龛上、挂在柱子上和放在壁龛下面三种形式。

（4）盛花

盛花是用水盘或篮子，将鲜花装满这些器具，由此而得名。明治末期，由于西洋花的栽培和西洋建筑的增加，才想出这种不限于壁龛装饰的盛花插花法。盛花可以说是现代插花艺术的主流，出现于19世纪，由小原流创建。用浅盘花器和插花器插置花材的一种形式，表现自然景观之美。

（5）自由花

自由花为近期形成的一种插花形式。主张表达个性，表达各种花材自然之美和基本特性。其风格有自然式和抽象式两种。

2. 花道的意境

日本的花道强调静、雅、思。所谓“静”，就是要有宁静的心，专注的精神，要抛开烦琐，才能真正创造完美的作品，所谓精诚所至，金石为开。要将大自然中花和树最美的一面无私地献给人类。所谓“雅”，就是要崇尚自然，讲究优美的线条和自然的姿态。其构图布局高低错落，俯仰呼应，疏密聚散，作品清雅流畅，按植物生长的自然形态，创造出高雅优美、淳朴自然的艺术之美。所谓“思”，就是要有聪明的智慧。根据喜庆婚丧等不同场合社交礼仪的需要,所创作的作品要表达欢迎、敬重、致庆、慰问、哀悼等心情,传达友情、亲情和爱情。

总之,日本花道体现了人与自然的沟通、交流及对自然的理解,那就是天、地、人三位一体的和谐统一,表现的是东方人对大自然简单而深刻的认识与感受,东方的静谧、淡泊、抒情、含蓄的传统风格。

好的插花作品就像一首由花卉制成的诗歌或绘画艺术精品,既能陶冶身心,又有美的享受。体现了花卉的美以及我们心灵深处对美的渴望,是一种表达情感的创造。

花道通过线条、颜色、形态和质感的和谐统一来追求"静、雅、美、真、和"的意境。不同的花材呈现出不同的精神。如蔷薇花象征美丽与纯洁,百合花象征圣洁与纯真,梅花象征高洁与坚毅,兰花高雅,被誉为"花中君子",牡丹雍容华贵,杜鹃花婀娜多姿,桃花妩媚芬芳,荷花出淤泥而不染,象征高尚品德。而热爱大自然的日本人最爱的还是樱花,因为樱花是大和民族精神的象征。一件好的具有吸引力的插花作品不仅仅以它的形式美而诱人,更能够打动人的则是其内涵美与意境美,即主题思想的新颖生动会更令人悦目赏心,作品中所蕴含的意境,表达的思想感情,更能打动人,更能唤起欣赏者的联想与共鸣,并久久不能忘怀。有了这样好的作品,才能使人产生美感,欣赏活动也才能顺利进行下去。因此,从深处看,花道首先是一种道意,是一种综合艺术,同时,又是一种易于为大众所接受的,可以深入浅出的文化活动。

二、剑道

所谓剑道,就是两人手持长刀进行格斗的一种武术项目。这种运动以其优美的动作,高度的实战性,克敌制胜的有效性和良好的健身效果,以及注重礼节、磨练意志、培养自信心、锻炼敏锐力、判断力、果敢性和冷静处世的态度而深受人们关注。剑道在日本,除初、高中教育课程外,各地还有许多专门的训练场所。

1970 年国际剑道联盟成立，剑道开始被列为世界性体育项目。目前在日本从事剑道训练的有 700 万人，仅获得段位者就达 110 万人。近年来参加训练的女性也有所增加。

（一）剑道的历史

日本的剑道起源于中国。剑道一词最早出现在我国战国时期的古籍。据《三国志·魏书·东夷列传》记载：公元 238 年，日本邪马台女王卑弥呼的使者访问中国，魏明帝赏赐的礼物中有五尺刀二口，以及大量的铁矛、铁剑等武器。这是我国史籍中有关中国刀剑传入日本的最早记载。

200 多年之后，中国进入铁器时代，于是，铁器也随大陆与朝鲜渡海过去的移民一同抵达日本。其实，中国刀剑传入日本的历史远比史书记载的要早得多。近年在日本山形县乌海山麓出土的被认为是我国殷代的青铜刀就是最好的佐证。

唐代以后，日本的武士们在长年的征战中不断积累经验，对中国式刀剑的技法及形制进行了改进，逐渐形成了自己的风格。尤其到了室町时代中后期，由于连年的战乱，不单武士，连一般百姓也加入习武的行列，于是出现了专门的剑道师范，各种流派也应运而生。当时在练习中没有护具和竹刀，只是用木刀进行练习。但在这个时期，日本逐渐形成了以剑道技术为核心的流派。其中“神道流”“影流”“中条流”等流派被后人公认为日本剑道的三大源流。

到了江户时代中期，才发明了接近今天剑道的护具和竹刀，从此，剑道开始了穿着护具用竹刀进行实战的练习方法。这时日本人把剑道称作“兵法”。因为《孙子兵法》在日本被称为“大兵法”，所以剑道被称为“小兵法”。明治维新时期，日本在文化上实行全盘西化，剑道风气也日渐衰落，加上明治 9 年（1877）还颁布了废刀令，剑道近乎衰亡。明治 12 年剑道重新得到重视，被列为警视厅的必修课，同时部分学校也开始将剑道列入课程。明治 44 年剑道被列为中学和师范学校的正课。大正元年（1912），200

多个剑道流派被整理统一，制定了今天的日本“剑道型”，原来的他流比试被普通的剑道比赛所取代。

日本自大正到昭和前期，是剑道在体制方面得到完善，在普及方面也取得了空前效果的时期，但同时也是向军国主义低头的时期。当时不光是剑道。一切武道，甚至文学、音乐、美术等所有文化活动都向军国主义看齐。原已成为个人修养锻炼的剑道变成了国家剑道，亦即教育剑道变成了战斗剑道。这期间，无数中国和亚洲其他国家的人民死在了日本人的刀下。

1945 年第二次世界大战结束，盟军司令部以武道被超国家思想和军国主义所鼓舞、利用为由，命令剑道、柔道、弓道等所有武道全部从学校体育课程中删除，同时一般人的武道活动也全面禁止。翌年，大日本武德会解散，其财产被全部没收，剑道几乎完全消失。

1950 年全日本竹刀比赛联盟成立，剑道在以纯粹体育活动的竹刀比赛的名义下复苏。1952 年各大、中学校也把竹刀比赛列为学校体育比赛项目。不久，日本剑道联盟成立。1953 年剑道重新被纳入学校体育课程。1954 年竹刀比赛联盟解散，统一为全日本剑道联盟并加入日本体育协会。1955 年起剑道成为国民体育大会的正式项目，并每年举行一次全国剑道大会。如今，剑道作为一项古老的传统体育项目备受日本人的青睐，男女老少乐此者众多。现在大约有 250 万剑道爱好者。在世界各地，虽然练习剑道的人数渐有增加，但道具成本偏高成为普及剑道的瓶颈。

（二）剑道竞技

作为现代运动形式，剑道像日本其他民族传统体育项目一样，不仅具有其固有的体育价值，而且具有相应的教育意义。它讲究技精气合，修身养性，并十分注重传统礼仪和法则。剑道比赛时双方必须互相行礼致意。行礼方式有立式礼、蹲式礼和跪式礼。比赛中必须绝对服从裁判，若对裁判或对手有不尊重的言行将被取消比赛资格。

现代剑道比赛仍建立在“竹刀”的基础上。竹刀长一般不超过118厘米，重不低于485克。剑道选手被称为“剑士”，剑士必须备有护面、护腕、护胸、护裆，并要求身着黑色或白色衣裙。竞技场规格为9～11米见方，场外有1.5米的安全区，场上设三名裁判执法。有效击打的判定原则是以刀尖或前端击中对手的头部（正、左、右）、两臂、胸部及喉部。比赛净打5分钟，先得两分者为胜或只有一人得一分者为胜。若不分胜负，则进行加时赛，时间不超过3分钟，只要有人得分即告比赛结束。

为鼓励剑士不断进步，还设立了10级段位制。剑道段位升级必须经过学科（笔试）、实技（实战较技）和型（即套路）三种考核。初段剑士必须会3套“型”，二段剑士必须会5套“型”，三段剑士必须会7套“型”。一般认为五段为剑道的最高段位。骄居五段的剑士，若兼有高超技艺或特殊贡献者，经考核可授予“练士”“教士”“范士”的称号。“范士”则是剑道中最高的荣誉称号。段位制的创立与实施为剑道运动的普及和发展起到了推波助澜的作用。

第七章　日本城市文化

日本是一个高度城市化的国家。日本的城市化进程，虽然比一些西方国家晚百余年，但由于其城市经济飞速发展，只用了几十年时间就已经达到了西方发达国家的城市化水平。日本长期以来的城市发展历程积累了丰富经验，形成了许多城市发展的先进理念，在城市体系、城市构造模式、城市发展规划、城市文化遗产保护等方面都有许多创新和独特的做法，值得我们学习、借鉴。本章就日本城市文化的相关内容展开探讨。

第一节　日本古都城市文化

日本拥有很多世界文化遗产和世界自然遗产，而且从19世纪的明治初年就开始对文化遗产进行保护，颁布了多项相关的保护法律法规。1975年（昭和五十年）版的《文化财产保护法》将所有类型文化遗产作为一个整体写入法律。如今，日本重要的古都有京都、奈良、镰仓，这三个古都都有深厚的文化底蕴，并各自发展成为富有特色的文化体系。

一、京都古都文化

京都市是日本古都，著名的文化旅游城市，日本近畿地区京都府府厅所在地，属于政令指定都市。京都市位于本州岛中部偏西，琵琶湖西南，京都盆地北部。面积827.90平方千米，占京都府总面积的17.9%，是京都府各县市中土地面积最大的一座城市。京都市是京都都市圈的核心城市。与大阪、神户市共同成为“京阪神大都市圈”的核心城市。

京都市又名“西京”，古称“平安京”，公元794—1869年为日本首都。1869年迁都东京之后，京都仍是日本宗教、文化中心。1871年设“京都府”，1889年设“京都市”。

京都是日本佛教中心和神道圣地。全市有佛教寺庙1 500多所，神社200余座，其悠久的历史背景使得京都在建筑、绘画、雕刻、园艺、历史遗迹和民俗艺术等方面都具有丰富的文化遗产，仅重要文化财产就占到日本国内的15%左右。在1994年以“古京都的历史遗迹”登录为世界文化遗产的17处古迹分别是：清水寺、二条城、金阁寺、银阁寺、天龙寺、龙安寺、延历寺、高山寺、仁和寺、西芳寺、东寺、醍醐寺、西本愿寺、上贺茂神社、下鸭神社、宇治上神社、平等院凤凰堂。

京都用千余年的历史还培育出各种各样的手工业，诸如西阵丝绸、染色、陶瓷、酿酒、漆器、扇子、油纸伞等传统工业。“西阵织”“友禅染”有千年历史，是在西阵地区织造的高级纺织品。在京都制造的陶瓷器总称为京烧，又叫清水烧。京烧质地细腻，色彩和谐。盘子、花瓶、茶具等都是具有很高艺术价值的工艺瓷器。油纸伞用料十分考究，色彩、图案都极具日本特色，完全是手工制作的，价格昂贵。

京都还是花道、茶道、偶人、能乐剧等日本传统文化的生息、繁盛之地，被称为“真正的日本”。京都是国际著名的旅游城市，初夏的葵祭、夏日的祇园祭、秋天的时代祭是京都的三大祭典，与夏天盂兰盆节时举行的“大文字五山送神火”在国内外都享有盛名。京都也是西日本文化教育中心，有大学20多所，其中京都大学创建于1897年，为日本最古老的大学之一；还有国立京都博物馆、国立近代美术馆、工艺美术陈列所、阳明文库等，收藏陈列着从古代日本到中世各时期的文物和中日文化交流珍品，是千年古都的历史缩影。

京都的交通很方便，为陆、空运输枢纽。东京—博多高速铁路横穿市区南部，名(古屋)神(户)高速公路呈弧线通过市区南部边缘，并同东(京)名(古屋)等高速公路相连，组成高速公路网，通向全国各地。京都是传统和现代相结合的都市。今日的京都，一方面正在进行地下交通和高速公路等基础设施建设和京都站前、南部地区的都市开发建设，另一方面还努力保护它的古老风格，是一座新旧协调的都市。

二、奈良古都文化

奈良市，奈良县厅所在地，位于本州中西部奈良盆地东北端，总面积 276.84 平方千米。市域东西长 33.51 千米，南北长 22.22 千米。公元 710—784 年曾为日本首都，名“平城京”。奈良是一座积淀了千年历史的文化古都，享有“东方的罗马”之誉，为日本古代文化发祥地之一。

奈良市地处奈良盆地北部。海拔最高点 822.0 米，最低点 56.4 米。中部、南部平坦，东部是 400 ~ 600 米起伏的高原地带。呈现盆地具有的内陆性气候，四季分明。

奈良市作为古文化中心，多先史遗迹与古代文物。平城宫遗址、皇陵和古寺院等建筑艺术闻名于世；东大寺是中国唐代高僧鉴真到日本后最初的住处；唐招提寺是鉴真创建和圆寂地；县西北部法隆寺集日本古代建筑雕刻的精华。这些现存的遗迹和众多的寺院神社，都可以反映当时日本文化的繁荣。奈良市有文化遗产国宝 125 处，重要文化遗产 568 处，特别遗址 2 处，特别名胜 1 处，特别天然纪念物 1 处，历史遗址 23 处，名胜 4 处，天然纪念物 4 处，奈良县指定文化遗产 111 处，奈良市指定文物遗产 100 处。被联合国教科文组织登录为世界文化遗产的“古都奈良的文化遗产”保护地共有 8 处，分别是东大寺、兴福寺、春日大社、元兴寺、药师寺、唐招提寺、平城宫遗址、春日山原始林。

奈良市有纺织、机械、木制品等产业，但主要是有许多历史悠久的传统工艺。奈良的传统工艺品不仅种类繁多，而且体现着浓厚的地方特色，极具观赏收藏价值，代表性产品有漆器、古乐面、扇子、赤肤烧、瓦、一刀雕人偶、奈良漂白布、奈良笔、奈良墨、鹿角工艺等，都十分有名。奈良市的农业为城市近郊型农业。通过培养中坚农户和完善农业基础设施，促进高效农业的发展。主要作物有水稻、草莓、香菇、花卉、蔬菜、果物等。在商业方面，整治商业街的基础设施，完善公共设施，采取各种措施支持发展中小企业。在科技教育方面，奈良市有国立奈良女子大学、奈良教育大学、公立奈良县立商科大学、私立帝冢山大学、奈良大学、近畿大学农学部。还有其他三所私立短期大学。还有国立博物馆、植物园等。周边有京、阪、奈学术研究都市中坚机构的尖端科学技术大学研究院、国际电气通信基础技术研究所等。

奈良作为日本文化发祥地和日本人的精神故乡，具有深厚的文化底蕴，形成了日本独特的自然人文景观。其传统的节日祭典丰富多彩，若草山的烧山，东大寺的修二会取水节，春日若宫的御祭，春日大社的万灯会等都是历史悠久的传统祭典活动，如今作为奈良市观光项目的一部分，每年吸引了众多的观光客前来游览。

奈良在 7 ~ 8 世纪作为日本的首都，是积极吸收中国等地方文化最为活跃的地区，也是中国等地方远古文化所孕育出来的土地。当然，在这里也有与中国等地方风格迥异之处。日式佛教寺院是吸收中国等地方风格的寺院建筑，将房柱立在基石上，在房顶上铺瓦，庑殿顶和歇山顶，这些建筑式样在当时令日本人惊叹不已。在佛舍利上建造安置佛塔或佛像的金堂，并以此为中心构成了寺院建筑，堪称是外来文化的宝库。此外，寺院建筑也保留了原质木材的日本建筑文化特色。法隆寺是世界上现存的最古的木质建筑物。殿内佛像原本是来自中国等地方工匠所制，尔后在日本逐渐演变出独自的特征。又比如神社（大社、神宫）是起源于日本自然崇拜的宗教设施，起初的样式很简单，但后来受到中国等地方寺院建筑的影响，而建造成为神灵常住的殿宇。在奈良时代(710—794),由于神佛相融思想(认为神就是佛的化身)的影响,在神社院内建造神宫寺,或塑造起类似佛像的神像,并在神前诵读佛经。并且还将建筑物涂漆上色,配建回廊和楼门。神社的神灵中,除了日本固有的神灵之外,还有中国道教或来自朝鲜半岛的神灵。据说在神社发售的护身符就是来源于道教的护身符。

元明天皇于公元710年将都城从藤原京迁至奈良平城京,此后到公元784年迁都长冈京的74年间,古都奈良吸纳了中国的律令制度,以此推动国政,通过遣唐使带来了巨大的影响。模仿当时中国唐朝都城长安而建造的奈良都城"平城京",在活跃的交流过程中,孕生出众多的文化及艺术水准高超的建筑物和艺术品,白凤天平文化开出了奇葩。而这些遗留下来的日本独特的"木造文化"遗产,从世界历史的视角来看,其价值也可堪称无与伦比。宫殿遗址和残存的木结构建筑群能够把当年的风姿保留至今,这可以说是古都奈良的特色。此外,建筑物群和自然环境浑然一体,形成优美的文化景观,并得以一直延续。

三、镰仓古都文化

镰仓市位于日本神奈川县三浦半岛西面,东京都的东南远郊。坐落在横滨市以西、藤泽市以东、逗子市以北。市域面积为39.53平方千米,是一座三面环山、面朝大海的海滨城市。河川纵横,地势险要,形成天然城郭。极佳的地形在历史上吸引了首位幕府将军源赖朝在此建立日本历史上的第一个武士政权——镰仓幕府(1192—1333),这里是武士阶层正式登上历史舞台的重要标志,也是日本幕府统治的政治和文化中心之一,与京都、奈良齐名,同为历史古都。镰仓市现在隶属于神奈川县,历史悠久,文化积淀厚重,名胜古迹荟萃,是日本著名的风景名胜区。

镰仓建成以来,作为当时全日本的中心,政治、经济、文化等各个方面都得到了巨大的发展。当时,佛教盛行,在建筑、雕刻、书画等方面都有相当成就，是当时与京都并称的文化区。但随着室町幕府的中央地位得到确立，镰仓由于受到排挤，开始走向衰落。到后来，镰仓甚至退回到了只有农业和渔业的村庄。直到江户时代中期，伴随着神社和寺庙的复兴，镰仓才逐渐演变成了日本的一个重要观光地区。

有着800年左右历史的镰仓，市内名胜古迹众多，拥有65座佛教寺庙和19个日本神道庙坛。是人文景观集中的一个风景名胜区域。其中，有日莲宗的本山妙本寺、净土宗关东总本山光明寺、13世纪的僧侣代表——日莲佛像的长胜寺等；有许多与花有关的著名寺院，如安养院、安国寺、明月院、报国寺等。在镰仓还有奉祀“教育之神”的神社——荏柄天神社，有耸立于葱郁浓密的丛林，珍藏着镰仓和室町时代的雕刻、绘画等古代文物的“宝物殿”和供奉南北朝时代建武中兴功臣护良亲王的镰仓宫。有被认为是古代日本妇女离婚的保障地东庆寺，封建时代妇女受了委屈，哭诉无门，只要到此修行3年（后改为2年），就可享有离婚权利；而且只要妇女跑进寺里一步，男子就无权干涉，因此东庆寺又叫“断缘寺”“分离寺”或“跑进寺”。还有钱洗弁财天宇贺福神社，据传说记载，这座神社是由源赖朝所建造。他因在梦中受到了一个神的启示，曰：“用此地之水为神祷告，整个世界将获得和平。”从此，源赖朝就在这里用水洗涤金钱，为他的家庭繁荣祈祷。从那以后，这里的水由此而闻名。用水洗涤金钱成为人们渴望获得财富和成功的祈福，水也被称为财水（洗涤金钱的水）。因为这个梦发生在蛇年蛇月蛇日，这所神社不久后也供奉和蛇有关的佛教弁天菩萨。在镰仓西部，钱洗弁财天是很受欢迎的神社，人们成群结队涌到这里冲洗钱币。

镰仓最吸引人的风景点集中在三个地区：北镰仓站附近（镰仓的圆觉寺和建长寺）、镰仓站附近（鹤冈八幡宫神社）和江之电路线上的长谷站（大佛和长谷寺）。镰仓市区除了电线杆及时人的穿着，基本都是古旧的样式，低矮的屋檐、雅致的庭园、窄小幽深的街巷、松针圆扇的摆饰、炉焰袅袅的茶馆，盈溢着古情和古意，充满“多少楼台风雨中”的沧桑之感。加之相模湾畔沙滩连绵，海水清澈，是避暑胜地。

第二节　日本古城文化

日语中的“城”是指对敌人时作为防御据点而设置的建筑物，既是战斗据点又是粮食、武器以及资金的储积场所。主要的城多是指挥官的居所，是政治和信息的中心，也被称为古城。日本古城的历史由古代的城栅、中世的公馆与山城、近世即从桃山时代起到江户初期的古城演变发展而来。日本的古城按时代和所在的地理位置及地形的特征分类，大致分为山城、平山城、平城、水城，由此形成不同的古城文化景观。

一、山城文化景观

山城是在要害处筑起的城。平安、镰仓时代没有所谓的古城，武士团通常在宅邸四周挖掘壕沟或堆砌堡垒作战；14 世纪南北朝战乱时期，才出现山城的雏形，这是因为当时山上的寺院作为游击战的据点发挥了巨大的军事作用。以此为契机，据山守寨、易守难攻的山城逐步代替了平原上的领主庄园，依靠山城来守护领主平常居住的庄园已很常见。直至 15 世纪战国时代时，才开始在山上建筑高橹，之后逐渐进化为坚固的古城。这一时期，建筑规模发展得也最为壮观，已有本城和支城之分。山城所属武士平时居于山中或山下，战时则登上位于山头的古城作战。不同的山势所筑的山城也是不同的。例如，近江小谷城就是以山的全体筑成；而备中松山城则是筑在山顶。地势越高越不易遭受进攻是筑城的共识，因此一般的山城都不会放弃高度上的优势。当时号称“长攻不落城”的能登七尾城、美浓稻叶山城、出云月山富田城等就是山城的杰出代表。耸立在冈山县高梁市的备中松山古城依山而筑，陡峭峻拔，城墙用天然巨石巧妙地垒砌而成，巍峨壮观，是现存的海拔最高的古城遗迹。

二、平山城文化景观

平山城则是建筑在丘陵上的古城，又称丘城，标高大约是50米，这是织田信长自岐阜城移至安土城之后才逐渐发展起来。对这种形式的古城，容易错误地理解成山城—平山城—平城的发展顺序。实际上平山城是与山城同时出现的一种古城形态。主要是因为仅仅凭借山的天险来筑城防守，已不能满足各地诸侯队伍的扩大以及商业发展的需要，于是开发与平野相连的丘陵，使丘陵的山城与平野的城镇连为一体的建筑构思造就了日本的平山城。比起建筑条件恶劣的山城，平山城的面积范围包括丘陵下的平地，这些平地便是“城下町”。因为是以整个山丘为筑城本体，所以它们的共同特点是城的规模非常壮观。平山城既有丘陵居高临下的军事地理优势，又能充分利用平原广阔的空间，所以近代以来的古城多属平山城建筑。例如近江安土城、播磨姬路城、肥前熊本城以及江户城、仙台城、彦根城等都是平山城。其中兵库县的姬路城是平山城建筑的杰出代表，三个相连接的小天守阁环卫着高大的中心天守阁，气势雄伟，屋内结构巧妙复杂，迷宫似的布局形成了严整的防御系统，令人叹为观止。

三、平城、水城文化景观

建于平地之上的城被称为平城。从战国末期到江户初期，各个诸侯随着自己领地的不断扩大，在平野也开始建设古城及其周边的街市，以求得领地政治、军事、经济高效率的发展。平城高大的城墙，又宽又深的护城河弥补了其难守易攻的弱势，成为平城最重要的防守设施，也是平城突出的建筑构造。待战乱时代结束，跨进和平安乐的江户时代后，平城这种街道四通八达，交通方便，经济发达的有利优势就成为城的发展主流。但是对于仍处在战乱中的大名们来说，对于这种平地式的城塞还是不能完全放心。所以后来又出现了大批辅助防御的卫星支城，即大名坐镇中心的平城，周围边境上筑起山城，委派家臣守备。尤其是当兵农分离实现后，这种防御体系更加体现出了优势。之后，随着局势的平静，平城才真正成为主流，大部分支城也才在一国一城令下被毁弃。大阪城、弘前城、松本城、名古屋城、两条城均属于平城建筑。其中，大阪城是最大的也是最早的一座平城。城内的大手门、多闻瞭望楼、千贯瞭望楼等古迹属于日本国家级的重要文化遗产。

周围完全被海、川围绕，在海岸、湖岸、沼泽、河口处建筑的古城则称为水城或浮城。对这种形态的城来说，船是唯一的攻击手段。因此在防御上拥有无可比拟的优势，很难被围困。例如香川县高松城（别名玉藻城）、爱媛县今治城、大分县中津城是日本三大水城；岛根县松江城、长野县高岛城、滋贺县膳所城是日本三大湖城。战国时期最有名的水城当属村上水军所处的濑户内海上的能岛水城。

第三节　日本港口城市文化

日本是一个岛国，四面环海，绝大多数城市都为港口城市。到 2009 年年初为止，日本全国有特定重要港 23 个，重要港 126 个，地方港 871 个。数量如此之多，使得日本形成了有特色的港口城市文化。这里以横滨市、神户市、长崎市为例，阐述日本的港口城市文化。

一、横滨市及其港口城市文化

横滨市是神奈川县的县厅所在地，日本第三大城市。它东临东京湾，南与横须贺市、镰仓市、藤泽市、逗子市、大和市和东京都町田市毗连，北接川崎市。市域总面积为437.38平方千米，行政区划分为青叶区、旭区、保土谷区、矶子区、泉区、神奈川区、金泽区、港北区、港南区、绿区、南区、中区、西区、荣区、濑谷区、户冢区、鹤见区、都筑区18个行政区。其中，中区和西区是市中心区，县厅和市厅以及横滨银行、野泽屋、高岛屋等大型百货公司都集中于此；元町是横滨的繁华商业区，其南侧为中华街是华侨聚居区；山手町为欧美等外国人的居住区。

横滨市的横滨码头和红砖仓库是具有异域风情的近代化产业遗产。横滨作为日本最早对外开放的港口，是日本保留西方特色最多的城市，不少具有异域风情的建筑保留下来，最有代表性的就是横滨的两个翻新建筑——横滨码头和红砖仓库，体现了过去与现在的完美交融。横滨码头利用原地基进行了改建，之后依旧作为码头使用；而红砖仓库的外表并没有多大变动，内部装饰却作了很大改动，现在为一处商业街。横滨码头的建筑立面全部采用实木，在海与岸的交接处顺势建起一座波浪式的建筑，原木的材质与波浪的造型，既不显得突兀，又让人很容易联想起老式的日本船坞。与横滨码头的建材不同，红砖仓库的翻新则全部采用钢材与玻璃，使得原建筑的面貌得以保留，钢架玻璃与铸铁红砖的结构对比，很像一新一旧两座建筑和谐地从同一地基破土而出。“横滨红砖仓库”位于横滨市中区新港一丁目的横滨港，它的正式名称是“新港埠头保税仓库”，是一座由红色砖头建成的欧式建筑物。该建筑物分为1号馆和2号馆，1号馆于1913年竣工投入使用，2号馆于1911年竣工投入使用，作为保税仓库的作用到1989年（平成元年）使命完成。1992年随着横滨“横滨港未来21区”的开发，横滨市接收了“横滨红砖仓库”，将其纳入周边城市整体规划之中，经过保护性维修，1号馆改造为3层建筑物的文化设施，第三层改造成适用于演戏、跳舞、听音乐或放电影等多功能用途的剧场，可容纳300人。第二层改造成A、B、C三个可举行各种会议和办展览的场所。2号馆作为商业设施，馆里有各类充满海洋风味的缤纷杂货和美食，以及时髦的咖啡厅，在充满怀旧风情的红砖空间内，每一家都有其独特品位。

横滨市拥有日本最早的滨海公园，即山下公园。山下公园紧连横滨港口，是填海造陆而成的，而所需的土方来自于关东大地震复建时的废土瓦砾。经过四年的填海建设，于1930年完成对外开放。公园的设计和日本传统风格的公园完全不一样，公园内有许多的雕塑和纪念碑，其中以圣地亚哥市所赠的“水的守护神”“海鸥与水兵”纪念碑，为国际儿童友谊而立的雕像“穿红鞋的女孩”和“和平女神”最为著名。

横滨市的横滨港湾大桥是有着“空中走廊”美誉的跨海大桥。该大桥连接大黑码头及本牧码头，全长860米，双层结构，是世界著名的缆索牵引桥。设于大黑码头上的空中走廊，是一条飞架在海面上方50米、单程320米的散步走廊。跨海大桥的周围坐落着许多日本最现代的建筑，其中最有名的就是横滨陆标塔大厦。它是横滨的港口未来21世纪的象征，也是日本最高的建筑物。

横滨市的横滨中华街是具有中国元素的“唐人街”。它位于日本国神奈川县横滨市中区山下町一带，是具有140年历史的华人居住区。居住在这里的三四千名华侨中，以祖籍为中国广东省的为主。横滨中华街是日本乃至亚洲最大的唐人街，与神户南京町、长崎新地中华街一起并称为日本的三大中华街。横滨中华街不是人们想象中的一条街道，它是一个方圆1 600米不规则的中式饮食商业区。除了纵贯该区的中华街大街外，还有关帝庙街、市场街、西门街、南门丝绸街、长安道、开港街、广东道、福建路、中山路、香港路、上海路、北京小路和苏州小路等。在中华街的主干道上，分布着343家华人商店和197家日本人商店，无论是店面还是街貌，中国元素随处可见。无论从哪个方向走进中华街，首先看到的都是一座中国式牌楼。其中，最大最辉煌的是中华街西头的善邻门。这座五彩牌楼雕梁画栋、精美豪华，它的一面写着“中华街”，一面写着“善邻友好”。其次，还有南门牌楼朱雀门，北门牌楼玄武门，东门牌楼朝阳门，西门牌楼延平门，关帝庙街两头还有天长门和地久门两座牌楼。市场街两头还各有一座牌楼，均称市场街牌楼。走进中华街，整个步行道上铺满了整齐的条石，路灯统一用朱红色的宫灯造型。无论街道两旁的招牌，还是店铺的门面，都用朱红、明黄的颜色装饰。这里的街道都不宽，对面的两家餐馆相距不到10米。每到春节时，横滨的中华街到处都会张灯结彩，人们从各地赶来，舞龙耍狮，拜关帝庙，前来观赏欢庆仪式，使这里热闹异常。很多在日华人都聚集来此，欢庆华人传统节日。

二、神户市及其港口城市文化

神户市是兵库县的县厅所在地，位于本州东南部兵库县芦屋川河口西岸，依山面海，地形狭长，沿东西方向延伸，濒临大阪湾西北侧，背靠六甲山脉。市域总面积为552.23平方千米。从地理上看，六甲山脉将神户市粗略地划分为两部分。朝向大阪湾的南部地区形成城市化区域，而西部和北部地区则已在兴建大规模新城镇，与周围的自然环境浑然一体。从发展格局看，神户市的建造结构分成港口及工业区沿海岸分布，居民区建造在山坡上，山与海之间则是居民与商业的中间区域。神户市地处绿茵葱郁的六甲山国立公园和碧波荡漾的濑户内海之间，全年温度适宜，气候宜人，四季分明。

神户自1868年开港以来，这里汲取了多样的外国文化，是一座融合了丰富的外来文化而具有国际色彩的大都市。其优越的商务投资环境，优美的自然条件，时尚的街道风景，各国料理、美味咖啡、西式甜点，以及其他许多异国时尚及情调在这里生根开花，成为神户市的巨大魅力所在。神户市为市民和前来观光的人们着力营造一种休闲娱乐的文化氛围，以光为题材照亮整条街道的“神户夜灯祭”和“山麓夜灯祭”是典型的灯饰代表。穿着盛装在街道上游行的“神户祭”是神户市最大的休闲文化活动，活动的主题是“绿色、大海、友爱”，充分显示了神户港城特色文化和内涵。“神户祭”与日本其他传统节庆活动比起来，历史要晚得多，它主要是在神户港口庆典活动的基础上发展起来的，从1973年开始改为“神户祭”，时间定在每年5月中旬的星期五到星期日三天。“神户祭”吸引广大民众参加，作为独特的人文旅游资源，传承具有历史积淀的民俗文化，又带动了地方经济和旅游业的发展。

神户市有许多著名的休闲娱乐的场所。大海常常被公认为神户之“脸面”。城市西部沿岸的如须磨浦公园、舞子公园、须磨海滨公园、著名海滩和游艇码头，可让人们全年享受捕鱼的乐趣。市北郊的六甲山是日本关西的名山，分为东六甲山、西六甲山、摩耶山和再度山。其中，东六甲山高932米，山上有草原、岩山、游园地、高尔夫球场、高山植物园等，该山是濑户内海国家公园的一部分，是市民与大自然交流的最佳场所。

神户市有浓厚的华人文化、“异人”文化、时尚文化、港湾文化。

华人文化的代表如南京町、神户中华同文学校。南京町是神户市中央区元町路和荣町路之间的一块狭长地区的通称，这里的商店一条街以“南京町商店街振兴组合”为注册商标，与横滨中华街、长崎新地中华街并称为日本三大中华街。南京町在东西长约200米，南北宽110米左右的范围内聚集了100多家餐饮店和杂货铺。每逢节假日，这里都会聚集有很多的观光客。神户中华同文学校位于神户“南京町”，1899年5月28日梁启超先生在中华会馆举行的欢迎会上发表演说，倡议“华侨必须重视教育”，并提倡设立学校。华商麦少彭等热烈支持梁先生的倡议，决定建立华侨学校。1900年3月校舍落成，校名定为“神户华侨同文学校”，1939年与神户市的“神阪中华公学校”合并，改称现名。神户中华同文学校是目前日本规模最大的中小学一贯制中文学校。除日本公立学校的必要课程外，还设有中国地理、中国历史和中国文化等若干特色课程。课程基本都用中文来讲授。学校的经费来源一是中国政府支援；二是由日本地方政府财政补助；另外还有1/3的经费主要是靠当地华侨的捐助。

神户市的港城文化是一个独特组合。它不仅有自身的大和民族文化，还包容了众多异文化。“异人”也称“异邦人”，是指定居或长期居住在外国的人。神户的“异人”主要是指从幕府末期到明治时期居住在这里的西方人。20世纪初，富有的欧洲商人来到神户，在神户市北野地区的丘陵地域，建起了许多风格各异的欧式豪宅。经历百余年岁月，这些代表神户历史和文化的建筑群，完好地保存下来，现称“异人馆”。“异人馆”是华丽的各式欧美建筑的聚合，“异人馆”屋顶上的“风见鸡”则是神户“异人馆”的代表性标志。荷兰馆、美国馆、英国馆、波斯馆，反映了曾在此久居的一个个家族的生活形态。在北野大概有20间异人馆，其中有3间是免费开放的，它们分别是风见鸡之馆、Rain之馆及萌黄之馆。风见鸡之馆是北野唯一一间以砖砌成的异人馆，尖塔上的鸡除了可以辨别方向外，据说还有辟邪的作用。Rain之馆则是大正四年的建筑物，一楼的茶室放满各种调味品；而萌黄之馆从前是美国驻日总领事的官邸，开放式的露台和侧边两层高的附属建筑物皆尽显明治时期西洋建筑物的特色。

神户的商店街走在了日本全国的时尚先端，在三宫和元町附近，世界一流品牌的时装店鳞次栉比，不仅日本人喜爱，也深受外国人的喜爱。早在1973年，神户就提出了时尚之都的构想。为此，神户市开展了一系列的努力，如在神户港周围建造了“时装城”，在六甲地区兴建了服装批发市场和服装美术馆，通过举办各种活动宣传神户时装，培养服装设计师和制作工匠等。可以说，神户市正在向时尚之都迈进。神户时装周始于2002年，每年分春夏、秋冬两季举办发布会及相关活动，观众大多数为20～29岁的青年女性。

三、长崎市及其港口城市文化

长崎市是日本九州岛西岸著名的港口城市，长崎县首府。辖区位于长崎半岛北部与西彼杵半岛，西南濒长崎湾，面积406.40平方千米。东依金比罗山，西为岩谷山。市中心周围被长崎火山群所环绕，浦上川、中岛川流经市区，注入长崎湾。许多住宅建于山坡地上，形成许多阶梯式或位于斜坡的街道。

自古以来，长崎就一直是日本对外交流、对外开放的门户，也是日本最早对外开放的通商口岸。在江户时代实行锁国政策时期，长崎是日本唯一的国际贸易港口，因与荷兰、中国等国交流密切，受西洋文化和大陆文化的影响较深，使得长崎拥有许多欧洲风格的建筑和中国明朝的建筑物；也因为早期有许多传教士随着商船来到长崎传教，造成长崎的天主教信徒一直都比较多。许多中国人从江户时期就居住于此，辖区内的长崎新地中华街就是最有说服力的明证。

长崎市不仅以长崎港而闻名，而且也是日本现代工业的发祥地。工业以机械制造业为主，其中机械、造船、电机工业产值占其工业总产值的75%以上。长崎市气候温暖多雨，农、林业都很发达，其中枇杼产量居日本国首位，马铃薯居日本国第二，橘子和草莓分别居第六和第七位。由于位于宽阔的海底大陆架边，又拥有众多的岛屿和海湾，对马暖流流经于此，因而具备发展渔业的良好条件。从事渔业的劳动力居日本第一。渔港数居日本第一，鱼产量为日本第二。渔业、水产养殖业都是主要支柱产业，业已成为日本远洋和近海的重要渔业基地，近海、远洋渔业集散中心。

长崎市也是日本西部的重要旅游胜地，旅游业在长崎的经济中也具有举足轻重的地位。长崎半岛是三面环海的丘陵地带，市中心地处两山之间的狭长地区，平地极少，寸土寸金，其房屋大都是见缝插针，因地而异，形式多样，依山面海而建，呈阶梯形态。这里的很多街道同中国南方的小镇一样，用石板铺路，搭石板台阶，街道的布局和设计像一座迷宫，若没有熟悉的人带路，很容易迷路。佛教由中国传入日本之后，在日本各地都建有许多寺庙，但像长崎这种集中在一条街上建寺庙却绝无仅有。长崎寺町通至锻冶屋町通，长不到1.5千米，有寺庙和神社共计15座。与寺町通并行的贯穿长崎市中心的小河叫中岛川，从伊势会馆至中央桥也不足1.5千米，有石桥14座，组成了形状各异的石桥群。一边是庙一边是桥，构成了长崎市独特的景观。还有中华街等与中国文化息息相关的文化遗产、大浦和浦上天主教堂、出岛荷兰商馆、再现了荷兰市街风情的日本最大的主题公园“豪斯登堡”等许多充满了异国情调的文化遗产。这些有形文化遗产已经完全融入长崎的城市社会中，成为长崎市多元文化遗产的一部分。

由于地理位置上占有优势，长崎自古以来就同中国有着密切的交往。中国人来长崎定居已有300多年的历史，中国和西洋文化也经过长崎传入日本，特别是中国文化给日本以深远的影响。长崎人现在的一些风俗习惯、节日庆典等均保留了不少中国文化的元素，孕育出很多具有长崎地域特色的民俗节日。其中最为有名的当属“长崎Kunchi”，它是长崎市民守护神“諏访神社”的秋日大祭，有约370年的历史和传统。首先从伞锌舞开始，接下来有龙舞、唐人船、鲸潮吹等，是闭关锁国时代长崎将“和”“汉”“兰”（荷兰）等文化融为一体的独特文化节日，以其庄严的神降临仪式和国际色彩浓郁的祭神舞蹈而被列为日本三大祭之一，被指定为国家的重要非物质民俗文化财产。在长崎过春节、闹元宵、祭妈祖、赛龙舟、纪念关帝诞辰、皇帝出巡、祭奠孔子等已不仅是华侨华人的重大活动，也成了长崎人的活动。

第四节　日本温泉城市及温泉文化

日本素有“温泉王国”的美称，其温泉不仅数量多、种类多，而且质量很高。各地几乎都有有名的温泉，由此形成了富有特色的温泉文化。日本著名的温泉城市如札幌市、别府市、热海市、松山市等。

一、札幌市温泉与温泉文化

札幌市有北海道乃至整个日本驰名的温泉小镇，无论是小金汤温泉,还是定山溪温泉,都是札幌温泉的胜地。札幌市最有名的温泉,无疑是西南部的定山溪温泉。

定山溪温泉距札幌市中心 25 千米左右,是位于丰平川上游溪谷之间的温泉之乡,被称为札幌的“内厅”,是一处四面环山的温泉疗养地。从前一位叫定山的僧侣发现了这里的温泉并投入全部精力进行了开发,为了纪念这位僧人,取名为定山溪温泉。温泉中含有硼酸、硫磺、食盐等各种矿物质,并以水量丰沛著称。定山溪温泉地涌出的温泉无色透明,是带有醇和咸味的钠盐泉,在日本国内是最受欢迎的一种温泉。定山溪温泉主要有治疗神经痛、关节炎、五十肩、运动麻痹、关节僵硬、皮肤淤血、痔疮、慢性消化器官疾病、慢性皮肤病、病后恢复、疲劳恢复、增进身体健康、慢性妇科病、身体怕冷、促进创伤和烧伤痊愈等功效。定山溪温泉的泉眼有 56 处,其大部分都集中在温泉街上,即在丰平河上的月见桥和高山桥附近,泉水从河岸或河底岩石的裂缝中自然涌出。水量为 8 600 升 / 分钟,涌出温度达到 60℃ ~ 80℃的高温。

定山溪温泉进入真正意义上的运营是得益于 1914 年开始开发的丰羽矿山,1918 年,随着矿山的开发,定山溪铁路的开通,定山溪温泉地才进入真正的运营状态。从这时起,温泉地的温泉疗养所进行了改扩建,原来从札幌要走一天的山路才能到达的定山溪温泉地,现在坐火车只需要 1 小时就可以到达,便利的交通使得定山溪温泉成为札幌的奥座敷,利用温泉的客人不断增加。特别是在二战结束后,随着札幌市的快速发展,一度由于战争萧条的温泉街,开始快速复苏起来。

定山溪温泉街,随处有足浴的温泉池,免费开放。指示牌写明浸泡时间、药用等。定山溪的象征物是“河童”,河童是日本老百姓想象中的水陆两栖动物,它头顶凹陷,脚趾和手指上长着蹼,尖尖的嘴,是一只形状十分滑稽的妖怪。传说河童是当地的守护神。关于河童的传说故事,在日本各地分布很广,依据各地方言的不同,河童的称谓也不同。其共同点是“居住在河川的孩子”所以叫“河童”。河童是水中的精灵,被当作是河神受到民众的膜拜，也有一种说法是河童是水神的使者，由水神降下的霜幻化而成。

近年来日本各地的各个温泉景区都建造了许多可以很容易就享受温泉的洗手池和洗脚池。而定山溪温泉的洗手池和一般的洗手池不太一样。河童家族祈愿泉就是一处别致的温泉泡手池。它在章月温泉宾馆前，是一个直径1.5米的圆形池，温泉水从上方台子流下，台子下方站有两只河童，即河童爸爸和河童妈妈。温泉水从其头顶上的盘子流入，再从其嘴部的出水口流出，设计十分有趣。在池子前面还有两只小河童，如果想要在小河童处祈愿的话，就需要游人用备好的勺子将温泉水倒入小河童的头部盘子里，用从河童雕像口中流出的温泉洗净双手，之后重复念三次[ON.KAPPAYA.UN.KEN.SOWAKA]①进行许愿。这个祈愿泉实际上是温泉街上的一处供游人免费洗手或泡手的地方，现如今也成了定山溪温泉不得不提的景点。

为了更好地宣传定山溪温泉，当地的温泉协会和观光协会每年在各个季节都会推出一系列庆典活动。例如，春天举行定山溪温泉溪流鲤鱼祭（鲤鱼风筝节），夏天在定山溪温泉街举行北海道森林运动会，秋天有河童游，冬天有“雪灯”活动。

二、别府市温泉与温泉文化

九州岛有许多温泉和地热，最出名的在别府。别府市，位于日本九州岛地区大分县中部，西面背靠由鹤见山、伽蓝山、由布山组成的火山群，东面是蓝蓝的别府湾，依山傍海，得天独厚的地理环境形成了丰富的温泉景观。在市区约50平方千米的范围之内，所到之处都有温泉涌冒，处处蒸汽袅袅腾腾，根据别府市政府的调查，市内遍布着2 909处温泉孔，占全日本27 644处②的一成以上；每天温泉涌出量超过13万吨，仅次于美国黄石国家公园，

① 当地方言。
② 根据平成十六年（2004）环境省调查结果。

其流出量排名居日本第一，为世界第二；有200处公共浴场，从JR别府车站到别府湾的整个市区内，有众多利用丰富的温泉而建造的温泉休闲疗养场所和大型旅馆和饭店。其温泉水质丰富多样，有酸性、硫磺、食盐、铁、明矾泉等，在全部11种温泉泉质分类中所占的种类多达10种。

别府作为温泉地早在8世纪的《丰后国风土记》《伊予国风土记》中就有记载。在镰仓时期，地位高的人在铁轮地区利用温泉蒸汽开发了“蒸汤”，被称为日本洗浴文化的源头。别府积极保护、利用从明治开始到昭和初期所建的旅馆、温泉馆、别墅等已经有历史价值的温泉建筑群，明治时期建造的富士屋旅馆的拥有者将其修复并作为画廊加以利用；京都大学院理学研究科附属地球热学研究设施是为了进行地学调查而建造的，它同野口医院都是大正时期的建筑，直到现在还在发挥着它们的作用；昭和初期建造的竹瓦温泉馆依靠国家的援助资金加以修建，现在还在继续使用；老化现象非常严重的浜田温泉馆依靠市民笃志家的资助资金得以修复，现在作为温泉资料馆得到利用；昭和初期的资本家住宅——听潮阁在民间持有者的保护下，使当时一流住宅建筑保留至今，现在才开始对外开放。

别府每个温泉都有其各自的特点，从与当地居民生活分不开的温泉街到位于大自然中的温泉地多种多样。温泉的洗浴方法和利用也是各有千秋，如可以追溯到镰仓时代开始的铁轮温泉的“蒸汤”，明治时代受欢迎的海滩“沙汤”，世界最大的露天“泥汤”等。在温泉利用上有搞地热发电的，有搞洗浴剂生产的，有搞花木温室栽培的等。它们发挥了各自的特性，作为温泉治疗、温泉疗养胜地深受来自世界各地的游客及市民的欢迎。别府市中心的温泉饭店、温泉旅馆，近半数集中在站前路、流川路、10号国道沿线。这里聚集了众多的餐厅、礼品店，成为闹市街，热闹非凡。多数公共温泉都祭奉着“药师”神，当地居民对此非常重视，滨胁温泉的药师节、铁轮温泉的汤浴节等都是当地有代表性的节庆活动，表现了人们对温泉的感谢之情。别府把每年的4月1日定为

“温泉感谢日”,在这一天,市内超过百处的公共浴场、旅馆的温泉免费开放,这一活动渐渐普及到全市。

别府市最具代表性的温泉地是由市政府运营的八处大型温泉设施“别府八汤”:别府温泉、明矾温泉、柴石温泉、铁轮温泉、观海寺温泉、堀田温泉、龟川温泉和滨胁温泉。每个温泉都有其特色,例如,曾经是妓艺馆集中区的滨胁温泉,古老的传统旅馆引发人们的思古幽情;铁轮温泉则是以疗浴闻名的热闹温泉,它的泉水含有明矾成分,对于慢性病、皮肤病很有疗效,铁轮的蒸汽泉也颇负盛名。明矾温泉因有明矾成分而使泉水呈白色,它的最大特点就是以独特奇怪的稻草为屋顶的“温泉花小屋”。

在日本,温泉还有另一种称呼,即“地狱”。日本是个佛教盛行的国家。“地狱”本是佛教中的用语,象征着苦难的世界。当年的别府,是经过火山喷发后的地带,硫磺漫山,烟雾腾腾,高温气体把岩石都化成了黏土,方圆数公里都寸草不生,成为不毛之地。日本人看到这种荒凉的景色,不由产生恐惧之心,不敢轻易靠近。联想起佛教中描绘的地狱场景,就把这些地方叫作“地狱地带”,而形成的一个个“热水池子”,便叫作“地狱”了。现在,一些温泉还保留着“地狱”的叫法,完全是为了招徕游客。在很久以前,别府人就把喷射地底热气的温泉称为“地狱”。别府八个著名的地狱温泉组成的旅游线路组成了别府“地狱游”,这八个旅游线路包括海地狱、鬼石坊主地狱、山地狱、灶地狱、鬼山地狱、白池地狱、血池地狱、龙卷地狱。

三、热海市温泉与温泉文化

热海市位于静冈县东端,东临相模湾,东北部沿千岁川与神奈川县相接,西北有伊豆山、箱根等高山环抱,是进入伊豆半岛的必经之路。热海地热资源丰富,由海岸至山顶,无数的大小温泉旅馆鳞次栉比,是日本屈指可数的著名温泉疗养胜地。因为是从海里喷出的温泉,所以这里被命名为“热海”。这里 42℃以上的高温泉就有262处之多,每分钟涌出的温泉总量在2万升以上。在热海市,除了具有代表性的热海温泉外,还有伊豆山温泉、伊豆汤河原温泉和纲代温泉等温泉地区,在热海温泉街的中心,有喷出大量热水的"大汤间歇泉",从巨大的岩石之间每隔5分钟向外喷一次泉水。另外还有热海温泉的象征"松树"。这棵松树叫作"阿宫之松"。

热海属于富士火山带,它是由于长年火山活动而形成的土地。早在1 000多年前,海底涌出了温泉,海水都成了热水,所以人们把这里称为"热海之崎"。又经过很多岁月,终于演变成热海这个名字。出现温泉的最初,从市中心喷出的多处温泉漫过地面流进大海,后来经过了无数次地震和海啸的影响,不久就变成了一些固定的泉眼。其中最早的泉眼称为"热海七汤",其源头至今犹存。所谓"热海七汤"是指大汤、河原汤、佐治郎汤、清左卫门汤、风吕之汤、小泽汤和野中汤。这七汤是热海市温泉的七个泉源,也是热海市著名的观光景点。这七个泉源虽然都不能入浴,却是可以观看自喷泉的泉源,能够亲身感受历史温泉乡的气氛和特色文化。其中,如"大汤间歇泉",是热海七汤之首,也是世界著名的间歇泉之一,每天喷出泉水的次数为六次。喷出时会突然有地震的感觉,那是因为泉水喷出时是泉水与蒸汽相互沸腾而喷出,所以在喷出时地面会有所震动。由于它喷出时的力量过大,于是便用石垣将泉水源头围住,避免喷出时的危险。又如,"清左卫门汤",传说过去有个叫清左卫门的农民骑马经过的时候,掉进这里烫死了,所以得名清左卫门汤。据说到19世纪70年代这个泉眼还昼夜不停地喷出泉水,人们大声地叫就喷出得多,小声叫就喷出得少。再如,"野中汤",位于热海市的中心街道往北走1.2千米的野中山山脚下,以前在这附近都是泥土,用棍子一插就会有泉水涌出,涌出的泉水都是呈土红色。这里的泥土是以前日本建造房屋的高级泥土,一直到江户时期为止,这边的居民不会用这里的泉水泡澡,所以没有任何温泉的设施。直到明治十八年,在小松清一的官邸里面发现了有泉水涌出,才有了温泉的设施,而现在的野中汤就是以前的元久迩宫别邸。

热海温泉有普通温泉、盐化物温泉和硫磺泉3种，盐化物温泉分布在沿海，硫磺泉分布在内陆，在伊豆山一带的温泉有含盐度较高的泉。热海温泉主要是“弱食盐泉”，泉内含有和海盐类似的食盐。洗过温泉后，皮肤上会留下盐分，具有很好的保湿效果，所以温泉浴后不会感到冷。其发汗功效，可促进人体的新陈代谢，因此对风湿症、神经痛、皮肤病、妇女病及内脏疾患有疗效。

热海市的温泉按温泉地空间分布主要有五个温泉地：热海温泉、南热海温泉、伊豆山温泉、伊豆汤河原温泉、初岛温泉，分别构成了对应的观光游览区。其中，广义的热海温泉是指热海市温泉地统称，狭义的热海温泉是指以热海市中心温泉街为主的温泉地，是热海市五大温泉地之一。它包括沿JR热海站到来宫站两侧的地区，乘坐热海去往锦之浦和梅园方向“汤游巴士”可以环游整个温泉地。这里浓缩了热海市历史文化古迹和热海的“汤町文化”。热海市的著名观光景点热海梅园、来宫神社、热海后乐园、热海阳光海滨、锦之浦望海、热海香草园、热海古城、汤前神社、日金山东光寺、十国岭、艺妓训练所、热海七汤、双柿舍、彩苑、中山晋平纪念馆、圣克里诺美术馆、洋酒博物馆、泽田广政纪念馆等都位于这里。

四、松山市温泉与温泉文化

松山市是四国地区位于广岛市、冈山市之后的第三大城市，是四国地区最大的都市圈——松山都市圈的中心城市。松山市是以松山古城和道后温泉为中心发展起来的城市，1951年被日本政府指定为“国际观光温泉文化城市”。道后温泉位于爱媛县松山市郊外。据说从3 000多年以前一直延续至今，不论是民间神话还是史书古籍中都有所记载，与兵库县的有马温泉、和歌山县的白滨温泉并称为日本最古老的温泉。道后温泉的象征是公共浴场“道后温泉本馆”，这是一座1894年建成的具有古代风格的木质三层建筑。

道后温泉的发现还有一个美丽的传说。据说,古时有一只伤到脚的白鹭,天天飞到道后温泉来泡汤,伤口快速愈合。人们于是相信道后温泉有疗伤的功效,甚至夸大到有起死回生的神秘力量。当地村民听到这些后,尝试将手泡入温泉,发现确有奇效,从而发现了道后温泉。

道后温泉比较有特色的是道后温泉本馆、道后温泉祭。

道后温泉本馆是全日本最知名的温泉公共浴室。这是一座城郭式三层结构的建筑,充满着传统的风格,是道后温泉的标志性建筑。道后温泉本馆主要的公共浴池为神之汤和霊之汤,全部位于本馆的一楼。其中,神之汤有2个男性用浴室,1个女性用的浴室,浴室的面积都比较大,主要是当地市民使用;霊之汤浴室面积比较小,一次使用的人数也比较少,主要是为来这里观光旅游的客人使用。

道后温泉祭是围绕温泉展开的一系列传统文化活动。每年的3月19日到21日在松山市的道后温泉街举行,与每年4月2日到5日举行的古城祭一起称作松山春祭。活动的第一天上午9点到11点举行的是汤祈祷和汤奉纳。首先,经营温泉酒店和相关产业的人士,穿着专门的服饰在道后温泉本馆的北侧玉之石处集中,举行神事活动。希望神灵保佑自己的事业昌盛,温泉地的泉水永不干涸。汤祈祷仪式结束后,身着各种节日活动盛装的队伍和温泉经营相关人士的队伍一起前往汤神社进行汤奉纳的神事活动。下午2点开始,由学生和市民组成的管乐队从神社出发,经道后温泉本馆到子规纪念博物馆。晚上7点到9点,从放生园开始到商店街、道后温泉本馆,最后到银行门前,进行身着传统服饰的舞蹈游行。活动的第二天从上午9点开始一直到下午5点,全天为传统的民间技能活动,其中在放生园有狮子舞、舞大鼓、园狮子舞、太鼓等表演活动。从下午2点开始一直到晚上8点,从道后温泉车站到商店街、温泉旅馆街、道后温泉本馆,还有由全体女性组成的,身着传统服饰的庆典游行活动。晚上7点到9点和前一天一样也有跳舞的庆典队伍。第三天主要的活动内容是时代祭，从上午的9点开始到下午的4点，时代祭的庆典活动主要是展示身着日本各个时代服饰的队伍和各个时代和松山市、道后温泉有关联的人物。三天的道后温泉祭除了每天上述的活动外，还举行各种传统文化的比赛活动。如弓道大会、品茶大会、吟诗大会、俳句大会、软式网球大赛，等等，每年都有一些变化。

第八章 日本的绘画与庭园艺术

在日本的艺术发展史上,绘画艺术和庭园艺术是不可或缺的组成部分,且在发展的过程中取得了极为重要的成就。在本章内容中,将对日本的绘画与庭园艺术进行详细论述。

第一节 从唐绘到大和绘

日本绘画在发展的初期,一直致力于对中国绘画进行模仿。而在 19 世纪之前,中国绘画一直被称为“唐绘”。后来,日本在绘画方面获得进一步发展,并逐渐形成了具有自身特色的绘画,即“大和绘”。而“大和绘”进一步发展演变,并逐渐形成了现代日本画。

一、唐绘

日本在奈良时代,各个方面的发展都深受中国文化的影响。就绘画方面来说,学习了中国唐代绘画的传统形式,并借此来表现日本的风物和日本人的精神风貌。也就是说,这一时代的日本绘画大都以模仿中国绘画为主,无论在绘画题材上还是在绘画形式上,都留下了中国绘画的烙印。因此,日本绘画史将这一部分日本画称为“唐绘”。

(一)唐绘的产生

奈良时代的日本绘画,除了佛画,就是古坟壁画和宫廷贵族性的隔扇屏风画,其画题都是基于中国汉诗和风俗,模仿中国山水画的技法者居多。古坟壁画,可以远溯奈良朝装饰时代的高松冢古坟壁画,这是1972年3月在奈良高市郡明日香村的高松冢古坟内置现的。这些古坟壁画以细腻的笔法,栩栩如生地描绘出男子像的庄重表情、女子像的丰满体态以及艳丽的服饰,写实性地反映了当时的风俗,还透出几分中国唐代绘画的样式。这是至今发现的最早最优秀的日本古代风俗画。由于这座高松冢古坟没有墓志铭,又没有文献记载,只是从考古学和美术角度出发,结合其壁画及出土文物对其建造的年代进行推测。有学者认为,高松冢古坟壁画中女子像的面容与唐代永泰公主墓的地下墓室的女子像面容、出土的海兽葡萄镜的唐草纹样与西安十里铺唐墓出土的海兽葡萄镜唐草纹样等是十分类似的,于是推测其大致是在7世纪末8世纪初建造的。

日本的隔扇屏风画也深受中国绘画的影响,天平胜宝八年(756)献物账记载的、现收藏在正仓院宝库的六折屏风画《树下美人图》,每折屏风描绘一个立在树下的身穿中国唐代服装的美女。这幅屏风画明显地受到中国唐代绘画的影响,以柔和的细线,描绘美人丰润的脸庞,以及身披唐式服装的丰腴体态。脸庞抹上淡淡的脂粉、浅红的口唇,表情十分优雅。美人的头发和衣衫贴上羽毛,代替上色,故原名《鸟毛立女图屏风》。这是一副典型的中国唐代美人的脸庞和躯体,充分表现了当时日本古代画师的艺术表现力,是最早的屏风画佳作之一。初期的屏风画,不仅是屏风的形体,而且画题也都是中国式的,故称之为“唐绘”。也就是说,唐绘不仅仅指传自于中国的绘画,也包括日本人对中国绘画的忠实模仿之作。

（二）唐绘的题材

唐绘在发展的过程中，逐渐形成了多种多样的题材，其中影响较大的有以下几个。

1.“唐绘”肖像画

《圣德太子像》可以说是“唐绘”肖像画的先河，其描绘圣德太子身穿朝服立于中央，双手执笏，腰间挂剑；以简洁的笔法，描绘太子长长的胡须、明亮的眼睛和红色的嘴唇，并以细密线勾勒出太子的面型，涂上淡淡的胭脂，一副睿智的帝王相。同时，二王子像较小，分立于圣德太子的左右两侧。这种形式是仿唐代初期帝王图，是一幅极其珍贵的人物画。

2.“唐绘”山水画

在“唐绘”中，山水画也是一个十分重要的题材。由于当时不少时宫廷贵族模仿中国院落建筑的模式兴建了“寝殿式”御所或宅邸，建筑内的隔扇和屏风需要装饰，这些隔扇画和屏风画，受到唐风的影响，多以中国式的风景和人物作为题材，而且有的还题写汉诗文，形成唐代绘画模式。比如，京都御所清凉殿隔扇画《山水图》描绘了悬崖绝壁、云绕的山峰、仙境般的幽林，还有飞溅的瀑布，在松树下弹琴的人物和水边垂钓的渔夫，充满了自足悠闲的东方情趣。这是一种颇具抽象性的中国式风景，也是当时日本典型的“唐绘”山水画。

3.“唐绘”风俗画

目前尚存的“唐绘”风俗画，仅有教王护国寺收藏的《斗鸡图》和《玩球图》。这两幅风俗画的构图，以由中国传入的杂技、斗鸡和玩球活动为中心，两侧绘画了围观的男男女女。

二、大和绘

奈良时代的日本绘画，在对“唐绘”进行普及、对中国绘画艺术进行吸收和消化的同时,还将与日本人身边的生活情景和日本自然风光绘画化,即开始在绘画上表现日本民族自己的情感和审美特色。在此基础上,日本逐渐形成了自己独特的绘画形式,确立了自己民族的绘画体系,即“大和绘”。在“大和绘”产生后,朝廷为了支持其发展,取消了低层次的画匠制度,成立“绘所”即日本画画院,培养了许多有名的宫廷画师。这对于提高“大和绘”的艺术水平,促进“大和绘”的发展,在组织制度上起到了很大的保证作用。而“大和绘”这种日本民族绘画的艺术形式,主要表现在“隔扇屏风画”和“绘卷”两大绘画艺术形式上。

(一)隔扇屏风画

“大和绘”之所以表现在隔扇屏风画中,主要是因为当时的宫廷和贵族的殿舍都设置隔扇和屏风,为装饰美观起见,学习中国的风景画和风俗画,在上面绘画了日本的山水和男女的风习。

这类型绘画的内容分为两大类,一类是“四季绘”,绘画四季时令风物的变化,展现了十二个月不同的日本自然风光和四季时节的活动;另一类是“名所绘”,描绘名胜古迹、神社佛阁等的由来与风景,也交织着四季的变化。日本人对四季自然美的纤细的感受性,都集中反映在当时的“隔扇屏风画”的丰富艺术性上。

9世纪后半叶平安文化时代前期,颇负盛名的画家巨势金刚,以写生为主,开始以浓淡色彩分出远近、除画精巧的山水外,还擅长画马。他在屏风画上,确立了风景风俗画的新样式,大大地提高了画师的社会地位,对于“大和绘”的发展,起着不可估量的作用。同时,在他的影响下,日本绘画史上形成第一个重要画派——“巨势画派”。在他之后,10世纪后半叶平安文化时代中期的宫廷画师飞鸟部常则、巨势公忠、巨势公望、巨势广贵等继续对隔扇屏风画的创作进行了发展。比如,飞鸟部常则在为左大臣藤原道长之女、中宫彰子居所绘制屏风画时,从《藤原公任歌集》的多首四季歌中取材,绘制了当时流行的“四季绘”。飞鸟部常则绘画的《神泉苑图》,更是受到藤原道长很高的评价,说这是一幅“甚为优美的画”。巨势广贵开展了适应新时代爱好的“大和绘”的新画风，参与创作了《荣花物语御贺卷》屏风画。

这里需要特别指出的一点是，“大和绘”的隔扇屏风画在发展的过程中，一度呈现出与“唐绘”并存的局面，称为“倭(和)汉绘屏风”。在《古今着闻集》中就有这样的记载：“又和汉抄，于屏风画中画水为界，上写唐绘，下写大和绘。”也就是说，《和汉绘屏风画》的屏风分成两截，上半部描画中国山水风景的“唐绘”，下半部绘画日本山水风景的“大和绘”，两种绘画形式并存在一幅屏风画上，表现了两种不同的风情、审美价值取向和各自的自然生活感情。至今遗存的京都东寺(旧称教王护国寺)的《山水屏风画》，画面中一条河水流贯中央，分为上下两部分，下半部绘画唐朝风俗人物像，保留了“唐绘”的形式。下半部描画宁静的山水、树木、鸟兽等纯粹日本式景象，则全部运用“大和绘”的画法。这是早期“大和绘”的形态。现存的部分，有一幅前景中央描绘了草庵里三个身穿唐服的人物，庵内隐士一人，手执毛笔，仰面凝思，似在构思诗句。门前两人，一为官人，一为侍童，似是前来登门拜访庵中人的。有的日本学者解读庵中人，是当时日本人最崇敬的中国诗人白居易幽居山林的姿影。庵外的树木的攀绕的紫藤和绽放的樱花则是典型的日本风景，蕴含着浓郁的日本情趣，这是文人最理想的境界。

法隆寺东院绘殿内壁的《圣德太子画传》，也是现存的一幅大画面的隔扇画。它于延久元年(1069)由摄津国画师秦致贞(又写政真)绘制，描绘圣德太子诞生前后及其一生的事迹，其背景是由山水与建筑物构成，以远近法描绘山冈和小山，河水环流，其间配上许多大小不一的房屋，构成为太子故事的舞台；还有素描宫廷仪式的情景，以及法会、狩猎、战争的场景和相关人物的活动，具有奈良时代以来的古风传统，在技法上进一步和风化，展现了丰富的艺术表现力。与上述肖像画《圣德太子像》形成了和汉绘画不同形式的鲜明对照。此画虽经后世修补，但从整体构图来看，基本上保持原作的风貌。

（二）绘卷

绘卷最初出现是在奈良时代，到江户时代已经成为“大和绘”的主体组成部分。日本“绘卷”艺术的最兴盛时期是在11世纪至12世纪平安时代中后期，且逐渐形成了两种类型，即宗教性的绘卷（如《北野天神缘起绘卷》《松崎天神缘起绘卷》等）和非宗教性的绘卷。其中，非宗教性的绘卷又可以细分为三种类型，即文学性绘卷、说话性绘卷和世俗性绘卷。

1. 文学性绘卷

文学性绘卷是由绘画与文学交流而形成的一种日本独特的绘画形式，在日本的绘卷发展史上有着极为重要的地位。其中，物语绘卷是文学性绘卷中最为重要的一类。物语绘卷一般是由宫廷画师制作圆卷、书法家书写优美而简洁文字的词书，这些词书反映了物语的故事，是帮助在“绘卷”中诠释物语本文的。物语绘卷的鼻祖是《竹取物语绘卷》和《伊势物语绘卷》，它是将《竹取物语》和《伊势物语》绘画化。其绘制者是名画家巨势相览，字是由名歌人纪贯之来题的，可惜已佚。从现存的物语绘卷来看，古老也是最著名的是《源氏物语绘卷》。它是以紫式部撰写的日本也是世界第一部长篇古典小说《源氏物语》为题材绘制而成的，出现于1140年前后，要比《源氏物语》问世晚将近一个世纪。

《源氏物语绘卷》的绘制者是藤原隆能，他用原著54回的题名作为“绘卷”的题名，每回绘画出一至三个场面。“绘卷”的全卷数，依据藤原定家《明月记》的记载，共有10卷。另外，这一“绘卷”共制作近100幅画，唯现存的这个最早版本的绘画，仅19幅（场面），即蓬生、关屋、赛画、柏木（4场面）、横笛、铃虫、夕雾、法事、竹河（5场面）、桥姬、早蕨、寄生（3场面）、东亭（2场面）以及紫姬的断简，还有相关20幅的词书，内中有的是断简，成为日本的国宝。这部“物语绘卷”规模宏大，将《源氏物语》各回故事的精髓都绘画了出来。也就是说，它不仅将各回的故事、主人公的微妙心理和人物相互间的纠葛，还有人物与自然的心灵交流，都惟妙惟肖地表现在画面上，将《源氏物语》的神髓出色地表现出来，犹如其抒情的故事一样，其画面也颇富情趣性，有很大的艺术魅力。

《源氏物语绘卷》的绘制，非常注重将人物形象的描绘与自然景物的描绘相结合，并根据各卷不同的主题以一种特定的色彩为主色，显示其高贵、典雅和凝重的特色，还附上用金银箔装饰的词书，抄录原作的美文，与绘画内容相呼应，古典优雅、色调华丽，传达了王朝文化的古典雅趣和洗练的唯美倾向；很好地融入了《源氏物语》形成的审美主体的"物哀"精神和佛教的"因果报应"思维；在构图上采用鸟瞰式的屋内构图，省去屋顶，由联结柱上端的线象征天井，称作"吹拔屋台法"；在技法上采取细密的彩色法，特别质朴、纯净和清雅，以一种特定的群青、绿青、朱丹等高纯度的原色乃至中间色为主色。人物容貌之表现采取"引目勾鼻法"，即将眼睛画成一细线（引目），鼻子画成"<"字形（勾鼻），嘴唇以红点来象征，人物面部则限于从前角度、后角度看的侧面和背影三种形式，以此激发观赏者的想象力，同时在人物的姿态上，显示其高贵、典雅和凝重。这不仅使《源氏物语绘卷》成为绘卷中的瑰宝，也标志着日本绘卷艺术的日臻成熟。

2. 说话性绘卷

《信贵山缘起绘卷》是说话性绘卷的代表性作品，是在1160 ~ 1170年完成的。

《信贵山缘起绘卷》是根据"信贵山缘起"高僧命莲飞钵化缘、托梦治病、尼姐重逢这三个传奇故事制作而成的，是一种以民间传说为主题的"说话绘卷"。其共包括3卷，其中第一卷只有绘画，第二卷和第三卷由绘画和词书组合而成。另外，《信贵山缘起绘卷》共有五个鲜明的特点：第一，虽然以贵族与庶民交相登场的形式，但主要是以庶民为主体，尤其中心人物，是普通农民出身的命莲及其姐老尼，其脸部表情、心态和动作，用漫画式的笔法寥寥几笔勾勒出来，栩栩如生。第二，描绘了命莲个人的奇谭以及与其姐重逢的动人故事，尤其是用一幅幅画面，将命莲这个人物及其生动的故事联结起来加以表现出来，显得质朴无华而又颇有风趣。这种处理手法是崭新的。在描写他们的个人行动和事件变化中，充满了强烈的人情味和生活气息，以增加艺术的感染力。第三，以室外为活动空间，场景宏大，相托的自然景色，从川河的涓涓细流、群山的多姿景色，到树梢飘忽的晚霞、丰富情趣的旅途景物等景致的连续描绘，画面异彩纷呈，增添了几分日本自然之美。它与波澜重叠的戏剧性场面连接，产生无穷的变化，具有一种独特的艺术魅力。第四，在画风方面，墨笔线描细致、流畅和自然的表现，同时线与色十分协调。许多画面是连续式，使用了流动构图法，动态地表现不断变化的场景，画面给人一种跃动感。同时，对于庶民的描绘，采用夸张的表情，机智的动作中又带上几分素朴、粗野和滑稽，展现一幅幅充满活力、风趣的画面，表现了下层社会所具有的野性美。它既继承密教绘画线描画像的传统，又具备某些近代写实绘画的要素。第五，表现了当时风俗生活的方方面面，以地方庶民的风俗生活为主，也包括上层公家（天皇敕使）和富裕的长老的风俗生活。通过画面，可以了解他们不同的服饰、发式，以及从住宅、宫城、神社、佛寺等建筑。可以说，这幅绘卷在内容和形式上都大大发挥了具有自己特色的“绘卷”的机能，从而开拓了“绘卷物”的一片新天地，反映了庶民生活动态的线画艺术的新天地。

3. 世俗性绘卷

平安时代后期至镰仓时代前期，绘卷中出现了世俗性绘卷，其中最为著名的是《鸟兽戏画》。

《鸟兽戏画》分甲、乙、丙、丁 4 卷，事实上内中属真正“戏画”的是甲、乙、丙三卷，丁卷是“绘本”。其主题不同于物语绘卷和说话绘卷，是根据文字故事绘制的，它是没有以任何文本作为依托的，所以其含意是根据画面来解读的，这也导致全四卷很难有一个连贯而完整的情节。甲、乙两卷“绘本”用拟人化的技法，丙卷“绘本”用草图化的技法，描绘猴、兔、蛙、狐的活动状态或描绘人或动物的游戏情状，都是讽刺当时的社会世相的，具有漫画的性格特征。丁卷“绘本”则是写生式地描画各种鸟兽，形象十分逼真。在全四卷中，第一卷拟人化地描绘鸟兽，假托动物世界来暗喻、讽刺人间的世界，这是全四卷的精华所在。而在“戏画化”这点上，全四卷是相同的。

《鸟兽戏画》具有一些鲜明的特点：第一，全四卷均无“词书”，只有连续描写的绘画，属于完全不着色彩的、以线描为主的白描画法，运用中和的墨色，画出流畅阔达的线条，笔力雄劲自在，从整体上给人一种独特美的感觉。这类戏画也称作“白描戏画”，其主题性与绘画性十分和谐与统一。第二，采用拟人化的技法，具有讽喻性。描绘的动物对象主要是猴、兔和青蛙，模仿着人的游泳、射箭、骑马和相扑等各种比赛动作，且具有一定的深层含义，如比赛中都是弱者取胜，这讽喻当时武士阶级新兴最后取代走向衰落的原先强大的贵族阶级并使之走向衰落。第三，画中融入了许多人世间的风俗，从如来莲座、念珠颂经、斋戒沐浴、猿乐、田乐舞、骑射、相扑角力、踢球游戏等“即兴奇智”。这些具有庶民风俗的绘画，大多是采用写实的方法，因而也被认为是最写世态、最感人心的作品。

第二节　花街柳巷艺术——浮世绘

在日本最具民族文化特色的艺术之中，浮世绘是不得不提的一个。浮世绘是产生于江户普通民众的日常生活并对庶民的社会活力进行表现的一种绘画艺术，同时它的产生也成为世界美术史上灿烂的一页。

一、浮世绘的产生与发展

浮世绘是发生于日本江户时代的江户（东京）地区的，注重对当时庶民的生活、情感、审美意识等各个方面进行反映的一种特殊实用美术。

浮世绘的产生，与浮世小说有着密切的关系。井原西鹤（1642—1693）是江户时代一位著名的浮世小说家，《好色一代男》是其最有代表性的浮世小说作品。在小说中，他描写了一位7岁便情窦初开的男主人公世之介的一生的情感历程，并在其中栩栩如生地描绘了充满人情和风俗世态的悲喜剧、花柳街和戏院里的最新时尚。在井原西鹤之后，不断有新的浮世绘小说问世，并风靡了整个江户城。人们争先恐后地阅读他的系列作品，并憧憬着自己也能过上作品里所描绘的没有束缚的自由生活。

为了吸引更多的读者，出版商找了一些画家为这些浮世小说做插图。在最开始时，插图少、文字多，后来插图数量越来越多，并逐渐占据了主要位置。后来，浮世小说中的一些优秀的插图（最浓缩地表现了作品精髓的画面）被单独地抽出来，印成独立的一张画公开发行，这种描绘有江户城才有的独特生活情感画面的浮世绘被来江户出差、旅游的地方人士买回去作为江户特产送给家乡的人们。就这样，浮世绘终于从浮世小说的插图中脱离出来，成为一种供人独立欣赏的美术作品。同时，这也表明了日本浮世绘作为特殊实用美术的特点。实际上，浮世绘的最大用途是被当作一种旅游纪念品，被来江户游玩的地方人士买回家的。

浮世绘在产生后，很快便受到人们的热烈欢迎。之后，出版商们为了快速且大量地生产浮世绘，在黑色的版画上填涂上彩色颜料，有的涂上黄色的，有的涂上红色的、绿色的颜料。虽技法显得很粗糙，但江户庶民的生活情趣却跃然纸上，受到了地方人士的热烈欢迎。当然，这只是一种较为低级的浮世绘。但在当时，由画家用画笔画在绢布上的高级浮世绘也是存在的，其价格往往是十分高昂的。

在进入18世纪后半叶后，浮世绘的版画技法有了很大提升，并诞生了一种新的浮世绘品类，即锦绘。它是一种多次印刷着色的版画，由十几个雕版多次叠印制成。同时，它的制作过程是极为复杂的，先由画家创作出画的底稿，然后由雕版师根据颜色的不同分别制作数个雕版，最后由印画师进行看色印刷。锦绘的出现，标志着浮世绘的制作技术越来越高超，浮世绘也随之进入快速发展时期。

19世纪后，浮世绘的发展受到了西方文化的影响，出现了一些描写新事物的浮世绘，并且在技法上接纳了西洋绘画中的远近法、光线阴影法等。而随着1868年日本明治维新的展开，传播信息的手段日益多样化，这导致浮世绘失去了其传播信息的实际作用。当浮世绘的实用需要消失以后，浮世绘的魅力也就衰减了。再加上逐渐西方化、现代化起来的市民生活不适合用浮世绘的形式进行表述，由此浮世绘因缺少生命力而迅速衰落。

二、浮世绘的描绘对象

浮世绘有着极为广阔的描绘对象，其中最为重要的有以下几个。

（一）江户的社会生活

江户的社会生活是浮世绘的一个重要描绘对象，透过这些浮世绘，可以看到江户时代社会生活的基本面貌。比如，《夜幕里的萤光》对江户市民在夏季的夜晚于河边捕萤火虫的生活场面进行了生动描绘；《出门》对一位瓷器店的女子在冬季踏雪出门的情景进行了描绘；《秋草中的美人》对江户时代的典型服饰进行了描绘；《蚊帐里》对江户市民用纸捻烧死蚊子的驱蚊方法进行了描绘；《茶道》对日本的茶道艺术进行了描绘等。

浮世绘在对江户的社会生活进行描绘时，还展现了花柳街这一重要内容。花柳街是有钱人才能去的地方，普通人几乎没有能力去，但又对那里十分向往，并渴望了解那里的景象。这一市场需求便促使浮世绘产生了一批反映花柳街景象的作品。比如，《花柳街窗》展示了每当夜幕就要降临时，花柳街上的妓女屋便开始招揽客人，其中的一种方式是将窗帘打开，让行人看得见屋内的情况；《吉原群舞》描绘了江户的官娼所在地吉原每年要举行的花柳歌舞节的景象。

浮世绘画家在对江户的生活进行描绘时，还展现了相扑运动员及其比赛场景，相扑是江户时代市民的娱乐活动之一，但因为相扑运动员都聚集在江户，地方人很少有到现场观看相扑比赛的机会。于是，浮世绘的画家们便满足了人们的需求。

（二）美人

江户虽然不是王城，却是一个新兴的大都会，是当时日本的政治文化中心。这里聚集着武士、手工业者及商人等，人们的思想意识不像京都的王公贵族那么保守，游女的兴盛从一个侧面反映了江户地区人们的思想开化，同时也给浮世绘的创作提供了丰富的素材。在此基础上，注重描绘美人的浮世绘产生了。但是，日本浮世绘中的美人画与中国画中的仕女画有所不同，画中人物主要是社会上身份比较低下的游女与艺妓。

喜多川歌磨（1753—1806）是美女浮世绘的创作大家，注重对美人的面庞进行表现。他笔下的美人面庞丰满，嘴略向前突出，眉间略锁，稍有忧郁之情。其笔法简约、清爽、耐人回味。《相思女》《吹哨的美人》《热恋女》是其美人浮世绘的代表性作品。其中，《热恋女》的重点在其眼神上，俯视的眼神似乎泪水欲滴，令人怜悯万分。

《回眸美人图》可以说是江户时代最为著名的一幅美人浮世绘，其线条细腻流畅，用色丰富考究。其人物的发型、服饰反映了当时的最流行的时尚。其人物的造型姿态，与纯古典式的正面描写完全不同，风姿婀娜优艳，耐人欣赏。

（三）戏剧人物

在江户时代，兴起了一种新的日本戏剧——歌舞伎。它主要由武勇戏和言情戏两大部分组成（全部由男演员演出）。观看歌舞伎演出是一件奢侈的事，并且只在江户城里才能欣赏得到。浮世绘的出版商们认为这是一个重要的卖点，于是浮世绘开始对歌舞伎演员的脸谱进行描绘，并因夸张的脸谱、华美的服饰引起了庶民们极大的关注。与此同时，戏剧人物的浮世绘中还对名演员们的台下生活情况进行了描绘。

东洲斋写乐（生卒年不详）可以说是在浮世绘中表现歌舞伎演员的一位重要画家，他在绘画歌舞伎演员的剧照画时，特别注重对人物的现实特点进行凸显，且不会对人物进行美化。比如，在《三世佐野川市松之祇园町的白美人》的剧照画中，他将当时已经70多岁的三世佐野川市松老化了的赘肉都画了出来。据传，这部剧照画曾在当时引起三世佐野川市松支持者们的强烈抗议。

（四）风景

江户时代浮世绘风景画的代表人物有葛饰北斋（1760—1849）和歌川广重（1797—1858）。

葛饰北斋是一位多产的专业画家，一生所画作品达三万余幅，题材形式多种多样，有版画、手笔画、小说插图、漫画等。他早年时画连环画，且独衷于由中国古典小说改编的日本连环画。同时，他在绘画中吸收了西洋绘画中的远近法、构图法等绘画技法。在1823年，已年届63岁的葛饰北斋为了配合当时日本国内兴起的旅游热潮，以富士山为题材，从不同角度、利用不同的背景对富士山进行绘画，创作了闻名世界的浮世绘风景画系列作品《富士山三十六景》。

歌川广重是继葛饰北斋之后的一位著名风景浮世绘画家，仅是描绘江户风景的作品就达1 300余幅。他在歌川广重《富士山三十六景》的启发下，创作了《富士三十六景》《东海道五十三次》等名所绘，此外还创作了《金泽八景》《江户近郊八景》《京都名所》《名所江户百景》等系列作品。其中，以《东海道五十三次》最为著名。

《东海道五十三次》中描绘了江户时期日本由江户到京都所经过的 53 个驿站的景点，加上起点的江户和终点的京都，一共有 55 幅绘画，主要使用远近手法，画中所描绘的风和雨给人以立体的感觉。

歌川广重在进行风景浮世绘创作时，还大胆地运用远近手法，在色彩和光线的处理上别具心裁，给人以新鲜意外的感觉。这不仅使他的风景浮世绘作品在日本广受欢迎，也对 19 世纪起源于法国的印象派画家以及新艺术运动的艺术家们产生了重要影响，因而在欧美得到了高度评价。

第三节　禅宗文化下的水墨画

禅宗，特别是临济禅宗，经镰仓时代到室町时代，已经成为日本佛教的主流宗派。而禅宗的兴盛，也对这一时期的思想发展、文学和艺术创作产生了重要的影响。就绘画来说，室町时代的绘画在禅宗文化的影响下，出现了极具禅韵的水墨画。

一、禅宗文化

在室町时代初期，虽然镰仓时代的新佛教天台宗、真言宗、禅宗都有了很大的发展，但处于统治地位的是禅宗，尤其是祖元门派梦窗疏石所倡导的临济禅，获得后醍醐天皇和室町幕府从第一代将军足利尊氏起历代将军的尊崇。梦窗疏石主张禅是“无形的心的戒律”“心就是佛”以及参禅与学问（宋学）结合，“这是诱导人们学儒学以至参禅，在世间实现参禅的手段、方法”。

梦窗疏石的弟子义堂周信是临济禅僧的佼佼者，他认为在参禅悟道里，含有儒学的“中庸”之德，因此悟禅的实现，也就是儒学五伦五常的实现。基于此，他提倡世人要积极学习儒学（主要是朱子理学）。

临济禅僧岐阳方秀主张禅宗与儒学的同一性。他说：“修行儒学自然会成为‘锤炼参禅的功夫’。禅的坐禅与儒的持敬是不二的，禅的‘一心’与儒的‘明德’，‘名’异而‘实’同，是‘体’与‘用’的关系。”

通过上面的论述可以知道，在室町时代禅宗文化的一个重要特色就是“禅儒结合”，即将禅、儒作为体与用的关系。由此，临济禅都为公家、武家、僧、俗所皈依，受戒者甚众，达万余人，为促进五山派的发展打下了基础。同时，室町时代的禅宗和禅宗文化获得了重大发展，并逐渐形成了以武家、公家、五山派禅僧为中心的禅宗文化。

这里所说的“五山”原是中国南宋的官寺制度，即由朝廷任命住持的五所最高的禅寺。在镰仓时代，随着禅宗从中国传入日本，中国南宋的五山制度也被引入日本，并深刻影响了本地禅寺制度。到了室町时代，室町幕府进一步学习中国南宋的五山制度，分别在镰仓和京都建立大寺的等级，并在经过多次变动后于建武元年（1334）在京都建立天龙寺、相国寺、建仁寺、东福寺、万寿寺五山制。不过在后来，五山又发生了一些变化。由于中国的寺院都建在山中，“山”也是“寺”的意思，因此日本仿此将镰仓的五寺和京都的五寺统称为“五山十刹”，简称“五山”。

室町幕府在确立了五山官寺制度后，又建立了禅宗僧职的“僧禄”制度，统辖五山十刹及其诸派的禅寺，掌管内政外交、起草文书和住持人事任免等，成为禅宗官僚化的特殊门派。与此同时，幕府积极吸收禅宗人士参与到政治之中，不仅让他们承担幕府与诸国诸侯的协调角色，而且让他们担当与中国明代交往的使节的重任。与此，在幕府的武家政治文化中，禅宗成为一个重要组成部分。到了室町时代中期，五山派临济禅逐渐走向了贵族化、官僚化。这标志着五山制度已经走向了衰微,名存实亡了。

与热衷于在中央建立官寺制度的五山派临济禅相反,道元开创的曹洞宗专心致力于在地方上传播禅宗的事业,对宗义和法事进行改革,并以丛林规范奠定基础,使之简朴化,故称为“林下派”。也就是说,林下宗逐渐走向了世俗化和普及化。

这里需要特别指出的一点是,禅宗的世俗化,普及的不仅是宗教的、哲学的禅,而且是文化的禅,文学艺术的禅,社会政治生活的禅。也就是说,禅的思想不仅限于作为宗教,还作为整个文化思想来接受。

二、禅韵水墨画

室町时代的禅宗文化,对于文学和艺术的发展产生了重要的影响。就绘画艺术来说,极大地促进了禅画的发展。室町时代的日本画坛,主要是由两大流派构成的:一派是传统绘画的作家,另一派是禅僧余技的作者。其中,后者成为日本画坛的一支重要力量,进一步大力引进和摄取中国宋、元水墨画的“气韵生动”的艺术理论精神和“泼墨法”的绘画技法,为开拓日本水墨画的新模式打下了重要的理论和实践基础。另外,室町时代禅宗在禅余所作的水墨画主要有两类,即禅韵水墨人物画和禅韵水墨风景画。

(一)禅韵水墨人物画

日本禅韵水墨画在发展的初期,先是对大和绘进行了仿效,即创作大画面的水墨屏风画、隔扇画,同时对宋、元水墨画的创作手法进行了模仿。与此同时,日本禅韵水墨画在初期主要是绘制宗师的水墨画像。

在绘制宗师的水墨画中,释迦、达摩、文殊、布袋诸佛的水墨画像最为流行。默庵灵渊的《布袋图》是禅韵水墨人物画中较为著名的一幅画作。布袋是中国的僧人,体胖肚大,常常背着一个大布袋，手支木杖，行走在市街上，故人称“布袋和尚”。默庵灵渊准确地捕捉这个人物的基本特征，用省笔的方法，以粗粗几笔柔和沉稳的线条，将布袋这个胖和尚手指苍天的坐姿，以及放在地上的布袋和木杖描绘了出来。画作中的布袋和尚有着慈祥的面容，给人一种亲切感。

这一时期的水墨画除了绘制宗师的水墨画像，还绘制了上人的水墨肖像画。比如，高山寺画僧惠日房成忍的《明惠上人像》。该画作以山林为背景，描写了明惠上人在山中树上的绳床坐禅的肖像，将明惠上人的坐禅修成的神态惟妙惟肖地表现了出来。另外，这幅画作超越了日本古代绘画华丽的色彩和细线的轮廓的技法，从淡彩绘、施色墨绘向墨色、柔和的细线、抑扬的运笔的方向发展，为日本水墨画的发展开拓了新的艺术手法。

需要特别指出的一点是，这些绘制宗师和上人的水墨画，不像其他佛教祖师肖像画把人物理想化、观念化，而是采用了写实的手法，运用抑扬的线条和流畅的运笔，创造了水墨画的新领域，这是日本传统的古典式的“绘卷”艺术所没有的。

（二）禅韵水墨风景画

水墨风景画也是室町时代水墨画的一个重要类型，而思堪绘制的《平沙落雁图》是最早的一幅水墨山水画。之后，水墨山水画的创作逐渐形成一种风气，出现了大量的禅韵水墨山水画。比如，禅僧吉山兆明绘画的《溪阴小筑图》《青山白云》等山水画。再如，铁舟德济用水墨绘有松、竹、梅、兰、苇等图，将大自然的这些物象的简洁灵气，运用“禅性”加以表现出来。他的《芦雁图》，就发挥了禅僧水墨画的这种艺术特质。铁舟德济的弟子右慧愚溪的《渔樵山水图》等，也以其遒劲的笔力和闲逸的表现相结合，发挥了禅宗艺术的独特风格，有力地开辟了具有个性的水墨画的新画境。

日本禅韵水墨山水画在发展的过程中，又融合中国水墨画技法，独创了与中国水墨画审美情趣相异的日本风格水墨画。如拙的《瓢鲇图》可谓在"当意即妙"中，表现出几分禅文化的新风趣。之后，他又绘制了《三教图》，三圣的姿势，是采用素描式的简洁描写，与《瓢鲇图》的人物描写相近似，都是运用省笔描写法。

周文是室町时代活跃在画坛的中心人物，在水墨山水画领域取得了重要成就。《江山夕阳》《山水峦色图》是其水墨山水画的代表性作品。

继如拙和周文之后，周文的弟子雪舟进一步促进了水墨山水画的发展。他曾访问中国，入五山之一的天童寺参禅，登上了禅班第一座，有"四明（宁波地方名）天童第一座"之称。他在中国寻找良师，学习宋画，又吸纳元明画的样式。同时，他遍历各地，尽览中国江南的名山大川，受到大陆山川古情的感染和中国水墨画技法的启迪，盛赞中国明画新样式的"挥染法是罕见的"。因此，他的水墨画开辟了很有个性的画境，代表作有《秋冬山水图》《泼墨山水图》《四季山水图》。此外，雪舟在这些画作中融合了自己"贯道一如"的禅文化思想以及"空寂"的幽玄艺术精神以追求一种恬淡的美。

第四节　日本庭园特性

日本庭园在其发展的过程中，逐渐形成了具有自身鲜明特色的特性。在本节内容中，将对日本庭园的特性进行详细阐述。

一、日本庭园的围绕性

日本庭园的围绕性，指的是日本在建造庭园时，为了防止兽类及敌人侵入生活空间，会在庭园的外围设置一种有形的保护设施，以便庭园主人能够在心理上产生一种安全感、舒适感和安定感。

从本质上看，日本庭园的围绕性并不是独有的，世界其他国家的庭园也都具有这一特性。不过，日本庭园的围绕技法，相比世界其他国家的庭园来说是十分特别的。

日本庭园多属于外庭型，即在房屋的外围用绿色植物绿化起来，特别是在不太安全的地区，还要加上廊柱形成一个绿色的天井。比如，日本金阁寺、建仁寺、龙安寺、光悦寺等庭园的围墙都有很高的艺术性，且与自然有机融合在一起。日本江户时代的"石组园生八重垣"的做法是日本造庭的主要内容之一，最后还发展了"透垣"。这是日本人的自由自在、通融无碍的精神成果。

总的来说，日本庭园的围墙除了作为一种防御设施外，也是对日本人的视觉心理进行延续的重要载体。

二、日本庭园的空间性

日本庭园的空间性，指的是日本在建造庭园时，十分注重庭园中各个要素的构成比例、配置间隔距离等。

日本庭园建造与研究方面的专家通过对社寺参道尺度以及回游式庭园和露地庭园的空间进行分析与计算，对回游式庭园道路的景观变化周期进行了明确，并以步数为单位分析得出了是由大面积的不饱和利用的空间构成。具体来说，在小型庭园中，可以 8 步为一个周期（1 步 =0.6 米）进行规划与设计；在大型庭园中，则可以 12 步为一个周期进行规划与设计。

日本庭园建造与研究方面的专家通过对回游式庭园和露地式小空间进行调查与分析，得出了最大密度的游人立脚空间构成和时间体验。通常而言，对游人的步行节奏及其变化进行深入分析，便看出本庭园的空间特性，即空间构成的多样性和曲折性。[①]

日本庭园建造与研究方面的专家还通过对庭园面积和平均曲率半径进行分析，得出了日本庭园在空间构造上的常用方式：一是定视式，即庭园的实际面积符合游人的感觉面积，如京都御所；二是回游式，即庭园的实际面积要比游人的感觉面积大，如

① 胡长龙：《日本庭园特性的研究》，中国园林，1995 年第 1 期。

桂离宫；三是借景式，即庭园的实际面积要比游人的感觉面积小，如修学院离宫茶屋。

三、日本庭园的景观性

日本庭园的景观性，主要是通过以下几个方面表现出来的。

（一）日本庭园的时间美

日本庭园的时间美，指的是在日本庭园中能够看到四季变化的美。比如，日本庭园中的植物具有不同的观赏适宜期，具体来说包括三种类型，即四季型、春—冬型和无季节型。又如，日本庭园中的飞石，其具体的作法和变化可以反映出庭园所经历的历史，即借助于石头的光滑、粗糙或风化的感觉来表现庭园在几十年甚至数百年来美的变化等。

（二）日本庭园的缩景

在日本的庭园构成中，缩景是不可或缺的一个配置要素。日本在造庭技术上，有“造天缩地”之说，即将众多的自然景观或人文景观放入小庭园中。日本缩景的代表是浅野家族（广岛藩主）在1620年修建的缩景园。

（三）日本庭园的借景

在日本庭园的建造中，借景“是造园空间构成技法的语言，是庭园内外空间有机结合的造园手法”①。日本庭园的借景手法，与日本人与外部自然环境融为一体的自然观是相符合的。

日本庭园空间的建造，通常是先建房子，接着是建造围墙。这样，庭园内与庭园外便形成了空间隔断，创造园内的缩景，形成理想世界。但是，这样的做法使得庭园内与庭园外形成了疏离感。

① 胡长龙：《日本庭园特性的研究》，中国园林，1995年第1期。

为改变这一现象，就可以借助于借景手法，以促使庭园内外景观结合、人与自然结合。

日本庭园在建造过程中要运用借景的手法，必须要具备一定的条件，具体如下。

第一，必须要有山、岛、建筑、灯笼、湖等借景对象。

第二，前面虽有地势屏障、绿墙、窗、树林、竹林等分景，但能看得彻底。

第三，庭园内有水池、草地白砂敷地、苔藓等构成的景观。

第四，庭园与借景对象之间有低凹的地形、水池、草地等。

第五节　禅宗文化下的“石庭”“枯山水”庭园

在室町时代，随着临济禅宗文化的发展，日本的庭园建筑也深受禅宗思想的影响，并成为日本禅宗文化的一个重要组成部分。具体而言，由于受到禅宗“空・无”文化精神的影响，这一时期的庭园主要是石庭和枯山水庭园。

一、石庭

石庭又称“石组”，就是以自然石为主要材料来装点的庭园。室町时代石庭的出现，既使得当时的庭园建造技术有了很大的提高，也大大推动了庭园建筑艺术的发展。

临济宗的高僧梦窗疏石可以说是室町时代最杰出的造园师，他在《梦中问答》一文中写道：“相信山河大地，草木瓦石，都有各自的本分在，一旦爱上山水，就宛如世间人情，就有人很快将这种人情作为道心，潜心钻研涉及泉、石、草、木之四种灵气的神态。倘若钻研好的话，就自然会形成道人之山水。”也就是说，他相信山河、大地、草木、瓦石都有自己的本分，这很明显是禅宗的自然观在庭园建筑艺术观的反映。梦窗疏石亲自设计和建筑了“净土庭园”形式的京都的天龙寺庭园、镰仓的瑞泉寺庭园、甲斐的惠林寺庭园、美浓的永保寺庭园等。其中，最为杰出的是京都西芳寺庭园。西芳寺背靠松尾山山麓，前临西芳寺川。梦窗疏石利用山麓的一块平地，建筑舍利殿、佛殿、方丈等主要建筑群的同时，还营造了以取名黄金池为中心的苑池，池中建两座分别称为“白樱”“翠竹”的中岛，以邀月桥相连，还建筑了湘南亭、湘北亭以添增景色，还利用山腹的斜面置石，构成类似“枯山水”的石组，并在苑池的一字直线上安置点景石，这是西芳寺庭园的主要特征。

以自然石为主的庭园艺术的代表者，除了梦窗疏石外，还有室町时代中期的造园师善阿弥。他造庭园时的指导思想是“空寂”幽玄的审美观，并强调庭园建筑，置小石象征小山，引小泉象征河流，融入大自然的林泉幽寂环境之中。睡隐轩、上御所庭园、奈良大乘院庭园等都是善阿弥庭园建造的代表性作品。这些庭园的建造采用了写意式的技法，具有高度的象征性，并很好地体现了禅宗的自然观。

石庭在建造时，最为主要的材料是自然石，因此建造的关键便是选采石。有日本学者认为：“造园师对石的洞察力的要求是很敏锐的。所以说，作石庭要求的是石，被要求的是人。意思是造园师要根据石的要求而立之。采石，要了解石的‘心’。用简洁的话来表现的话，这是人们需要在与石的对话中才创作出‘石组’的。”①这是运用禅宗的冥想和禅宗的自然观，对于极其抽象性的“石庭”建筑艺术进行了具体而透彻的分析。

二、枯山水庭园

（一）枯山水庭园的建造理念

“枯山水”一词第一次出现是在平安时代中期出版的造园法秘传书《作庭记》中，其中说到“在无水的池中竖立起山石而谓之

① 叶渭渠：《日本文化通史》，北京：北京大学出版社，2009年，第247页。

枯山水。所谓枯山水就是用大块石头筑成孤山峭壁,或用小石子造成蜿蜒起伏的山川原野”。不过,《作庭记》中提到的枯山水与室町时期禅宗所提倡的枯山水在意义上有很大不同。平安时代的“枯山水”,主要是以自然风景为主的“池泉庭”为代表。到了室町时代,禅宗广为传播后,导入了空寂和幽玄的艺术精神,“枯山水”才逐渐形成一种在“顺从自然”的前提下,以“石庭”为主,利用石头、白砂、苔藓构筑的人工风景庭园模式。

禅宗枯山水的理念是要在孤枝寒立的枯木中见花,在奇绝险峻的山石中悟禅。也就是说,枯山水庭园所表现的内容不是人们所熟悉的自然界的山山水水,而是水墨画中已经艺术化了的山水,这就自然而然地具备了抽象的性质。具体来说,枯山水庭园在建造时,不造池子,不引入水,只利用石头、白砂、苔藓作为基本素材,充分发挥其象征性构筑而成的,极端的甚至全部用石头,幻化出一种抽象的形象。

如果说水墨山水画是通过余白来展现其超然的艺术美的话,那么枯山水风格的庭园就是幽玄之美和余白之美的融合。庭园中的白砂代表着余白的空间,同时又代表着自然界的流水,而这流水既具体又非实指,或是清流,或为巨涛,或作海岸,或作深潭,完全是因人而异。庭园中的石头也是既实亦虚,一块石头可以是飞流直下的瀑布,也可以是突兀高耸的奇峰;而庭园中的一棵树木可以当作是一片森林,也可以看作是耸立在原野中经历了漫长岁月洗礼的枯枝老树。

具体而言,枯山水庭园是巧妙地利用“胡饼”形状的较小空间,不使用水,只使用石和砂,表现了有山有水的,有桥、堰、船的无限风光。这种枯山水庭园艺术,非诉诸感观的美,而是较多地诉诸冥想中的美,精神上的美。这是深受禅宗的浸染,从禅宗冥想的精神构思出来,具有禅的简素、孤高、自然、幽玄、脱俗、静寂和不匀整的性格特征,它将庭园的空间单纯化,以取得异常的艺术效果,并且在禅的“空寂”思想的激发下,无与伦比地表现了“空相”即“无相”,成为一种日本特有的象征性石庭艺术。它不仅是一种表现艺术，而且是与真实自然景观相连的幻想世界，也就是一种幻想的艺术。枯山水大大提高了日本庭园艺术文化的内蕴和美学的内涵。

（二）枯山水庭园的建造法则

枯山水庭园的建筑有其独特的法则。建造枯山水庭园的素材主要是山石和白砂，一般在庭园的东面设置枯水瀑布和三尊石，然后由东向西用白砂建造出流水的感觉。三尊石是枯山水庭园的主要景观，以立石或石组的手法安置在庭园中心或东面的位置，三块石头一般是并列的，但体积和位置各有不同，或一石为横，或一石稍离，或三块石头大中小各异。山石组合的手法不一，或直立如屏风，或交错如门扇，或层叠如台阶。三尊石所蕴藏的含义也极为丰富，主要有阿弥陀佛三尊、药师佛三尊或释迦牟尼佛三尊等，基本都与佛教有关。三尊耸立的山石同时也表现了无水但潺流的瀑布意境，当人们远远眺望过去，分明能感觉到“水”从高耸的峭壁之间飞流直下。

枯山水庭园中所铺设的白色砂石又叫砂敷，洋洋洒洒或象征大海，或象征陆地。用特制的扫把将洁净而清美的白砂耙出一道道优美的曲线，有的像是荡漾的涟漪，有的却似汹涌的波涛，有的宛如潺潺溪流，有的恰似滚滚浪潮，既有清波潋滟，也有湍流旋涡；等等，给人们以无穷的遐想。

（三）枯山水庭园的建造实践

龙安寺方丈南庭可以说是枯山水庭园最具代表性的作品。就“枯”而言，龙安寺方丈南庭“枯”得最为彻底，除了石边的一些苔藓之外别无一草一木，给人以一种凛然孤傲的感觉。

园中共有 15 块大小迥异的山石，分为 2、2、3、3、5 等 5 组置在白砂上，并缀满了苔藓，很容易让人将其抽象化为海、岛、林，产生另一种世界，构成了一望无垠的大海、星星点点地散落的小岛、岛上生长着郁郁葱葱的茂密森林。事实上,很难看出石头和白砂具体代表着什么,极具抽象意识。但可以肯定的是这些石块并不是孤立地存在,无论是大小高低还是距离远近,相互之间是有对应有影响的。或者,这些山石的存在本身并不具有什么实际意义,只是体现一种空间的调和,似乎在不经意间留下一片余白,让观赏者去发挥自己的想象力。园内除砂石之外,无一草一木,无一座建筑物,却构成一幅幅变幻无穷的美景。因此,有不少人认为可以将龙安寺庭园称为“空庭”。所谓“空庭”,就是以“空相”即“无相”作为主体。具体地说,以必要的界限,在恰到好处的地方,安置有限的、奇数的、不匀称的石,石底部缀满苔藓,以掩盖其肤浅,表现出“空”即“无”的状态,由有限进入无限,以引出一种“空寂”和“幽玄”的情趣,这样美的升华和表象化,才能发现自然的真实,收到变抽象为丰富境界的艺术效果。

如果说龙安寺是一个典型的抽象派的枯山水庭园的话,那么大德寺的大仙院可谓是典型的具象派的枯山水庭园。大仙院庭园在占地面积不到一百平方米的空间,以具象的手法,直观地展现了自然界大河山川的壮观景象,别具匠心,被誉为禅院式枯山水庭园的最高杰作,也是室町时代最具代表性的枯山水庭园建筑。庭园主要景观设在方丈东北庭,石组以两块石为中心,右边为观音石,左边为不动石。高耸的山石象征着须弥山,峭壁石组表现为深山峡谷,湍急的枯水瀑布飞流直下,穿过石桥后渐趋缓慢,流经堰堤,注入大海。在白砂形成的溪流中排列着数块山石,有鹤岛和龟岛,龟岛与鹤岛之间是蓬莱岛,还有达摩石、沉香石、坐禅石、佛盘石、独醒石等。

第九章　日本的舞台艺术

经过各种形态的古代艺能的发展，尤其是经过中世前半期的田乐能和猿乐能的发展，诞生了日本的古典戏曲——能乐和狂言，并逐渐成为日本重要的舞台艺术。可以说，日本戏曲迎来了黎明期，在戏曲史、文化史上取得了突出的成就。随后产生的歌舞伎摄取了能乐、狂言诸因素，发展成为一种复杂的音乐舞蹈剧。本章内容就对日本的舞台艺术进行具体的分析。

第一节　能乐及其艺术特色

能乐是脱离猿乐能的单纯即兴表演，以戏剧情节的表演为中心发展起来的。能乐仍然保留歌唱和舞蹈，出场人物也非常少，一个主角担当一切歌与舞的表演，两三个配角和副配角辅佐，是一种象征剧，其在舞台、表演、音乐等各方面独具特色。

能乐起源于日本古代村落的祭神活动，在形成过程中表现出一定的宗教性和艺术性。能乐的创始者是观阿弥、世阿弥。由于能乐起源于村落神事，上升为舞台艺术后的能乐仍在各个方面显示出独特的风格，下面从能乐的舞台、演出形式、表演、音乐、假面等多方面出发对其独特的艺术特色进行考察。

一、能乐的舞台特色

由于日本能乐起源于村落的神事，神社的拜殿是其演出的最原始的舞台。9 世纪以后,由于日本的神道与佛教逐渐融合,佛寺的院子里也逐渐有了类似神社拜殿建筑样式的能乐舞台。

17 世纪以后,日本能乐开始世袭化,一些能乐世家在家里修建了一些供日常练习用的能乐舞台。日本明治维新以后,城市化程度日趋深化,家庭能乐舞台就演变成为装配有灯光、音响、空调设备的室内能乐剧场——“能乐堂”。

能乐的舞台由主舞台、廊桥、乐队位、伴唱位、白州五大部分组成,能乐舞台平面图如图 9-1 所示。

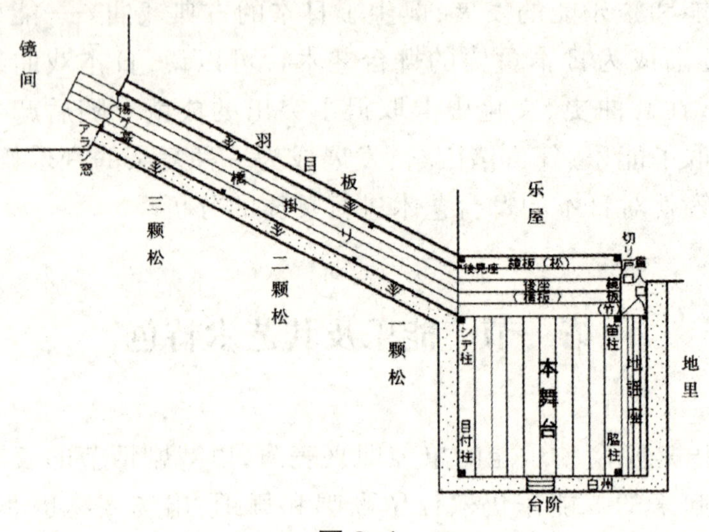

图 9-1

与一般意义上的演出舞台相比,能乐的舞台主要有以下四个特点。第一,没有幕。剧情中的角色都是从远方走来又回到远方去,观众围舞台而坐,与远来的大神直接交流。第二,没有布景。作为永久的装饰,舞台的后壁画有一棵松树,右侧后方画有一丛竹子。第三,进深大于面宽。一般的演出的舞台设计都会尽量把面宽展开,以利于更多的观众观看。第四,设有廊桥。廊桥是能乐舞台的重要组成部分,是神从“神界”走至“人间”的必经之路。

二、能乐的表演特色

能乐中的角色分类主要是参照了日本神灵观中善神与恶神

同在的观点，主要分为四类，即神灵角色、现世人角色、貌似神灵的现世人角色、貌似现世人的神灵角色。当然，这四类角色中又各自分为不同的角色。与一般戏曲不同的是，能乐演员的面部是无表情的。这是因为表演神灵的主角要戴假面，假面的表情一般为中间表情，在整个演出中是固定不变的。

能乐的“演”与“舞”的形式并没有很大的区分。只不过在“演”时，主角自唱自演；“舞”时，由伴唱队伴唱，主角只承担表演。能乐的舞姿讲究身体的重心下压，身体的前后左右上下都要感觉有牵引力。身体的所有部分要充满力量。双臂要向内弯曲，双膝要略弓，要尽量减少动作的幅度，追求抽象的表演效果。另外，能乐特别强调脚下的功夫，任何角色都只穿白布袜，行走时讲究全脚掌着地擦地行走，每步的步幅只有 10 ~ 30 厘米。但主角神灵有时会突然跳起或用力跺脚，这恐怕来自于春季的村落神事中“翁神”要用力跺地，以此来唤醒冬眠着的大地。

三、能乐的音乐特色

能乐的音乐由声乐和器乐两大部分组成。

（一）声乐

能乐的声乐部分包括“念”和“唱”，二者并没有什么区别，都处于一种“慢吟”的状态，这主要是由于戏剧化以前的“翁舞”中神灵的祝福声调只有一种。

1. 唱腔

在唱腔上，能乐没有绝对的音程规定，每个能乐演员可以根据自己的嗓音条件来定位自己的音高。在原则上，能乐要求年轻的、女性的、身份高贵的角色的唱腔音高要相对高于年老的、男性的、身份低贱的角色的音高。能乐的唱腔速度讲究以慢为上品。具体说来，老年角色的唱腔速度要慢于年轻角色的唱腔速度；女性的要慢于男性的；身份高贵的要慢于身份低贱的；主角的要慢于配角的。

2. 发声

能乐的发声主要为平铺直白的腹式发声。因主角的假面卡住下巴，演员不能张开大嘴，放开喉咙，发声的时候必须压住喉咙，唱起来很吃力。

3. 音色

能乐对演员的音色没有什么要求，观众也不以音色的好坏来评价演员演技的高低，因此，演员们平时也没有针对嗓音的基础练习。

（二）器乐

能乐的器乐包括有笛子、小鼓、大鼓、太鼓各一具。能乐的乐队中没有指挥，全看主角的情况行事。例如，当主角举起扇子时就敲敲鼓，等等。能乐的乐器构造十分简单，且演奏起来十分费力，演奏员必须劳其筋骨，但个性化十足。

1. 笛子

能乐专用的笛子叫作“能管”，“能管”的最大特点是竹管的内侧另镶有一段长5厘米、厚2毫米的竹管，称作“喉”。

能管在能乐伴奏时有两大作用，一是呼唤主角（神的化身）上场，二是烘托神人的交感。

2. 鼓

能乐的小鼓、大鼓、太鼓的造型十分类似，只不过大小不同。

能乐要求小鼓的音色柔弱怜美，小鼓的鼓面就必须绷得松一些，必要时用抓紧粗绳的方法调节音高；要求大鼓的音色刚劲有力，为此，大鼓的鼓面就必须保持干燥。小鼓和大鼓都用手来代替鼓槌，因共鸣器（鼓身）很小，初学者很难敲打出声音，即使是专业演奏员一场戏下来也是五指通红麻木甚至流血。

太鼓的音色雄壮华美，多用于呼唤鬼的出场，或是在剧情极其紧张之处，以增加剧情的神秘色彩。

四、能乐的演出形式

能乐起源于村落的神事，以此为基础的演出形式也必然表现出一些独特性。下面从能乐的演出形式的细节来对其进行分析。

能乐的演出没有导演，没有舞台监督。由于能乐的舞台没有布景没有幕，所以也没有舞美人员。又因服装和面具都由演员自己所有，因而也就没有服装师和化妆师。只有一位牵头人，通常由主角担任。一般是主角规定出要演的剧目后，来邀请适当的配角、狂言角、伴奏角合作。各类角色在一起只合练一次。看起来，能乐的演出是千篇一律的，是格式化的，但其演出形式也是千变万化、丰富多彩的。这主要是因为流派不同，展现的侧重点也不同。演出的牵头人在组织演出时，可以用选择不同“建筑部件”的方法来变换剧目的风格。

此外，能乐演出中的台上与台下的界限相当模糊。首先是没有幕布，也没有报幕的程序。在正式开演之前，伴奏者和伴唱者在观众的众目睽睽之下走上舞台，席地而坐之后还要整理一番衣服和乐器。

五、能乐的假面

能乐中使用的假面简称为“能面”。可以说，日本能乐是世界上使用假面具最多的剧种，也是世界上最发达的假面剧。能面随着能乐的发展不断发生着变化。总体而言，鬼神能面的形成要早于人物能面的形成；带有喜怒哀乐表情能面的形成要早于无表情能面的形成。

由于日本能乐起源于村落的神事，神事中使用过的假面便成为能面的前身。日本古代的神灵信仰中存在的善神和恶神，使得能乐中出现了善神能面和恶神能面。善神能面中有“翁面”和“若女面”。

“翁面”的原型来自于村落中的长老。“翁面”的面相虽然很年长,但其肌肉隆起,似乎很有弹性,充满了生命力。

善神面具中的“若女面”的造型与“翁面”十分类似,也是满面笑容、眼睛呈山陵状。

之所以善神能面只有“翁面”和“若女面”两种,这与日本神社的组织结构有关。在正规的日本神社中设有专职的供职人员——神官和神女,在古代的村落神事中通常由神官化身为翁神,由神女跳起悦神的舞蹈,在这种情况下,是不需要戴假面具的。但在一些零散的村落,一些没有神官神女的神社里就不得不由村里的长老扮演翁神,由村里的处女扮演神女,或是请外来的卖艺人来扮演,这时,就需要戴上假面具了。

恶神能面有“大瘪见面”和“小瘪见面”。“瘪”一词取自能面嘴部的特征。“大瘪见面”用来扮演阳性的天狗。

“小瘪见面”用来扮演地狱里的小鬼。能乐中的小鬼更是没有地位,往往成为被驱赶的对象。

在日本古代至今的村落神事中,鬼神面具本身就是被崇拜的对象。在一些地区,传说鬼神面具是从海上漂来、从天上飞落的,把鬼神面具视为驱赶恶魔、祈求甘露的吉祥物。这些村落神事中的鬼神面具演变为能面以后,仍保持着特殊的地位。在旧时,能乐演员在出演需要戴鬼神能面的剧目前,必须三天禁荤、独自住进斋馆,进行严格的斋戒。由鬼神能面演化而来的其后的种种能面多多少少地承袭了鬼神能面的精神遗产。

第二节　狂言的形成及其艺术形态

作为能乐的补充形式,狂言主要取自说法故事、评书等说唱艺术,并加上诙谐与滑稽的形体动作,补充了能乐中戏剧性偏弱的缺点，满足了广大庶民嘲弄权势、蔑视高贵的心理需求。能乐与狂言同台演出，能乐与狂言互补有无，形成了独特的日本民族戏剧艺术。

一、狂言的形成

从文献考证，作为独立的舞台艺能，“狂言”是在14世纪后半叶至15世纪室町时代的事。当时正值南北朝内乱，地方武士新兴，农民暴动频仍。以京城为中心的贵族文化失去了活力，这时期文化的发展，逐渐从京城转向地方，由上层统治者转向被统治者的广大下层武士，尤其是农民出身的下层武士，出现“下克上”的社会文化现象。所谓“下克上”，是当时没落的贵族和上层僧侣表示对下层庶民打破旧秩序现象忧虑的用语，也从另一个方面反映下层反对上层、破坏旧价值体系的社会状况。从现存的“狂言”的词章内容来看，其登场人物大多是下层庶民，其素材也大多取自下层庶民，在推翻旧价值体系的情况下，以嘲笑旧权威的“笑”的题材。

“狂言”与“能乐”同是发源于“猿乐能”，成为“猿乐能”的表里一体，浑然相融，有着十分密切的关系。现在仍时常同台演出，有“姐妹艺术”之称。但是，在镰仓时代，“狂言”最早则是隶属于“猿乐能”。世阿弥在《习道书》中记有“申乐(猿乐)的番数，昔日不过五番。今日神事劝进等，也是申乐三番，狂言二番。”[①] 这是正式的形式，说明“能乐”与“狂言”处在未分离的状态。

“狂言”与“能乐”未分离之前，是从属于“能乐”，又称“能狂言”，主要有两种类型。第一种类型是作为“能乐”的有机组成部分，完全融入“能乐”之中。第二种类型是“狂言”还作为“能乐”中“复式梦幻能”幕间插入演出的小节目，10 ~ 15分钟，故又称“间狂言”。起初“间狂言”的角色，是由“能乐”的演员担任，称“滑稽师”或“狂言师”。“狂言”还没有固定脚本，表演者临时发

① 唐月梅：《日本戏剧史》，北京：昆仑出版社，2007年，第169页。

挥,用对白或独白即兴滑稽表演,主要说明“能乐”的内容。它一方面辅助观赏者了解“能乐”剧情;另一方面调剂欣赏者的情绪。有时候它的科白内容,完全是自由的,不受“能乐”故事的制约。因此,“狂言”的表演者不是物语中的故事人物角色,而完全是第三者的角色。“狂言”初期就是以这种从属于“能乐”的形式而存在的。其后“能乐”是在歌与舞的基础上,发展为以戏剧情节为主的表演。“狂言”则是从“猿乐能”复式结构之一的“余兴艺”分化出来,吸收了“猿乐”中喜剧的对话要素和写实演技的要素,独立地发展为科白的喜剧,颇富写实性、娱乐性和庶民性。

“狂言”摆脱了对“能乐”的从属地位是经过较长的历史时期。贞和五年(1349)在春日神社临时祭上,由春忠扮演“滑稽法师”,即后来称“狂言角”。关于“狂言”这一称谓的由来,现存文献无明确记载,最早记录“狂言”这一剧种的,是《看闻御记》,它记有“物语僧被召,说唱种种狂言”句。

到了16世纪后半叶和17世纪即室町时代末期和江户时代,“狂言”进一步提高其即兴性、滑稽性和文艺性,饱含笑的要素,主要取材于民间传说或民众生活的故事。它的表演气氛,与“能乐”主要取材于古代传说或物语的故事且多属于悲剧性的、以“幽玄歌舞”为中心的模式,难以协调同台演出,于是,“狂言”为了能够充分发挥自己本身的特色,摆脱对“能乐”的从属性,完全从以歌舞为中心的“能乐”分离出来,确立自己以写实的演技为主体的新模式。它作为独立的科白喜剧,拥有自己的规模、自己的艺术空间、自己的脚本和表演程式。由一个主角、两个配角“狂言师”表演。这时,“狂言”作为独立的戏曲形态,在艺术上获得了较大的发展,成为以滑稽幽默讽刺为主的写实喜剧。从这点来说,“狂言”比“能乐”更多地继承了“猿乐”滑稽性的正统。随着“狂言”的发展和提高,于宽正五年(1464)在鞍马吉劝进公演“猿乐狂言”,其壮观成为“公家、武家的欣赏剧”,当时三天连续表演了23个曲目。

这样,“狂言”与“能乐”无论在台词或表演动作都表现出明显的不同。从“狂言”的脚本发展的角度来说，“狂言”本来没有脚本，是适应不同时间和场所演出的即兴剧。也就是说，初时“狂言”没有专业剧本作家，由演员随兴自编自演，初期表演，大多数是由表演者商定一个梗概，台词和做派都是临场发挥，演出一次即作罢。第二次表演或淘汰旧内容，增添新内容，或者新旧内容合一，开始有了无固定的脚本。同时这些梗概，大多数是通过口头相传，没有笔录，所以常常有所变更。因此，所谓“无固定”，就是以梗概为基础，各场的演出，因人而异，自由变更。即使同一人，各场次的演出多少都存在一些不同的地方。脚本记上的台词也很简单，有时甚至省略了。大概具体的、细节的表演技巧任由表演者独自发挥。稍后部分台词固定，部分即兴插入新的台词。直至“狂言”的脚本将梗概固定下来，演出也固定下来，这样词章才完全定型化了。

最早出现“狂言”脚本作者名字，是金春禅竹的幺子金春四郎次郎。此时，这些剧目梗概和歌舞词章，显示了已具备一定的脚本形式。但是，从严格的意义上说，如上所述，它也是梗概本，仍不能算是正式的脚本。作者大多无署名，能够确定作者的只有几曲，绝大部分均由民间流传下来。尽管如此，这部梗概本是“狂言”脚本的雏形，是一部对于了解室町时代“狂言”脚本发端的重要著作。

经过约200年，到17世纪的江户初期，狂言词章才定型，将脚本固定化。江户时代以后，再没有创作新的作品。现行的许多曲目都已不是当时的定型，而是经过种种变形才具体固定下来的。这时，“狂言”脚本才正式确定。之后，就没有产生过新的曲目，只是保守和传承既有的东西。

“狂言”的台本确立以后，不同演出团体，拥有共同的曲目，并逐渐形成各自不同的表演风格，于是在16世纪后半叶的室町时代末期，至17世纪上半叶的江户时代初期，“狂言”的发展达到了高潮，便形成《狂言三流谱系图》所记载的“大藏流”“鹭流”“和泉流”三大流派。

二、狂言的艺术形态

（一）狂言的演剧形式

从演剧形式来说，狂言是古典的科白喜剧，已完全具备舞台戏剧的成分。从现存的曲目来看，纯粹依靠台词和做派来进行表演的不到一半，即是说，起码有一半多的“狂言”仍插入歌、舞和道白的表演。

（二）狂言的演出特点

演员的表演，以科白和做功相结合进行，做功没有什么固定程式，贴近一般真实的日常生活动作。戏装也没有特别制作的，都是日常生活的衣衫。一般不戴假面具，只有鬼神和动物角色才使用。

“狂言”的戏剧情节都很简单，不像“能乐”那样出场人物都是历史上的人物、古典中的英雄或美女等贵族人士，而都是庶民，如农民、僧人、戏子、盲人、商人、小偷等普普通通生活在市井的人们，且出场人物只有二三人，都是主与仆、夫与妇、翁与婿、神与参拜者、鬼与罪人等对偶的矛盾以对立关系为中轴展开，有时加上第三者，只起承前启后的作用。而且对人物都很少注意塑造其个性，大多数是类型化了的。

（三）狂言的性格表现

狂言包括祝言、滑稽、幽默和讽刺四个要素。在四个要素中，主要要素是滑稽、幽默、讽刺，而“祝言”要素，是在宗教上现世观占主导地位时，盛行信仰福神，在歌舞和道白的表演中，祈祷祝福富贵，作为最早的“福神狂言”而存在。但是，这种通过自然的“笑”与祝祷福神的结合，进一步成为祝愿天下太平，这是“祝言狂言”的原初意图。这种“祝言”的要素，在整个“狂言”中并不占主导地位，而且与其后的“狂言”性格存在很大的差异性。

“狂言”是对前一时代以“滑稽”为中心的“猿乐”的继承，同时又有了进一步的创新和发展。应该说，“笑”是“狂言”的基本性格。“狂言”以滑稽为本意，是嘲笑旧权威，往往容易落入种种卑俗的套路。尤其是初期的“狂言”，以“滑稽”为主轴构成，这种现象比较普遍地存在。因此，世阿弥针对当时“狂言”出现的卑俗、猥亵倾向，主张“狂言”的“笑”，不能落入卑俗、猥亵，不要为“调笑”而“笑”，主要体现在“滑稽”“幽默”的本意上，放在追求“幽玄性”上，产生一种新的“笑”。他强调“狂言”是“幽玄的上品的滑稽”，所谓“上品”，乃“笑之中含有快乐”，确立了“狂言”的“笑”，应去掉卑俗，求其品位，求其高尚、雅致的美。

“狂言”中的讽刺性也如此，谐谑的表现不能过度，不能过分呵责，更不能为热闹而热闹，这样就会削弱讽刺性。因此，“狂言”的讽刺性始终贯彻中和的性格，也只有这样，才能达到“幽玄上品的幽默”的艺术境界。因此，“狂言”要达到这样的艺术境界，就不仅要求狂言师在演技方面，而且更要求在曲目构成和脚本词章上下功夫。

当狂言出现走向卑俗时，大藏虎明写了《童子草》一书，采取自由而直率的形式阐明了“狂言”的以下几点基本精神。第一，主张将“狂言”这一舞台艺术，规定为语言的艺术。第二，指出“狂言”是“能乐”的简略化，它与“能乐”的关系，犹如文学上“俳句”与“连歌”、书法上的草书与楷书的关系，以有趣为上品。第三，主张重视“艺”与“心”的关系，在用语中，“心”字压倒多数。第四，批评“鹭流”的“俗狂言”，主张保持“大藏流”的正统性，以及传承“大藏流”艺风的必要性。

福井贞助指出：“‘狂言’初期的一般状况，与当时社会上流行的‘狂言’，在以猥亵的演技和哄笑为目的这点上是具有相同的要素。但后来世阿弥针对世俗提出以‘幽玄上品的幽默滑稽’为目标、虎明则提出以‘能乐之狂言’为目标，可以说，他们两人的姿态也是相同的。尽管时代和人不同，但围绕这两人的状况是相通的。即他们两人都没有寻求'狂言'向'狂言'独自的方向发展，而是必须与'能乐'联系在一起，以上层观众为对象，固定在创造洗练的'笑'上。"

18世纪江户时代中期，确立了上述世阿弥、大藏虎明等所追求的"狂言"的"幽玄上品的幽默滑稽"和"能乐"之"狂言"的性格以后，"大藏流""和泉流""鹭流"三大派都追求"狂言"的"笑"的上品的幽默滑稽性格。伴随"狂言"走向"雅"化，也促进"狂言"脚本的提升，"狂言"成为实实在在的写实的科白剧。

（四）狂言的类型及特点

根据狂言剧中主人公身份的不同，狂言主要可分为以下几种类型，并表现出各自不同的特点。

1. 神格狂言

神格狂言剧的主人公往往是神，其通常给人们带来祝福。这类狂言似乎与狂言剧的本意有些错位，但这类狂言的作用是独特的，它往往在神格能乐的后面演出，或当狂言剧进行独自演出时，作为第一个曲目登场。

2. 大名狂言

大名狂言的主角是大名。大名是日本12世纪以后出现的暴发户武士，他们各占一隅，过着乡村绅士的生活。大名中有势力强的，也有势力弱的。有的没有什么实力也自称大名混事，但他们都想指使别人干这干那。这便遭到了底下人的反抗嘲弄。

3. 太郎狂言

太郎狂言的主角多是侍奉于大名的太郎侍者、次郎侍者（即家奴）。他们侍奉的大名中，有些很穷的大名。太郎的待遇很差，还得对大名毕恭毕敬。这其中就引起了许多滑稽的故事。

4. 女婿狂言

女婿狂言的主角多是入赘的女婿。在日本的古代，流行"访问婚”的婚姻形式，即黄昏时男子去自己倾心的女子家过夜，拂晓时离开。当一位男子与一家的女子之间达到情投意合的程度或是生有孩子的时候，男子就会被允许入赘。

除了以上狂言之外，还有女狂言、鬼狂言、僧人狂言等。所有类型的狂言都离不开弱者反抗强者的主题。但反抗的结果并没有使人仇恨、厌恶失败了的强者，而是对失败了的强者投以同情的、亲近的目光。

第三节　歌舞伎的发展

歌舞伎诞生于17世纪，是日本最具代表性的传统戏剧之一。经过数百年艺术上的锤炼和完善，歌舞伎已经深深扎根于日本民众之中，深受他们欢迎。下面就对歌舞伎的发展进行具体分析。

一、歌舞伎的出现

日本庆长八年（1603）四月的《当代记》中最早对“歌舞妓（伎）”进行了记载。其中所说的歌舞伎是一个名叫阿国的巫女从出云国来到京都表演模仿男性动作的舞蹈。所用道具、所穿衣服、所表演的舞姿都不同寻常。阿国女扮男装与另外一个男扮女装的演员一起表演的男女调情的场景，受到了京都市民的喜爱。这是有关歌舞伎起源的最初记录。关于这项记录，后人有不同的见解。一般认为，阿国作为出云大神社的巫女，为了募集出云大神社的修缮费用，率领一群美少女来到京都表演风格独特的群舞。但是，也有人认为，阿国对外宣称的出云大神社的巫女身份，只是为了抬高自己的身价而杜撰出来的，她本身其实只是一位喜爱跳舞的农村姑娘而已。

阿国歌舞伎是在吸收了前代一些民间表演艺术的基础上诞生的。首先是“风流舞”。风流舞是兴起于日本安土桃山时代的一种大型的化妆群舞。其表演氛围异常热烈,其服装道具异常前卫、华丽,并伴有唱词和音乐。此外还有由少女们表演的小歌舞以及有儿童参与表演的"女猿乐""女房狂言"等。以上这些民间表演艺术都不同程度地为日本歌舞伎的诞生提供了丰富的营养因素。

其实关于歌舞伎的记载在阿国之前就已经出现,指一种异类的行为方式。从文禄(1592—1596)到庆长(1596—1615)年间,由百年战国时代所形成的下克上的社会风潮发展到顶点,特别是在丰臣秀吉统一日本后,其目空一切的军事霸主气焰更加剧了当时社会上的浮躁气氛。一些无所事事的武士系着花哨的腰带,竖起奇异的发型,大摇大摆地走在街道上,故意表现出一种放荡不羁、目空一切的得胜武士的样子。阿国对京都的街道上超越常轨、衣着或行为异常的人或事这样怪异的风俗进行了吸收,在京都四条河原的小舞台上,男扮女装表演男女调情的舞蹈,很快就受到了观众的欢迎。其他表演者也纷纷效仿阿国的舞蹈,一个个新兴舞蹈团不断出现。

这一时期的歌舞伎表演者主要为年轻美貌的游女(妓女),因此叫作"女歌舞伎"。因游女歌舞伎中充斥了大量色情的内容,故幕府于宽永六年(1629)以有伤风化为由发布禁令,限制歌舞伎的演出,到了宽永十七年(1640),又再次对女歌舞伎实行了全面禁止。

游女歌舞伎遭到禁止之后,由年轻男子表演的"少年歌舞伎"开始受到瞩目。此前"少年歌舞伎"已经与"女歌舞伎"并存,以此禁止"女歌舞伎"为界,它才完全取代了"女歌舞伎"。这种由年轻貌美的、留有刘海儿的美少年身着女装表演的歌舞伎,依然充满了色情的场景,并且演员本身也兼具卖身的营生。"少年歌舞伎"不是简单地继承"女歌舞伎",它一方面仍然表演煽情的歌舞;另一方面大胆摄取能乐、狂言的科白因素,加上滑稽的短剧、杂耍和操木偶,还吸收和消化舞乐的"左舞""右舞""幸若舞"等舞艺形式,穿着华丽珍奇的衣装舞蹈,舞蹈时左右对称,加强了舞剧性，并用鼓、笛、三弦等伴奏，使伴奏乐器更具多样性。而且摆脱由青楼女子担任主角，成为一种以舞剧、曲艺为主的新艺术形态，确立了自己的独特性。可以说，“少年歌舞伎”与以歌舞为中心的“女歌舞伎”不同，它是同时交互上演多种舞蹈和杂艺的。

“少年歌舞伎”虽然有了新的变化，并拥有自己的独特性，但基本上仍未能改变以“容色”“煽情”为本位的表演形态。有鉴于此，承应元年(1652)幕府下令禁止“少年歌舞伎”的表演。就这样，从阿国始创歌舞伎舞蹈以来，不到半个世纪，女歌舞伎和少年歌舞伎都先后遭到禁演。

幕府的禁令使得许多剧团被迫解散，许多剧场失去了经济来源。一向热爱歌舞伎的广大市民也失去了一大娱乐。在多方人士的反复恳求之下，幕府终于取消了歌舞伎的禁演令，但先决条件是，去掉色情内容、剪掉女里女气的刘海儿。因剪掉刘海儿后的头型叫作“野郎头”，故其后的歌舞伎被叫作“野郎歌舞伎”。野郎歌舞伎开始偏重剧情的展开，这对于歌舞伎从舞蹈到音乐剧、从大众娱乐到舞台艺术的演变起到了巨大的促进作用。

因为拒绝了女性的参加，所以出现了由男性表演的女性角色，称为“女方”。“女方”与“男方”的角色类型开始有了明确的分工。其后，立役(正派角色)、女方、敌役(反派角色)等主要角色类型逐渐确立，各种角色类型的表演技巧也不断深化提高。此外，野郎歌舞伎从所谓的“放下艺能”以及“蜘蛛舞蹈”等类似民间杂技的表演中吸收了大量的表现方式。

随着多幕剧表演的出现，为了表现复杂剧情的需要，幕布开始出现在歌舞伎演出中。为了便于演员与观众的直接交流，歌舞伎剧场还在观众席的后侧与舞台之间架设了供演员上下场用的花道。总之，在演出形式、演出内容以及剧场构造方面，野郎歌舞伎都为其后歌舞伎的成熟奠定了基础。

二、歌舞伎的成熟

歌舞伎真正实现从以群舞为主到以剧情表演为主的转变，是在日本史上被称为文化艺术繁荣期的元禄时期（1688—1704），元禄时期，随着都市商人的崛起和商品经济的发展，市民文化开花结果，此时的歌舞伎已经逐渐发展成熟，具体表现在以下几个方面。

第一，从演出规模来看，在京都、大阪、江户，有总计11个获得幕府承认的歌舞伎专业剧场出现。

第二，从表演风格来看，确立了上方歌舞伎和江户歌舞伎不同的风格特点。

第三，从演员角色来看，元禄时期的歌舞伎已经细分为立役、若女方、若众方、花车方等。

在歌舞伎从民间舞蹈向音乐剧的转变过程中，一种木偶戏——人偶净琉璃对其产生过重大影响。人偶净琉璃的前身是一种评弹，讲述长篇的历史、战争故事，后来加上简单的木偶进行表演。当歌舞伎力图脱离单纯的民间舞蹈的表演形式，向独幕剧、多幕剧演变的时候，大量吸收借鉴了人偶净琉璃丰富的故事题材、完整的剧情构架。简单来说，把一幕幕人偶净琉璃剧改成由真人表演的多幕音乐剧便是歌舞伎了。

成熟之后的歌舞伎具有如下特点。第一，歌舞伎演员的表演带有木偶的动作特征，动作夸张、缺少灵活性，多静止亮相动作。第二，一部分歌舞伎在舞台的右侧设有评弹席。由评弹演员们负责叙述剧情，演唱背景词曲。舞台上表演的演员们只负责表演和完成会话部分的台词，承担类似木偶的职责。第三，人偶净琉璃的演唱曲调，如常磐津调、清元调等成为歌舞伎的主要唱腔。

三、歌舞伎的鼎盛

至18世纪末19世纪初，日本歌舞伎的写实主义特点更加明显,特别是由剧作家第四代鹤屋南北所创作的一系列歌舞伎,对社会最下层民众的日常生活做了细致地观察和描写,甚至把修木屐、切鳗鱼等庶民生活中的琐碎小事搬上了舞台。这不仅激发了广大市民的观看和关注歌舞伎的极大热情,而且促进了歌舞伎表现内容的深化和剧中人物的多样化。如“色恶”(好色的恶人)“恶婆”(恶毒的女人)等具有现实个性的角色就诞生于这一时期。

这些写实主义作品的演出获得了巨大的成功。市民们争先恐后地涌入歌舞伎剧场去观看演出,而一些歌舞伎名角也成为众人所追捧的对象,歌舞伎剧团之间的竞争也变得十分激烈。创立了荒事表演风格的市川剧团,在歌舞伎界中一直享有崇高的声望,受到特别的重视和尊敬。但是在歌舞伎人才辈出的形势下,市川剧团的声望也开始受到挑战。为了进一步确立市川剧团在歌舞伎界的权威地位,第七代市川团十郎(1794—1859)从祖传剧目中精选出十八出剧目作为市川剧团的经典剧目。这就是歌舞伎十八出样板戏(日语为“歌舞伎十八番”)的由来。此后,市川剧团对这十八出样板戏,在剧本内容方面不断补充和修改,在表演技巧方面不断钻研和提高,在舞台设施方面不断改革创新,使其成为日本歌舞伎最具水准的代表性剧目。列入十八出歌舞伎样板戏的剧目有《不破》《鸣神》《暂》《不动》《嬲》《象引》《劝进帐》《助六》《外郎卖》《矢根》《押戾》《景清》《关羽》《七面》《毛拔》《解脱》《蛇柳》和《镰髭》。

歌舞伎十八出样板戏的问世,在很大程度上是对以往歌舞伎表演形式的总结,特别是对江户歌舞伎的代表——荒事风格的表演技巧进行了高度的总结和概括。更为重要的是,由此确定下来的样式,开始以一种固定的样式美传承后世,并且对于后来的歌舞伎表演起到了规范和指导的作用。在某种意义上,歌舞伎十八出样板戏成为歌舞伎的代名词,也成为观众了解日本歌舞伎文化的一个具体的文化标志。

总之,以歌舞伎十八出样板戏的问世为标志,无论是在剧本创作方面,还是在舞台表演方面,无论是在角色类型方面,还是在经典剧目的完善方面,无论是在表演风格的传承方面,还是在观众对演员演技的认可方面,歌舞伎都达到了一种相对发达的程度,可以说这一时期是歌舞伎发展的鼎盛期。

四、近代歌舞伎的变迁

明治维新,使得延续了近300年的德川幕府体制崩溃,日本开始了从王政复古向近代统一国家转变的大变革。这种社会变革也对歌舞伎的发展产生了巨大的影响。

1886年8月,伊藤博文、井上馨等政界、财界和学界的权威人士提议对歌舞伎进行改良,目标是使之成为“供上等社会人士观看”的高雅艺术。1887年4月,当时最红的三位歌舞伎名家第九代市川团十郎、第五代尾上菊五郎和第一代市川左团次,在外务大臣井上馨的官邸共同表演天览剧。由此,原本被蔑称为“河原者”(卖艺的)的歌舞伎演员的社会地位得到了提高,歌舞伎的地位也由原来的庶民娱乐开始向着高雅艺术的方向迈出了一大步。1889年11月,具有现代化设施的国家级剧院“歌舞伎座”建成开业,由第九代市川团十郎任团长,与第五代尾上菊五郎合作,接连上演传统歌舞伎,展示了其精湛的演艺。日本著名文学家坪内逍遥在《早稻田文学》杂志上发表《我国历史剧》,提倡历史剧,翌年发表《桐一叶》,这标志着歌舞伎的发展开始受到文学家的关注。

近代歌舞伎的新变化主要表现在以下几个方面。第一,剧情内容上的变化。随着日本与西洋各国的交流日益密切,对外交流的成果也反映在歌舞伎内容的变化上。第二,观众构成人员的变化。明治维新之后,歌舞伎作为一种表演艺术,洗练程度已经得到很大提升,这也就吸引了大批上层人士,包括明治政府内的高官甚至天皇本人都变成了歌舞伎的热心观众。第三,剧本创作人员的变化。到了近代,一些文学家以及非专门歌舞伎创作者们也开始尝试歌舞伎作品的创作。第四,演员身份的提高。到了近代以后，特别是在歌舞伎受到上层官员的青睐上升为高雅艺术之后，歌舞伎表演名家，特别是颇有名气的名角自然也得到社会各阶层人士的认同，甚至被誉为“人间国宝”。第五，演出剧场的变化。这一点突出表现在明治二十二年(1889)具有现代化设施的国家级剧院——“歌舞伎座”的建成开业。

五、战时与战后的歌舞伎

在日本侵华战争期间，日本军国主义一步步将日本文艺界纳入他们的侵略战争体系，包括戏剧在内的日本文学艺术陷入了最黑暗的时期。这一时期，右翼的新国剧剧团全部上演讴歌军国主义和纳粹主义的所谓“剑剧”，被视为歌舞伎剧的亚流，各歌舞伎剧团也都在战争总动员令和军部的指令下，上演鼓舞士气的剧目，为侵略战争服务。战争末期，在盟军的空袭中，歌舞伎座、明治座、新桥剧场等歌舞伎大剧场都化为灰烬。东京剧场、帝国剧场、国际剧场、有乐座、松竹剧场等全国近二十家大剧场遭到关闭的命令，理由是决战时期禁止高级享乐，歌舞伎只能在二流的剧场或浅草这样的地方限时演出，并废除指定席位制度。

1945年8月15日，日本无条件投降后，以美军为首的同盟国军占领日本。占领初期，占领当局对日本加强全面控制，戏剧领域概无例外，下令禁止上演以宣传武士道精神、忠君殉死、复仇等内容的歌舞伎剧目。此后，美占领当局提出更严格的审批制度，一是送审时，必须将剧本全文用英文译出，或令研究戏剧的日本学者出面说明剧本内容；二是具体列出包括宣扬军国主义、超国家主义、好战、复仇、认同自杀、以恶为荣、歧视妇女、歪曲历史、封建忠义、礼赞天皇或皇室、反民主主义、种族宗教歧视、违反《波茨坦宣言》等十三条禁演的内容。在审查时，一批著名的歌舞伎传统剧目，比如《忠臣藏》《私塾》《千株樱》《新薄雪》《劝进帐》《妹背山》《平源盛衰记》等，也因以宣扬封建的忠义为由而未获通过。只有少数剧目被许可公演，歌舞伎剧面临时代的考验。到

1946年,这种严格的禁令有所松动,一些遭禁演的传统剧目经重新审批也陆续放行。其后歌舞伎逐渐摆脱了战后混乱状况,恢复常态,开始走向繁荣。

为保存传统歌舞伎,1965年成立了法人社团"传统歌舞伎保存会",其承担着现代继承和创新歌舞伎的历史使命。随着歌舞伎进入现代大众传媒领域,传者与受众之间有了更多的交流与互动,为歌舞伎增添了生机与活力,在很大程度上推动了现代歌舞伎的发展。此外,现代歌舞伎加强对外的戏剧交流。通过交流,一方面促进外国人对日本戏剧尤其歌舞伎的再认识,也促进日本戏剧界产生了对东西方传统艺术的自觉认识,继续不断地思索和探讨解决传统与现代这个永恒的主题,推动作为日本国剧的当代歌舞伎向着现代化的道路前进。

第十章　日本文学发展概观

日本文学有着悠久的发展历史，并在日本文化的影响下形成了独具特色的风格。对日本文学进行深入分析与研究，可以了解到日本的发展状况以及日本人的社会生活情境、价值观念的发展与变化等。在本章内容中，将对日本文学的发展状况进行系统地概述与研究。

第一节　日本神话与原始歌谣

日本文学发展的早期文化源流之一，便是上古的神话。与此同时，原始歌谣在日本文学的早期发展过程中也产生了重要影响。

一、日本神话

日本神话是日本文学发展的一个重要源头，但至飞鸟时代未出现文字记录。直到天武天皇即位后，才开始出现对日本神话进行文字记录的书籍。

（一）日本神话的原型

日本神话的原型，应该是上古原始神道的"言灵信仰"（即将人的语言能力理想化）。在《神代记》中，有"磐石草木咸能言语，并以此对抗强暴或邪神"的记载。《续日本纪》中也写道："万代祈盼天皇之治世,向佛也向神祈祷。语言是依靠这个国家的本来语言,而不是借用汉语。”这表明,这一时代的人们是用自己的“言灵”来对宇宙的开辟、人类的起源、神灵的显现、国土的创造等进行探索的。

(二)日本神话的类型

日本神话,大致来说可以分为以下几种类型。

1. 天地创始神话

在日本神话中,天地创始神话是极为重要的一个类型。《古事记》就记录了天地始分的混沌状态:“世界尚幼稚,如浮脂然,如水母然,漂浮不定之时,有物如芦芽萌长,便化为神。”于是,日本神话故事记述了天地始分,先生成高天原造化五神,五神的性格都是抽象的东西,称“别天神”五神。连同其后的伊邪那岐和伊邪那美二神,并称“神世七代”。天神命令伊邪那岐和伊邪那美男女二神,去修理坚固那个漂浮着的国土,二神遂到了天浮桥上,用天神赐给的天之琼矛搅动海水,成为一岛。二神降到岛上,生产诸岛和八百万神,然后天地分离,八百万神人格化。

《日本书纪》在对这一神话故事进行叙述时,是这样说的:“古天地未剖,阴阳未分,混沌如鸡子,隐约萌芽。清澄者成天,沉浊者成地,精妙易群聚,混浊难凝结,故先成天,后成地。”同时,《日本书纪》在对这一神话故事的叙述从一开始就排除了“别天神”五神的介入,将伊邪那岐和伊邪那美二神作为“神世七代”最后一代。他们的行动不是受命于天神,而是主体“共议”。这表明,天地是对等的世界,将伊邪那岐、伊邪那美二神作为阴阳的体现,伊邪那岐是天神、伊邪那美是地神,通过他们的和合,生成绵亘天地的世界和万物。

2. 自然生成神话

自然生成神话主要是以自然界为对象,以当时的认识来对自然界发生的各种现象进行说明,并将其神格化。

《古事记》中曾写道，伊邪那岐从黄泉国归来，至筑紫日向之桔小门之阿波岐原，举行祓禊，洗涤身体的污秽时："伊邪那岐洗左眼时所生的神名为天照大神，其次洗右眼时所生的神名为月夜见神，再次洗鼻时所生的神名为速须佐之男神。"这里的天照大神、月夜见神、速须佐之男神三神，也就是日神、月神和暴风雨神来历的神话故事。

对于这个"生三子"的故事，《日本书纪》中的叙述有所不同，即由"眼生"变成了"镜生"：伊邪那岐左右手持白铜镜，生了日神、月神，二神回头望着镜子，又生下速须佐之男神。

《古事记》和《日本书纪》中对于"生三子"故事的叙述虽然有所不同，但都展现了"神代"的"天孙降临"及其后的神话故事。

3. 男女爱情神话

《传播风土记》中记载的"两男山神争一女山神"的神话故事，可以说是男女爱情神话中最为著名的一则："上冈乡，地之中下。出云国阿菩大神，闻大倭国的亩火、香具、耳梨三山相斗，此欲谏止，上来之时，至于此处，即闻斗止，遂坐其所乘之船而返。故号神阜，阜形似覆盖。"①

这一男女爱情神话在产生后，还通过口头传承的形式而成为古代原始歌谣，和歌《万叶集》中对此也有记载。

（三）日本神话的文字记载

日本神话本来是部族制社会的口头传诵，显露了先人的生活感情和想象力。后来，随着律令制社会的建立，为了适应大和朝廷的政治需要，根据其目的意识来决定叙述故事的框架，经过修改、润色和整理才形成文字，纳入体系的结构内，作为大和朝廷承传的神话传说而载入《古事记》《日本书纪》《风土记》等古典文献中。也就是说，日本神话的集大成之作是《古事记》《日本书纪》和《风土记》。

① 叶渭渠：《日本文化史》，北京：北京理工大学出版社，2010年，第45页。

《古事记》是在712年由太安万侣编撰而成的，是日本现存最古老的、日本历史上被确认的第一部书籍。它以日式汉语体为基调，时间上起神代下至推古天皇，有上、中、下三卷。其中，上卷主要涉及天地开辟与兄妹婚、三贵子的诞生、八头八尾大蛇与草薙之剑、须佐之男命在消灭了八岐大蛇之后所作的歌、大国主神的让国与天孙降临、迩迩艺命的婚姻与神武天皇的诞生等神话故事内容；中卷主要涉及神武天皇东征、三轮山传说、倭建命的西征东征、神功皇后远征新罗以及应神朝的百济朝贡等神话故事；下卷主要涉及圣帝仁德天皇、轻太子与轻大郎女、“好色英雄”雄略天皇等神话故事。从总体上看，《古事记》中的记述充满了神话色彩，因而很难把其看作是历史事实。

《日本书纪》是日本的第一部正史，在记述时运用了中国的编年式体裁，以纯正的汉文书写，内容上起神代下至持统天皇，偏重于历史记事。全书共包括30卷，另加《系图》1卷，但《系图》现已失传。其中，讲述日本神话的是前两卷。而在具体的讲述过程中，收集了许多分散在全国各地的种种神话故事，有的地方所列举的文献资料达十数种，堪称旁征博引。另外，讲述的神话故事从开天辟地一直到神武天皇诞生，有着明显的连贯性特点。

《风土记》创作于713年，是一部有关各地地理方志的书籍。当时，元明天皇诏令地方向朝廷中央报告各地郡乡名城的由来、物产种类、地形地貌、民间传说等，并在此基础上撰写成了《风土记》。其中，流传至今且保存比较完整的是《出云国风土记》，详细记录了出云国（位于现今的岛根县）的国土沿革、神社佛寺、山川池沼的由来、物产等情况。

总的来说，《古事记》《日本书纪》和《风土记》从神话传说、史实记录及风土物产等方面反映了当时日本民族及其文化的基本性格，并且一直影响到了今天。同时，通过这三部书籍，可以对日本的民族及其文化特征进行更为深入的理解与把握。

二、原始歌谣

在独立歌谣形成之前，原始歌谣与咒语、神话等相生，是一种诗歌、音乐、舞蹈的混合体，是一种最简短、最原始的口诵形式。日本原始歌谣的内容多与人们的实际生活息息相关的殡葬、祭祀、渔猎、农耕、狩猎、战斗、求婚、喜宴等；情感原始而朴素。

（一）原始歌谣的创作特点

原始歌谣已有音律，且带动作，它的形式不定型，句数也无固定。但是，随着时间的推移，古代歌谣渐次演进由五七音节组成句，出现短歌的最初形态，大量的歌以恋爱为主题。可以说，这一纯日本式的七五调的诞生，就在形式上以其朴素、短小的特色，以及没有构思宏大的叙事诗，也没有反映时代精神的思想诗而有别于汉诗，而且一律用大和语创作，形成短歌的雏形，作为民族的歌，其传统持续和传承了一千三百余年。

日本原始歌谣在发展的过程中，还逐渐形成了两股潮流：一种是原初的生活感情（生产劳动、信仰、性欲），另一股是原初的审美感情（对色与光的审美感情），已经涌动着一股原初文学意识潮。

此外，日本原始歌谣在创作中已开始接触歌的感兴和语言表现问题，比如提出“聆是歌，则有感情而歌之曰”等。这里以在古代歌谣中占有一定比重的思国望乡歌为例进行具体说明：

大和是个好地方，重叠青山作屏障。万绿丛中大和国，实实在在好风光。

这是《古事记》的倭建神东征，从三重到了能烦野的时候思乡而作的歌，反映了共同乡土生活的需要。

（二）原始歌谣的文字记载

最早用文字记录日本原始歌谣的，是《三国志·魏书·东夷传》一书，记载有倭国的葬礼时“他人就歌舞饮酒”的文字，同时《日本书纪》叙述伊邪那美生火神后时被灼而退去，土俗祭此神之魂时，“用鼓吹幡旗，歌舞而祭”。这说明当时已有“歌”的习俗，在文艺诸形态未分化之前，古代的原始歌谣与祭祀的咒语、舞蹈等混同，与神话、传说共存，它尚未成为独立的歌谣，是一种最简短、最原始的口诵形式。另外，《古语拾遗》《古事记》和《日本书纪》可以说是记载原始歌谣最多的两部书籍。

《古语拾遗》是对日本原始歌谣进行记载的一部重要书籍，形式简单，多由单行构成，而且歌节是用极其简单的句子构成的，如“阿波礼”即“啊——哟”，是由两个感叹词“啊”和“呦”组成的，但其是随着信仰、劳动、性欲、战斗等冲动而自然发出的或喜或悲的叫声，因而是一种极其本能的且毫无技巧可言的感叹。

《古事记》的最原始歌谣，与上述《古语拾遗》的最原始歌谣一样，也只有最简单的意义。比如在描写伊邪那岐和伊邪那美男女二神奉天神敕令，从天而降，他们神婚时，由于交欢的冲动，伊邪那美神先言“阿那迩夜志，爱袁登古袁。”伊邪那岐神后言“阿那迩夜志，爱袁登卖袁”。

（三）原始歌谣的演变

日本原始歌谣在发展的过程中，逐渐向原初短歌连续演进，并酿造出初期的万叶歌。

日本原始歌谣向原始短歌形态过渡的标志，具体来说有三个：一是已经完全超越于原始情绪的流露和朴素感情的表现，向个人抒发心情的方向发展，抒情的空间更为广阔，初步确立了抒情歌的性格。同时将歌词独立于舞蹈、说话物语，古代歌谣与原初短歌完全分离，作为一种具有一定独立性的抒情文学形态，已具韵文的要素。二是已经从混沌的形式，发展到均整的形式，每句构成的音数定型化，形成原初短歌的七五调。开始为五七句，添加七音一句，即成为五七七形的“片歌”；五七句，反复二句，即五七五七形的“混本歌”。最后形成三种基本形态：二句片歌并列，即五七七五七七形的“旋头歌”，也称“双本歌”；五七反复二句添加七音一句，即五七五七七形的短歌；五七反复三句以上，又反复五七最后添加七音一句，即长歌。在长歌的最后添加数首短歌，此乃后世称之为“反歌”的始源。三是已经使形式与内容相适应，从上代歌谣到原初短歌，创造了许多新的内容，直接表现古代民族的生活内容，如恋歌、挽歌、思乡歌、咏物歌、战斗歌、酒宴歌、问答歌等。

日本原始歌谣在通过咏歌的内部变革，以短歌形态为主体，完成了日本诗歌的形式——和歌的形态。由此，和歌的创作迅速繁荣，并在日本文学的发展过程中产生了极为重要的影响。

第二节　奈良时代的和歌《万叶集》

在奈良时代，产生了日本文学史上第一部和歌总集《万叶集》（764—769），由此开始了抒情诗的时代。同时，《万叶集》为之后日本文学的发展提供了取之不尽的源泉，因而被誉为“日本的《诗经》”。

一、《万叶集》的作者

《万叶集》收录了从仁德天皇开始到759年之间的4 520余首和歌，其中包括长歌约260首、短歌4 200多首和60多首旋头歌等，是在759年由大伴家持编辑而成，而其创作者是来自社会各个阶层的个人，包括天皇、皇后、皇族、王族、朝臣、士兵、农民、村姑、乞丐等。也就是说，《万叶集》的创作者的范围是十分广泛的。但总体而言，以上层者居多，尤以侍奉大和朝廷的大臣和地方官为众，下层者的歌较少。

二、《万叶集》的内容

《万叶集》的内容是十分广泛的，反映了不同阶层和不同地方的情况，是对日本古代文化的真实写照。具体来说，《万叶集》中的作品，既有宫廷礼仪方面的、歌颂大自然的、叙述男女爱情的，也有地方歌、人的独自吟诵等。在这里，着重分析一下地方歌。概括来说，《万叶集》中的地方歌是由庶民创作的，包括“东歌”和“戍边歌”两部分。

“东歌”以相闻歌为多，属于性爱的歌。这类东歌大概与群婚的性解放和“访妻婚”（或曰“一夜妻”）的古老风俗不无联系。其恋情的表现是直率、大胆、明朗而官能性的，从严格的意义上说，是属于性爱的歌，以粗犷、奔放、质朴和健康为其特色。还有一类“东歌”，歌吟了在班田制下农耕和机织的劳动和情爱生活。这类“东歌”充溢着古代劳动女子对爱情纯真素朴的内心活动，散发出一股浓重的地方乡土人情气息。这是宫廷歌人笔下的歌篇难以发现的，也只有地方庶民才能有这种实际的生活体验，并反映在自己的地方歌上，这是不多见的。

“戍边歌”是表忠心的歌，在《万叶集》中的数量并不多。戍边歌主要反映了边防将士与家人的生离死别以及对亲人的思念。比如，第4 322首歌曰：

和我都麻波，伊多久古非良之，乃年关豆尔，
加其佐倍关曳弓，余尔和须良礼受。

这首和歌是防人若倭部身麻吕于755年所作的，意思是说：“想必是我的妻子一直在苦苦地思念着我，就连我喝的水中都可以看到我妻子的倒影，真是让人难以忘怀。”由此，一位深深地思念家乡妻子的边防士兵形象被刻画了出来。

总的来说，《万叶集》是日本文学发展史上具有里程碑意义的一部作品，也确立了自身在民族抒情歌方面的至高无上的地位。

第三节　平安时代物语文学的诞生与繁荣

在平安时代，日本文学产生了一种新的文体——物语。“物语”的原意是将发生的事向人们仔细讲说，因而是一种说话文体。而作为文学概念的“物语”，特指的是“平安镰仓时代的、用假名创作的、具有强烈虚构意识的散文作品”[①]。物语文学的诞生，标志着日本文化和文学逐渐走向了“和风化”。而《竹取物语》《伊势物语》的出现，便正式确立了“物语”这个日本古代文学的新体裁，推动着日本古代文学的变革和发展，以及日本文学和文化“和风化”。

一、物语文学的诞生与发展

物语文学在平安时代产生后，便不断发展。至近古，产生了历史物语、军记物语、说话物语等类型的物语文学。据日本学者考证，从平安时代至镰仓时代创作了200部以上的物语文学作品，但现存仅约40部。可以确定地说，物语文学的出现，在日本小说史、文化史上都具有划时代的意义。而在物语文学诞生与发展的早期，出现了不少物语文学作品，其中影响较大的是《竹取物语》和《伊势物语》。

（一）《竹取物语》

《竹取物语》（约859—877）又名《辉夜姬物语》，是日本最早的一部物语文学。这部书的作者不详，但从文字来看是出自某一男性之手。

《竹取物语》是第一部用假名书写的小说，实现了日本语言

① 张龙姝，曲莉：《日本文学》（上编），北京：高等教育出版社，2008年，第104页。

与文字的统一，对于其后日本古代散文文学的发展具有重大的意义。作者通过庸俗的取婚与机智的抗婚这条主要矛盾的线索，突出了主人公辉夜姬对金钱与权势的蔑视和抗争，以嘲弄、奚落、痛斥乃至抗争的方式，淋漓尽致地揭示了当时皇族官人乃至皇上的无知与虚伪，从客观上起到了一定的讽喻现实的作用。同时，这部物语文学具有非常强烈的非现实因素，因而在文学史上称为传奇物语。在这部物语中，作者还运用细致的笔触对辉夜姬的纯洁少女形象进行了深入刻画，她充满了智慧和力量，并以此与上层贵族的愚昧与丑恶相对照，形成了真善美与假丑恶的鲜明对比。

这部物语的产生，很明显源于与日本固有文化的密切联系，古来日本拥有在自己的风土上培育出来的丰富的神话和传说故事。比如，《丹后风土记》中的羽衣说话，就有仙女穿上天羽衣升天的故事；汉文传奇《浦岛子传》中也有“浦岛子暂升云汉，而得长生，吉野女眇通上天而来且去”这样升天的描写。

中国民间传说对这部物语的产生也起到了极为重要的影响。中国民间传说《斑竹姑娘》《月姬》与《竹取物语》相比，女主人公斑竹、月姬和辉夜姬都是从竹出生，以竹幻化为女性的象征；都描写了多名男人向她们求婚，她们都出难题，难倒对方，使对方的要求落空。因此可以说，这部物语的产生，是中日古代传奇文化精神进行密切交流的结果。这也表明，中日两国有着源远流长的文学和文化交流历史。

（二）《伊势物语》

《伊势物语》（约 900）是日本最早的也是最具代表性的“和歌物语”，即它是以和歌为母胎发展起来的，但创作者不详。

这部物语由 125 段散文、206 首和歌并列构成。小说描写的是主人公举行初冠、外出游猎，以及在宫廷内外的恋爱情事，一直到他临终赋诗感慨人生。不少人认为，这部物语中的故事是以歌人在原业平为原型的，即主要通过在原业平“风流”“好色”的每个小故事松散地贯穿起来，没有完整统一的情节。实际上，这部物语中掺杂了很多的虚构成分,是在虚与实之间塑造了一个热情奔放、不屈于世俗压力、对爱情专注投入且多愁善感的理想男性形象。

这部物语在表现方法上,通过作品中人物的语言和行动的描写来刻画人物的性格,同时还运用大量和歌表现作品中人物的思想感情。文与歌相辅相成,达到完美的契合,说它是"和歌物语"是非常贴切的。而且,其中也有一些描写基本上赖于和歌而成立,特别是以在原业平的歌为中心,让文学的想象力在和歌中驰骋而展开主要故事情节。值得注意的是,它完全抹去了《竹取物语》那种上古神仙谭、说话点缀的痕迹,确立了文学的虚构源于生活的基本原则,具有更起伏的故事情节,更丰满的人物形象,更深刻的心理描写,更增多了小说的艺术效果,对于完善作为古代小说的物语文学起到先驱的作用,它为长篇小说的创作提供了丰富的经验。

二、物语文学的繁荣

物语文学的繁荣,源于紫式部创作的《源氏物语》(约1007—1008)的出现。同时,《源氏物语》是日本物语文学的高峰之作,并标志着日本物语文学创作已经走向了繁荣。

《源氏物语》全书共54回,近100万字。在这部小说中,作者以源氏为代表的皇室一派和以弘徽殿女御为代表的皇室外戚一派之间的矛盾和斗争作为背景,描写了主人公源氏的爱情生活,但不是单纯描写爱情,而是通过描写源氏的爱恋、婚姻,来反映一夫多妻制下妇女的欢乐、愉悦、哀愁与悲惨的命运。此外,作者还对宫廷春夏秋冬的自然景物和四季的传统仪式活动进行了生动展现。可以说,《源氏物语》完成了以"真实""物哀"为主体的审美体系,在"汉风化"向"和风化"的过渡中,完全使7世纪以来"汉风化"的古代日本文学实现了"和风化",这是不朽的伟大历史功绩。可以认为,《源氏物语》的诞生标志着日本文学发展史、美学发展史和文化发展史的一个重大转折。

《源氏物语》在艺术上取得了很大的成就，具体表现在以下两个方面。

首先，《源氏物语》将日本古典写实主义与古典浪漫主义的结合推向一个新的高峰。

其次，《源氏物语》塑造了众多妇女形象，并借此对妇女的悲剧命运以及当时政治的腐败进行了深刻揭露。在众多的妇女形象中，有身份高贵的，也有身世卑微的，但她们的处境都是一样，不仅成了贵族政治斗争的工具，也成了贵族男人手中的玩物。不过，紫式部在对妇女形象进行塑造时，存在一定的历史局限性。她在写到妇女命运的时候，是具有双重性格的。她一方面同情受侮辱、受损害的女性，尤其是塑造了空蝉和浮舟这两个具有反抗性格的妇女形象。比如，空蝉作为一个有夫之妇，在源氏的执拗的追求下，一度有过动摇，但最终毅然拒绝源氏的非礼行为。失去唯一依靠的丈夫之后，仍然没有屈从于源氏而削发为尼。浮舟被许配给人家，后因身世卑贱而遭退婚，被熏君的爱情作弄后，也同样因身份的关系而被藏匿在荒凉的宇治山庄，终因走投无路，跳进了宇治川，获救后也出家为尼。这种行为尽管是消极的，也表现了一种抗争。另一方面，她又将源氏辈的人物加以理想化，把源氏辈写成一个有始有终的庇护者。比如，空蝉丧夫后，源氏仍未忘情于她；浮舟孤守宇治后，熏君还前去咏歌安慰，如此这般，给予同情和肯定。

第四节　中世的和歌、军记物语与五山文学

日本在进入中世后，文学获得了进一步发展。在这一时期，和歌仍然是文学发展的主流。与此同时，军记物语和五山文学也获得了一定的发展。

一、中世的和歌

中世和歌创作的鲜明特点便是歌人开始集团化，形成了不同的派别，派别与政权相结合，以编撰敕撰和歌集的方式来主导和歌创作。到了平安时代的末期，大致形成了以藤原清辅、显昭为代表的六条藤家和以藤原俊成、定家父子为中心的御子左家两大流派。六条藤家基本上是以继承三代集（即《古今集》《后撰集》和《拾遗集》）以来的传统歌风为宗旨的，而御子左家则吸收了平安末期歌人源俊赖的充满革新意味的新手法，两派一直互相对立。

在藤原清辅去世后，藤原俊成接替清辅成了权门九条兼实的和歌导师，御子左家在歌坛的地位得到提升，再由藤原俊成主持《千载和歌集》的编撰，御子左家随之也成了和歌的主流。而在藤原俊成中，藤原定家继承了其父的歌风，成为歌坛的中心人物。在他的影响下，定家得到了后鸟羽上皇的赏识，在随后形成的后鸟羽院歌坛中占据了重要的地位。之后，他的新风和歌成了歌坛效仿的规范，也使他成了由后鸟羽院下诏编撰的《新古今和歌集》的编撰者之一。《新古今和歌集》是中世和歌的集大成之作。《新古今和歌集》由后鸟羽上皇下令编撰的第 8 部敕撰集，由真名（汉文）、假名（日文）两序文和 20 卷正文构成。其中，正文收入了自万叶时代以来的古今和歌近 2 000 首，古代和歌约占 60%，同时代和歌约占 40%。入选和歌数在 35 首以上的 9 人，皆为同时代歌人，而且除西行以外，都是御子左家派别的。因此，从某种程度上说，《新古今和歌集》是藤原定家父子新风和歌的结晶。《新古今和歌集》收录的全部是 31 音的短歌形式的和歌，歌人们开拓了不少新的题材，如以“春雪”“春月”“春曙”的形式，打破了“雪”“月”只作为冬歌、秋歌的景物的传统观；对传统素材进行了重新组合，如“立秋”+“露”“风”+“红叶”“时雨”+“红叶”。由于题材的开拓，在四季歌中历来不被重视的夏歌和冬歌也得到了大幅度的增加。在创作时,《新古今和歌集》除了运用了挂词(即双关语)、缘语(相关语)、断句等修辞方法外,还运用了一种极具特色的创作技巧,即"本歌取",从已经被视为古典的和歌作品中截取部分词句置于自己的作品中。这一创作方法,实际上是对和歌传统的继承与发扬,也是《新古今和歌集》古典主义精神的集中体现。

在藤原定家之后,他的子孙们开始世袭由定家奠定的作为和歌宗匠家的地位,和歌创作自然由模仿走向平庸。其中,只有伏见天皇时代,京极为兼引导的京极派以其强烈的思辨性创作出了清新的叙景之作。到了室町时代,在编撰了第21代敕撰集《新续古今集》之后,也就不再有敕撰集问世。这意味着贵族文化的衰退,也是自万叶以来的和歌文学的衰退。

二、军记物语

军记物语又称"战记物语",是以史上发生的战乱为题材,结合历史的虚虚实实,在此基础上进行构思、润色而成的文学作品。也就是说,军记物语是一种以战争为题材的叙事文学新模式。军记物语以《将门记》为始,包括《陆奥话记》《保元物语》《平治物语》《平家物语》《承久记》《源平盛衰记》《义经记》《曾我物语》《太平记》《明德记》《应仁记》等。其中,最负盛名的是《平家物语》和《太平记》。

《平家物语》(约1223—1242)是一部既可阅读也可说唱的军记物语,且在诞生后很快将军记物语推向了高峰。全书共有正文12卷,并附加1卷灌顶卷,以贵族阶级的衰亡和武士阶级的兴起这一重大历史转折为背景,以两大武士集团平氏与源氏之战作为经线,以当时诸势力(包括朝廷内部、朝廷与武士集团、武士集团与僧寺集团、僧寺集团内部)的政治角逐和悲恋故事作为纬线,展开了平氏一家盛极而衰的悲剧命运,以及武士生活的种种世相。

这部物语中的故事描写从天承二年(1132)平忠盛升殿,荣任公卿拉开序幕,至建久九年(1198)其嫡系六代玄孙被处极刑,结束了平家氏族盛衰的60余年历史,但对于忠盛的荣升过程和这过程中发生的保元之役、平治之役这段历史故事,作者用简笔带过,将笔墨集中用在忠盛之子平清盛经过数次的大战役,击败敌手源氏家族,其妻妹也受鸟羽天皇之宠,生下了皇子;其女德子纳入中宫,尊号建礼门院,也生下了安德皇子,平家获鸟羽院的信任,青云直上,官至太政大臣(出家后称"人道相国"),掌握了中央的政治实权,压倒旧贵族的势力,并立3岁安德为幼帝,达到了鼎盛。但是,平清盛执政后,推行极权政策,专擅政事,破坏佛法,凌夷朝威,遭到白河法皇等皇室和旧贵族的反抗。对于反抗者,他采取果敢的措施,加强镇压,包括软禁法皇,流放和杀戮所有政敌,焚烧反抗僧兵的寺院。这预示平家在鼎盛中,潜伏着危机。于是,怀才不遇的皇子以仁王与源赖政共谋推翻平氏,但起事败露而告失败。平家的六代子子孙孙尽享荣华,过着旧贵族式的奢华生活,最终走向了贵族化,政治腐败无能,已丧失新兴武士阶级所代表的先进力量。而一直保持新兴武士阶级本色的源氏势力,积蓄多年的力量,试图东山再起。以源赖朝为首的义仲、义经等源氏势力,趁平家与皇室之间因权力之争而产生矛盾之机,全国举兵讨伐平氏。源氏征战多年,于坛浦展开最后决战而获全胜,平氏六代或战死或被抄斩,安德天皇则在其祖母老尼怀抱下,与三件神器一起投入海中。其母建礼门院德子也企图投海自尽未遂,被源氏救起,送至大原寂光院度过孤寂的余生。从此,平家的子孙彻底绝灭了。

在整个故事的叙述中,始终贯穿着"诸行无常""盛者必衰"的主题思想。作者开章明义地吟道:"祇园精舍钟声,警醒诸行无常之道。两株沙罗花色,显示盛者必衰之理,骄奢者如一场春梦,不会长久。刚暴者如一阵风沙,过眼烟云。"在这里,作者以古印度名刹祇园的响钟,象征寺僧在颂《涅槃经》的"诸行无常";以传说中的释迦涅槃时周边的两株沙罗树盛开的花变了色,说明

“盛者必衰”的道理，以此提示故事的主旨，同时揭示了故事中的主人公平家诸公胜后的骄傲、奢华、暴烈，最终如春梦、如风沙，过眼烟云，不会长久。这段开场白，高度地浓缩了整个故事的发展脉络和必然的结局，作者要表达的思想也艺术性地展现其中。

正是基于此，作者在铺展这一历史转折时期新旧势力的对立和兴衰的交替时，并没有预设特定的立场，无论在铺陈故事，还是塑造人物，自始至终都是用心力去体现上述的题旨。这样才能完整地再现时代与历史的真实。故事以平家灭亡、源氏胜利而结束，就预示了历史的进程和变革的必然性。

《太平记》(1368—1379)共有40卷，是军记物语中的巨篇，但流传至今的只有22卷。

这部物语大致可以分为三个部分：第一部分(卷1到卷11)，叙述以后醍醐天皇恢复王政，公家一统政道作为中心展开故事情节，描写当时镰仓幕府的统治者北条高时专横跋扈，大失民心，后醍醐天皇秘密计划举兵讨伐，北条获悉，派兵镇压，经忠臣楠木正成浴血奋战，仍归失败。天皇被流放隐岐。北条获胜后，沉迷于吃喝玩乐。护良亲王举兵攻打吉野。足利尊氏反正护驾，攻灭六波罗探题。新田义贞为代表的关东武士起义，以及楠木正成大战赤坂、千剑城(又称千早城)二城，最后成功地推翻了北条的镰仓幕府，公家政治暂时再兴，好不容易实现了“建武新政”和天下太平的故事。第二部分(卷12到卷21)，主要描写建武的新政权因足利尊氏的叛离而终结，后醍醐一方的新田义贞和足利尊氏展开斗争，南北朝继续保持对立，以及楠木正成、新田义贞战死，后醍醐天皇在吉野山中驾崩，足利一方决定性胜出。第三部分(卷22到卷40)，以足利成立新政权，爆发“下剋上”的矛盾关系为中轴，描写足利拥立持明天皇，建成武家政权——室町幕府，武家势力进一步加强，出现以佐佐木道誉为代表的守护大名，一方面将军与新兴的守护大名产生了纠葛，另一方面足利家族内部尊氏、直义不和，常常兵戎相见，骨肉相残，内部权力斗争更趋激烈和复杂。直义死后，足利家族内争告一段落，守护大名的势力也走向式微，唯外患依然存在……作者通过这些离合聚散，兴衰轮回，最后以足利尊氏病逝，宰相中将义诠任征夷将军，促成南北朝统一，实现了“中夏无为之时代”（即安邦治国之世）而落幕。

在这部物语中，作者着力宣扬了“殉主君，守忠节”“舍我百年命，报君一日恩”的武士忠义精神，将“真正的武士道昭示于天下”，因此书中出现了许多武士们在战斗中的坚强的意志、果敢的决断、英勇的行动，以及他们失败后自戕的悲壮美的场面，而且作者描写这些场面时，很是投入。为了适应这一时代武士道精神的形成和发展的需要，除了像《平家物语》那样宣扬“主从关系”的同时，以更多的篇幅描写了武士在战斗中的忠义勇武，以及失败后以身殉主的悲壮情节，甚至出现兵部少辅战败后，后背妻子、前抱二子，投入深渊自尽的凄惨壮烈场面。如果说，《平家物语》是在理论上宣扬武士的忠义，并试图使理论体系化，那么《太平记》则更多在行动上表现忠君的精神，以死相赌，描绘了许多切腹或割颈自刎的场面，以及无处不出现血流成河，尸骨遍野的景象。因此，就描写的战争规模来说，《太平记》是整体来把握武士时代的战争史，比《平家物语》的战争场景大得多，激烈得多，也复杂得多。当然它缺少《平家物语》那种风雅性和抒情性，以及文学上的艺术造型。

此外，这部物语存在着缺少统一性等问题，所以它的文学性向来不受好评。不过，这部物语向人们展示了一幅南北朝时期的别样画卷，因而在军记文学中占有重要的地位。

三、五山文学

在日本中世时期，随着留宋日僧的数量不断增加以及禅宗传入日本，一种新的文学样式——五山文学发展起来了。狭义的五山文学，是指活跃在京都、镰仓的五山制度寺院内的禅僧的汉诗文。事实上，当时五山十刹之外，还存在着许多重要的宗派，五山文学之外还创作了大量汉诗文。因此，从广义来说，五山文学不限定五山派的禅僧文学，而且还包括非五山派的其他宗派的诗和骈文的创作，比如一休宗纯、良宽就不属于五山的文学僧，故也可以称为以五山为中心的禅林文学，代表着中世日本的汉诗文的主流。

五山文学的发展与变迁，大致经过了三个时期。五山文学发展的第一个时期（即萌芽时期），是由留宋日僧或赴日宋僧明庵荣西、东福园尔、无象静照、兰溪道隆、一山一宁、无学祖元、竺仙梵仙等，将宋代五山禅林生活中创造诗文的风气开始带到了日本，推动了日本禅文学的迅速发展和成熟，为之后的日本五山文学的鼎盛打下了基础。第二个时期（即鼎盛时期），室町幕府足利义满将军正式将五山制度确定为新的宗教政策，将京都的五山作为官寺，加以积极保护和扶持，足利本人也带头学汉诗文，除了派遣留学僧赴华学习之外，并邀中国禅僧赴日讲授宋学、禅学和汉诗文。在这种情况下，五山文学进入全盛时期，义堂周信与绝海中津成为五山文学的双璧。五山文学发展的第三个时期（即世俗化时期），不仅在语言技巧上将汉语日本化，而且在内容表现上也试图日本化，出现了此前禅林文学很少出现的恋爱诗，逐渐走向了世俗化。

在五山文学的创作者中，最为著名的是义堂周信。义堂周信对儒学和汉文学造诣颇深，主张施仁政，辅以文治，强调“治天下国家者，无不以文为先”，颇受足利义满将军器重，并给足利义满讲授《中庸》《论语》。至德三年（1386）任南禅寺第四十四世住持，向当局进言，将南禅寺升格为“五山之上”，从而确立了五山的政治体制。寂室元光曾叹道：“今五山十刹的人事，不就由‘黑衣宰相’执牛耳了吗？”他读书量很大，且必做读书笔记，编纂成册，如《联芳集》《古今杂集》等，于赋诗文时加以活用。他的汉诗文，以社交诗和赠答诗居多。义堂周信的《空华集》，收录诗、序、说、书、疏、铭及文等凡20卷，汉文476篇，汉诗1 739首，其中七言绝句为1003首，占压倒多数。在五山文坛中，可谓最多产的作者。他的《对花怀旧》诗吟曰：

纷纷世事乱如麻，
旧恨新愁只自嗟。
春梦醒来人不见，
暮檐雨洒紫荆花。

这样将人的心情融进小小的自然景物——花，虽有点漠然，却是很有实感的，实实在在托出诗人的情愁。这是纯文艺性的诗句，也反映了在汉诗中如何体现日本美的情愫。义堂周信还大力提倡作偈颂，并搜集中国宋元两代诸尊的五言、七言绝句3 000首，编入《贞和集》，深为五山诗僧所喜诵。他的汉文更为出色，是五山文学中汉文的上乘之作。在《空华集》中的“深耕说”有这样一段文章写道：“空华叟郊居无事，出浮泛观，田野桑柘之间，有大麦同亩而异熟者。怪之质之老农。曰：‘惰农为也。’问其所以。曰：‘凡地耕而浅者，所种之物，必早熟而不茂。深而耕者，必晚成而肥硕也。是以善学稼者，患乎耕之浅，不患成之晚也。而彼惰者，用力弗专。所以耕有深浅，而熟有早晚也’。”“嗟乎，今之吾徒也，耕道不深，而患名晚者，岂无愧于老农之言也。余窃有感于中，遂书以告同学端介然。端介然深耕者之徒也。”在文中，义堂周信以老农深耕之理，言做学问也如耕种有勤、惰之分，而收获也有茂、歉之别，一分耕耘一分收获，以教诫其弟子勤奋好学。其理浅显易懂，文境高深，显示其汉文的深厚功力。

总的来说，日本五山文学是日本在禅林特殊大环境下的产物，似疏离社会、孤立于日本中世文学发展而存在。但事实上，五山文学的全盛与室町幕府封建制的确立是并行不悖的，实现了当时古典与当世、贵族与庶民、优雅与卑俗的两种对立文化的融合，对于当时的政治、文化都产生了不可忽视的精神影响的作用。进入中世后期的江户时代，五山禅宗完全在幕府的控制之下，禅僧阿谀和屈从于强权、追求名利者日众，禅宗本来的自在精神丧失殆尽。五山文学依靠幕府的庇护而繁荣与兴盛，也由于依附权势，而逐渐丧失了独自性，必然进入衰退期，完成其上下四百年的历史使命。

第五节　近世小说的产生与演变

在日本文学史上，近世是与平安时代比肩的另一个文学大繁荣时代。这一时期的文学不再局限于贵族之间，文学也不再只是贵族的游戏；不再是贵族教养的体现，而是变成了一种谋生的手段。同时，这一时期的小说获得了迅速发展，并逐渐走向了繁荣。

一、近世小说的萌芽

近世小说萌芽的标志，是假名草子的出现。假名草子相对于完全用汉字写成的汉文书籍而言的，即用假名写成的通俗性读物。在现行的日本文学史中，一般将近世初期约八十年间所创作并发行的小说以及那些具有小说结构的启蒙和说教类的读物称为假名草子，时间大致从江户幕府初创的17世纪初到井原西鹤所创作的《好色一代男》出版的17世纪80年代为止。假名草子的作品以其内容为标准，大致可以分为启蒙说教类假名草子、娱乐类假名草子以及实用本位类假名草子三类。启蒙说教类假名草子基本上都是站在儒家和佛教的立场上，以社会教化为目的写作而成的，大抵浅显功利，文学价值不高，但是值得一提的是其中的翻译或称翻案作品。娱乐类假名草子是以趣味和娱乐为本位的，具体包括中世风格的作品、说话集性质的作品、翻译翻案类的作品以及拟物语类的作品。实用本位类假名草子更直接地体现了近世文学的特点：现实性与媚俗性。其中大部分是一些旅行见闻式或者带有名胜指南性质的作品，有的甚至并不具有小说的结构。

二、近世小说的产生

假名草子在继承了前代小说创作方法的同时，虽多乏于创新，但或多或少已见近世小说的萌芽。到了近世初期，日本国内初定，新兴的市民阶层，特别是一些有实力的商人迅速积累了大量的财富，但他们在社会地位上仍处于市民的最底层。这种封建秩序和道德上的压抑，使得他们开始追求物质上的享乐，享乐主义的风潮开始盛行。在这种背景之下，真正属于市民阶层的文学，即真正本质意义上的近世小说——浮世草子诞生了。浮世草子指的是以京都和大阪地区为中心而创作的小说，它如实地描写了当时的人情世态和生活形态，是一种具有写实性的现实主义小说。

浮世草子的开山之作是井原西鹤的《好色一代男》，共有 54 章，在结构上模仿了《源氏物语》，但整体故事不够完整。不过，它在日本文学史上的里程碑意义却是无法否认的。

《好色一代男》主要写的是主人公世之介自 7 岁开始接触女性至 60 岁前往女护岛为止的寻花问柳的一生。很明显，世之介是一个好色浪子的个体，但同时他也是当时千千万万商家子弟的集合体，而他的生活经历集中体现了当时市井商人的人生观和价值观。当然，世之介的价值观与当时的封建道德是相违背的，但是正是这种反体制的生存方式，反而成了读者认识人物内心的一种媒介。在这里，读者已经不再是被教化的对象，他们通过作品所认识到的是真实的现实的人及其内心。在这个意义上说，《好色一代男》具有划时代的意义。

《好色一代男》在出版后广受好评，文坛上迅速刮起了一股西鹤风，西鹤本人也因此走上了职业作家的道路。之后，他又陆续创作了《好色二代男》《好色一代女》《本朝二十四不孝》《男色大鉴》《武家传来记》《日本永代藏》《新可笑记》《世间胸算用》等作品，并将创作的题材从色情扩展到武家和市井商家。其中《日本永代藏》和《世间胸算用》都是以西鹤身边的商家生活为题材的市井商家类小说，前者被认为是日本经济类小说的鼻祖，而后者则被认为是此类小说的巅峰之作。在《世间胸算用》中，作者以一种巧妙的叙事方式，叙述了各种市井商人在大年三十这一天围绕着金钱所上演的各种悲喜剧。其中的一些悲剧,虽然描述了一些市井商人在现实面前的绝望,但是在作者的笔下,却没有感伤,而是处处流露出一种切切的人情味。“悲中趣”,正是真实的人生写照。这体现了作者西鹤晚年对人本身认识的深化,也正是日后西鹤的追随者所无法超越的地方。具体来说,西鹤的追随者的创作大多为了迎合读者过分渲染色情,不仅在思想上缺乏对人生的深刻认识,而且在表现力上也远远逊色于西鹤。这使得西鹤所开创的浮世草子逐渐失去了新意而走向僵化,而打破这一局面的是西泽一风和江岛其碛。

江岛其碛是继井原西鹤之后另一位重要的浮世草子创作者,他创作的浮世草子作品在日本文学史上被称为“八文字屋本”。《倾城色三味线》是江岛其碛创作的第一部浮世草子作,其在文辞上有意模仿西鹤,但其内容的简明与结构的巧妙迎合了当时读者的要求,从而逐渐在浮世草子界占据了主导地位。之后,他又摸索出一种新的作品形式——气质类作品。这类作品主要描述特定的身份和职业的人所表现出来的共同特征,并将其极端化,代表作如《世间男子气质》《世间女子气质》《浮世老爷子气质》等。

江岛其碛的浮世草子创作,越来越呈现出长篇化和浪漫化的倾向,并且与西鹤的现实主义渐去渐远,西鹤所开创的浮世草子这种现实主义题材的作品形式也越来越游离于现实之外。

在江岛其碛死后,虽然也有一些作家如多田南岭、上田秋成等进行浮世草子的创作,但终究不过是回光返照,浮世草子最终离开了文坛创作的主流舞台。

三、近世小说的发展

在浮世草子衰落后,新的文学形式逐渐出现,并逐渐在小说界占据了主要位置。其中,影响较大的新文学形式是读本小说。读本小说,也就是以文字阅读为主的小说。而“读本”正式作为特定的小说形态的概念而固定下来,是在19世纪初山东京传和曲亭马琴的传奇小说在江户盛行之时。通常而言，读本小说又被分为前期读本小说和后期读本小说。

前期读本小说指的是发生于18世纪中叶、以京都和大阪为中心、由当时的文人学者创作的一系列的作品。读本小说的首部作品被认为是都贺庭钟的《英草纸》。这是一部历史小说集，共收录了九部短篇，除第七篇《楠木弹正左卫门不战治敌》一篇外，其余均取材于《今古小说》和《警世通言》等白话小说，但将中国的白话小说改头换面，附会于日本的史实，从而使创作出的作品具有浓厚的日本本国情趣。上田秋成被认为是前期读本小说最杰出的作家，由于他本身是一位汉文学者，因而他的读本小说中呈现出其他近世作者所不多见的知性。《雨月物语》是上田秋成所发表的第一部读本小说，共5卷，由9个短篇构成，且大部分作品在中国的文学作品中有据可查。这部小说的写作手法吸取建部绫足所主张的雅文文体，却不排斥汉文，避免僵化，因而采用的是雅俗折中的文体。虽然上田秋成的读本小说作品不多，但在文艺性上却成为读本小说乃至近世其他类别的小说无法超越的高峰。

后期读本小说指的是自山东京传创作《忠臣水浒传》直到江户末期、以江户为主要创作中心的长篇读本小说。后期读本小说在创作时借用了中国长篇小说和日本戏剧故事的创作方法，由此开辟了近世小说的新时代。

山东京传是后期读本小说的代表性作家，《忠臣水浒传》是其首部读本小说。在这部小说中，他套用《水浒传》的模式，将并戏剧《假名手本忠臣藏》的故事嵌入其中，且一出版便大获成功。之后，他又陆续发表了《复仇奇谈安积沼》《优云华物语》《樱姬全传曙草纸》和《昔话稻妻表纸》等读本小说。其中，《昔话稻妻表纸》是基于近松的净瑠璃的《倾城返魂香》创作而成的，除了参照了净瑠璃和歌舞伎的因素之外，还对作品中所涉及的近世初期的歌谣、绘画、风俗以及各类传说进行了大量的考证，集中体现了京传作品多含考据的特点，这也成为京传作品的一个顶峰。

曲亭马琴是继山东京传之后另一位重要的读本小说创作者，

他的读本小说中影响较大的是《三七全传南柯梦》。《三七全传南柯梦》取材于净瑠璃《艳容女舞衣》,以三胜和半七的殉情事件为主要内容。同时,这部小说也从《搜神记》、唐传奇《南柯记》以及明代戏曲《南柯梦》中获得灵感,巧妙地将原本发生于商家的爱情故事移植到中世的武士之家,称得上是一部史诗式的爱情故事。在小说中,半七的父亲为迎合主公而砍掉有灵气的楠木,此事成为支配半七和三胜命运的主线,体现了作品的因果报应的理念。而后来半七的父亲悔于自己的前非,而三胜的母亲耻于自己的不贞而双双自杀的结局体现了惩恶扬善的目的。此外,小说的结构更加细致,和汉混合的文体也愈发成熟。

总的来说,后期读本小说与前期读本小说在本质上是一脉相承的,共同推动了读本小说的不断发展与繁荣。

第六节 近代新文学的发展

日本近代新文学,指的是日本自明治维新开始到第二次世界大战期间的文学。从总体上看,日本近代新文学的成就是极为突出的,且大致可以分为三个发展阶段,即日本明治维新时期的文学、日本大正时期的文学和日本战前昭和时期的文学。

一、日本明治时期的文学

在1868年,日本开始了明治维新运动,对日本的政治、经济、文化等进行了全面改革。在其影响下,日本逐渐从传统社会过渡到近代社会,实现了现代化。与此同时,随着明治政府开始引进西方文学,日本文学开始发生巨大变化,即试图确定日本文学自身的价值、革除近世文学的封建因素、培育日本文学的近代性、在近代文学中灌注新时代的思想和意义等,以最终建立起与西方文学并驾齐驱的近代文学。因此可以说,明治维新运动是日本近代文学的开端。具体而言，日本明治时期的文学又可以细分为以下几个发展阶段。

（一）明治维新初期的文学

在明治维新初期，日本的文人们注重对西方文学的近代性进行扩充与推进，并逐渐形成了多种文学形式，其中影响较大的有以下几种。

1. 翻译文学

明治维新后，由于宗教原因，同时也为了实现政治目标，并确立文学以人情为本的价值，日本的翻译文学逐渐发展起来了。但最开始，翻译的作品主要是关于西方的政治、经济、思想、制度等的"实学"类图书，纯文学作品的数量是比较少的。直到 1877 年，日本文坛上才正式掀起了一股介绍西方纯文学作品的"翻译热"。比如，川岛忠之助翻译完成了法国作家儒勒·凡尔纳的《八十天环游地球》《九十七时二十分间·月世界旅行》《亚非利加内地·卅五日间空中旅行》《六万英里·海底纪行》等作品。织田纯一郎翻译了《阿内斯特》和《艾丽丝》，并在此基础上整理完成了《欧洲奇事·花柳春话》，这部作品开西方纯文学小说翻译之滥觞。

大致经过十年的发展后，日本的翻译文学达到了全盛期，《天路历程》《大尉的女儿》《威尼斯商人》《鲁宾逊漂流记》《湖上夫人》等西方文学名著陆续被译介到日本，从而在客观上把与人的情感和人生紧密相连的西方近代文学观念与思维方式潜移默化地渗透到日本，为日本近代文学的诞生做了铺垫。

2. 戏作文学

日本在明治十年左右时，戏作文学仍然是最主要的文学样式。而明治维新时期人们文明观念的转变也要求戏作文学改变其创作态度和内容。在此形势之下，戏作文学作者投身于方兴未艾的"实录文学"的写作中。这些作品的题材均来源于现实事件，其创作是依据真实人物在现实人生中发生的真实事件进行的。

假名垣鲁文和成岛柳北是戏作文学的代表性作家,其中假名垣鲁文的戏作文学代表作是《高桥阿传夜叉潭》,写阿传的生平、杀人偿命、法庭抗争,塑造了一个立体的彩色的人物形象,并影射了当时的政治制度;成岛柳北的戏作文学代表作是《柳桥新志》,主要描绘了东京花街繁盛地的柳桥地区的生活和风俗人情,并对出入花街的政府要人、官员和地方武士的放荡粗鄙进行了讽刺与批判。

3.政治文学

在明治维新时期,随着启蒙思想的不断深入,部分士族、城市知识分子和农村富农开始不满于明治政府的藩阀官僚专制政治,他们循英国立宪政体和法国人权论之先例,提出扩大人民权利和自由的主张,要求参政议政的权利。在此基础上,日本爆发了以开设国会、制定宪法、减轻地租、要求地方自治为核心内容的政治运动。而为了推进政治运动的开展,并为政治运动提供思想武器,政治文学应运而生。

在政治文学的发展中,影响最大的是政治小说,其内容通常涉及自由党和改进党的盛衰与命运。前期的"政治小说"主要以雨果、大仲马所创作的政治类题材小说的翻译为主,后期逐渐开始出现日本本土原创作品。而立足于日本国情的本土政治小说,始于户田钦堂的《民权演义·情海波澜》,小说巧妙地采用隐喻格将"自由民权运动"所追求的确立民权的要求以图例的形式呈示出来。同时,这部小说在日本的小说发展史上具有极其重要的意义和价值。它借助戏作文学人情的结构与思路阐述民权思想,创意独特,给人以耳目一新之感,这种结合政治小说的理念与戏作文学的表现形式的人情政治小说为近世以来分裂的"上文学"与"下文学"提供了统一与调和的契机,堪称一次具有划时代意义的尝试。同时,它所开创的隐喻式写作技法也一直为后来的政治小说所沿用。由于政治小说的命运与其脱胎而出的母体"自由民权运动"息息相关,因而随着自由民权运动的落潮,其不可避免地走向了衰退。

4. 改良文学

改良文学的出现,与日本文学改良运动的发生有着极为密切的关系。文学改良运动首先从诗界开始,而新诗体的出现也标志着日本真正意义的近代文学的诞生。1882 年,在启蒙思潮和自由民权运动的影响下,诗界反对旧汉诗、和歌吟咏雪月花的趣味,提出创作符合新时代要求的诗。于是掀起了新体诗运动。新体诗的实验,经过山田美妙的《新体词选》发展到森鸥外的译作《于母影》、北村透谷的《楚囚之诗》《蓬莱曲》,标志着新体诗从草创时代到稳定时代的过渡,完备了新体诗的艺术价值,从而促进了近代诗的诞生。

在诗界开展文学改良运动的同时,小说改良运动也逐渐展开。其导火线是坪内逍遥论文集《小说神髓》的出版。在此影响下,小说创作逐渐从封建性的文学观中解放出来,开始根据资产阶级文学观,以写实的手法来表现社会的人情和世态风俗,并最终促使《浮云》等写实主义小说的诞生。

5. 红露文学

明治二十二年,尾崎红叶与幸田露伴被聘为《读卖新闻》的主笔,二人进入创作黄金时代。由于深谙古典文学,他们的创作带动了文坛的繁荣和发展,因此这一时期的文学被称为“红露文学”。尾崎红叶是红露文学最有代表性的作家。

尾崎红叶的首部作品是《色忏悔》,这部小说取材于战国时代,讲述年轻武士小四郎与两个年轻尼姑邂逅并产生情感纠葛的故事,辞章绚烂,表达与刻画了人的情感中悲哀的层面,不失为一篇匠心独具的好作品。之后,尾崎红叶又创作了大量的以女性为主人公的作品,如《伽罗枕》《二人女房》《三人妻》《多情多恨》等。这些作品将人情写实与江湖戏作文学手法相融合,开创了拟古典主义风格,而“女性”“眼泪”更是成为红露文学的特征标签。

（二）甲午战争之后的文学

1894年爆发的甲午中日战争，使日本获得了巨大利益，同时促使其经济与国际地位得到了很大提升，促使日本国民逐渐形成了自我意识。在此背景下，日本文学家们逐渐产生了个人主义思想，他们为了反抗现实社会，控诉社会现实，向往自由，逐渐形成了早期浪漫主义风格。而北村透谷、岛崎藤村等人创办的杂志《文学界》是日本浪漫主义文学的阵地，很多浪漫主义文学家纷纷在此发表文章。后来，由于北村透谷自杀，浪漫主义一度低沉，直到明治二十九年才又重新崛起，东京新诗社成为明治三十年代浪漫主义的中流砥柱。

在这里，着重阐述一下岛崎藤村的浪漫主义文学创作。岛崎藤村一生创作了4部诗集、6部长篇小说、66篇短篇小说。他是从浪漫主义起步的作家，后期从浪漫诗转向写实散文，最终走上了现实主义的创作道路，兼用浪漫主义、自然主义和现实主义的创作方法，但又摆脱了自然主义的局限，创作了兼具社会意义和批判精神的作品。

（三）日俄战争后的文学

1904—1905年，日本与俄罗斯为了争夺中国辽东半岛和朝鲜半岛的控制权，在中国东北的土地上进行的一场帝国主义列强之间的战争，即日俄战争。在这场战争之后，日本的文人更加关注社会现实，创作了如实描写现实生活的自然主义文学，对小说、和歌、俳句等文学形式具有很大的影响。与此同时，现代主义文学也获得一定的发展。

1. 自然主义文学

自然主义兴起于19世纪末20世纪初的法国，后传入欧洲其他国家，成为影响一时的重要文学运动。而在明治三十年左右，自然主义传入日本，自然主义文学也由此在日本诞生。

自然主义文学主张按照事物的本来面目（即"自然"的样态）进行客观描摹，作家要客观描写"自然"的原貌，暴露、揭示人性中丑恶阴暗的劣根性。在日本自然主义文学的创作者中，田山花袋是一位佼佼者，他的代表作《棉被》描写了中年文学家竹中时雄暗恋19岁的女弟子横山芳子的故事。实际上，这部作品是一部自传性质的作品，作品中没有任何露骨的肉体描写，只是客观地毫无保留地展现了一位中年男子的内心爱欲，记述了人的真实的心理。这种无所顾忌地暴露自己生活中最丑恶的部分、赤裸裸地向公众展示不堪、正视自我意识、大胆而勇敢地违反明治的伦理道德的近乎变态的创作方法对日本自然主义文学的发展意义非凡。受《棉被》成功效应的影响，自然主义文学将自我的客观冷静的审视作为重要的创作主题，自然主义渐渐走上了艺术与现实合而为一的"私小说"的道路。

2. 现实主义文学

在自然主义旋风席卷日本文坛之际，夏目漱石却独自坚持着文学尝试，拿起尖锐批判和深刻讽刺的笔，决心"快刀斩断两头蛇"，在现实主义道路上创作了蕴含着深刻思想和艺术造诣高度纯熟的作品，成为一位伟大的批判现实主义作家，被称为"日本的鲁迅"。夏目漱石以自己主持的《朝日新闻》文艺栏为阵地，以批判现实主义的姿态批判自然主义，创作了批判现实主义的经典之作《我是猫》。这部作品以一只猫的视角来描写、反映了日本近代化大潮中的物质生活和精神生活里的大矛盾和冲突，有力地讽刺、批判了明治社会的庸俗、丑恶的现实，具有强烈的社会现实批判精神。

二、日本大正时期的文学

在日本大正时期，由于自然主义文学堕落为描写平淡无奇的生活琐事，文坛随之掀起了一股文学反自然主义的潮流，并形成了反自然主义三派鼎力局面，即新浪漫派、白桦派和新思潮派。

日本新浪漫派文学从1910年至1913年发展到巅峰，成为日本文学的主流之一。新浪漫派文学的创作特别强调感觉、作品的形式和技巧，重视幻想，排斥写实，追求美与丑的价值颠倒，追求情趣性和情调性，注重个性的彰显和对独特艺术世界的构筑，在创作中有着超越伦理价值的美。永井荷风和谷崎润一郎是日本新浪漫派文学的两根有力支柱。

白桦派文学的产生与一批贵族、资产阶级出身的20多岁的青年作家在1910年创办的《白桦》杂志有着密切的关系。白桦派文学的创作尊重人的个性和自我肯定，主张人的价值是艺术的源泉；肯定人生，以善为本，主张“为人生的艺术”；强调“调和”与“和谐”，以无抵抗作为其文学的中心思想。武者小路实笃是白桦派文学的代表性作家，他的创作深受托尔斯泰的影响，作品多采用朴实的表现手法，语言通俗，文体平易，坦然真诚地表达自我，充满人道主义精神，《天真的人》是其代表作，小说情节简单，带着极端的“自恋”色彩的乐天精神，在日本文坛独树一帜。

继白桦派理想主义文学思潮之后，新思潮派成为大正时期的文学主流之一，它以《新思潮》杂志为阵地，推崇夏目漱石和森鸥外，主张运用理智的、心理的描写和技巧，因此又被称为“新现实派”。新思潮文学在创作方面，继承了自然主义的写实、唯美主义的浪漫和白桦派的理想精神，对这三者作合理的整合，并在接受夏目漱石写实主义影响的新的基础上，创造出自己的艺术个性。芥川龙之介是新思潮文学的代表性作家，其代表作是《罗生门》。这部小说讲述的是一个发生在12世纪的王朝历史故事，小说运用奇特的思想表达方法，通过细致地描写仆役和老妪的心理变化过程，揭示了人在善与恶、美与丑的对立和相克中所流露的不安定情绪，在引起善恶变化的条件下探求其合理性与非合理性，表现出了作者对人与生命的关注和热情。

三、日本战前昭和时期的文学

在1926年，裕仁登上皇位，采用昭和为年号。改元昭和后，日本迅速走上了军事扩张的道路，这在很大程度上影响了日本文学的发展。具体来说，这一时期的文学主要是由新感觉派文学和无产阶级文学两部分构成的。

大正十二年（1923），关东发生了大地震，地震使东京变为废墟，东京的重建需要借助美国的机械工业和资本。随后，美国的现代主义传入日本。受欧洲前卫艺术和美国风气泛滥的都市消费文化的影响，现代主义迅速占据了主导地位，其中意义最大的是新感觉派运动。横光利一是新感觉派的核心和灵魂人物，他创作的最具新感觉特征的作品是《蝇》和《头与腹》。《蝇》通过大眼蝇的视角，展现了一幅人世间的生活图景，折射出马车夫与乘客之间的复杂关系和尖锐矛盾。《头与腹》通过“头”与“腹”的视觉作用，深刻解析了人与人之间的畸形关系和依存法则，体现了作者对人生与社会的感慨以及愤懑之情。

在第一次世界大战后，随着俄国十月革命的成功，社会主义思想在日本国内得到了广泛传播。在其影响下，无产阶级文学得以产生，并一度成为文坛主流。小林多喜二是这一时期无产阶级的代表性作家，他的代表作是《蟹工船》。《蟹工船》通过描写渔业资本家勾结帝国的反动军队对北洋蟹工船上的渔工、杂工的野蛮剥削和残酷镇压，指出了资本主义社会典型形态的存在是工农过着悲惨生活的根源，揭示工人与农民联合斗争的形式是社会阶级斗争的重要表现形式的道理。这是无产阶级文学首次涉及这类主题，为无产阶级文学提供了新的视角。在日本发动侵略中国的战争后，无产阶级文学逐渐解体，而旧文学势力再次成为文坛的有力领导者。

第七节　战后文学及现代文学四大家

第二次世界大战中，世界反法西斯国家和人民获得了伟大的胜利。日本对中国和亚洲的侵略遭到了彻底的失败。战后的新时代，呼唤一种新文学。战后派的诞生，已成为历史的必然。战后新创刊的《近代文学》和《新日本文学》代表着新生一代的战后派文学，传统文学派老大家的复出，占据着战后文坛的中心位置，成为战后日本文学的起点。这多种文学力量的结合，还直接影响着战后日本文学的进程和变革，恢复了日本文学的生机，促成战后文学史的展开。

一、战后文学

日本无条件投降两三天后，藏原惟人立即联络壶井繁治、宫本百合子等，推动日本新文化和新文学的重建。同年 10 月 29 日，宫本百合子发表《新日本文学的开端》，首先就 15 年战争时期的文学进行了回顾与批判，指出旧日本文学已经完全崩溃，但这并不表明日本的文学精神在丧失。日本文学要重新出发，就必须认清文学精神的本质。此后，藏原惟人于 11 月 10 日发表了《向新文学进发》一文，主张"恢复文学自身的艺术性"，强调"作家要与民众生活在一起，战斗在一起，了解民众的苦与乐""艺术的形象和样式尽可能多种多样""要充分发挥各个作家的个性"等。这篇论文发表后 5 天，由宫本百合子、中野重治、藏原惟人、德永直、秋田雨雀、江口涣、壶井繁治、藤森成吉、洼川鹤次郎等 9 人发起，成立了新日本文学会，并创办《新日本文学》杂志。老作家志贺直哉、野上弥生子、广津和郎 3 人作为赞助人，其后正宗白鸟、宇野浩二等也加入赞助人的行列。为了适应战后的时代变化，新日本文学会规定："新日本文学会不是无产阶级团体的简单的恢复，它是适应新的民主主义革命进展而成立的，它必须为一切民主主义文学的前进而斗争。”

在战争中被关停的诸如《中央公论》《改造》《文艺春秋》《日本评论》《新潮》等报刊，从 1945 年的年末到 1946 年的年初纷纷复刊。[①]昭和二十年，很多杂志先后创办了新刊。这一时期，很多誉满文坛的作家在经历了战争的沉默之后又重新活跃起来，对于战后那些对文学如饥似渴的读者来说，不愧是美味的飨宴。可是，这些文学作品有一个很大的弱点，就是不贴近社会生活。

同时，在第二次世界大战期间，受日本法西斯文化专制政策影响，日本人民几乎不能接触国外文化。第二次世界大战之后，日本解除了文化锁国的政策，许多海外文学被翻译成日文涌入日本，如萨特、加缪、陀思妥耶夫斯基等文学作品纷纷活跃在日本文坛。青野季吉、小林秀雄、中村光夫、河上彻太郎、渡边一夫、桑原武夫等一批中坚文学评论家、文艺学学者，以自己的学识和良知，进行战后的启蒙批评活动。他们引进西方的知性和现代人文精神，批判日本社会文化和文学的封建性、落后性和贫弱性，为确立战后的社会文化和文学而努力。

在第二次世界大战之后，日本逐渐形成了一个风格鲜明的派别，即战后派。历经几代人的发展，日本战后派作家形成了多元化的格局。

随着战争的真正远去，一些新生代作家逐渐成长了起来，由于生存环境的影响，他们创作的文学作品真正地摆脱了战争的影响，文学作品中的“人”作为单纯的个体重新在人们的视野中出现。

20 世纪 70 年代，日本作家文学创作的态度出现了分歧，一种是开高健、小田实和高桥和巳等作家将个人的命运与世界的命运联系起来，另一种古井由吉、后藤明生、黑井千次、阿部昭和小川国夫等作家和川村二郎、秋山骏等作家是将关注的焦点锁定在自我与自我的周边。第六代战后派作家的代表作品主要有古井

① 张体勇：《日本战后文学浅析》，时代文学，2010 年第 6 期。

由吉的《在星期四》《杳子》,后藤明生的《夹击》《梦语》,黑井千次的《时间》《奔跑家族》等。这些作品的素材多来源于周围的人和事,十分注重个人的生活体验,主要对经济快速发展的背景下人的深层心理和个性发展进行了描写。

二、现代文学四大家

在现代文学大花园的花丛中,绽放着一丛丛、一簇簇五彩缤纷的鲜花。其中日本现代文学四大家川端康成、大江健三郎、井上靖、三岛由纪夫尤为璀璨夺目。这里将对他们进行简单介绍。

(一)川端康成

川端康成一生多旅行,心情苦闷忧郁,逐渐形成了感伤与孤独的性格,这种内心的痛苦与悲哀成为后来川端康成的文学底色。这样悲哀和风雅便成为川端康成文学的源流,他以此向世人展现了清淡而纯真的日本美和东方美。

在文学创作上,川端康成先是全面倾向于现代主义,继而又全盘继承传统,最后对传统与现代产生了自觉,找到了两者的接洽点。川端康成获奖作品,一般认为是《雪国》《古都》《千纸鹤》。事实上,在诺贝尔文学奖授奖词中还特地谈及《伊豆的舞女》,称赞其表现出一种纯真而深切的爱。这个主题,犹如一首凄怆的民谣,在川端先生其后的作品中反复吟咏。如果说《伊豆的舞女》和《雪国》是川端康成创作的一个转折,那么《千纸鹤》又是另一个转折,其前后既有连续性,又有相对的独立性。自从《雪国》问世以来川端康成的不少作品在孤独、哀愁和虚无的基调上,又增加了些许颓伤的色彩,然后有意识地从理智上加以制约,《千纸鹤》就是典型之作。散文大家刘白羽先生曾著文精确地概括指出川端康成的文学精髓:“川端创造了具有日本美、东方美的艺术”“川端心灵中蕴藏着的日本文化有多么深、多么厚。”

（二）大江健三郎

大江健三郎出生于日本南部四国岛爱媛县的一个偏僻山村（喜多郡大濑村），父亲大江好太郎对中国古典文学颇有造诣，母亲也是位文学爱好者，特别喜爱中国近代文学，尤其对鲁迅格外敬仰，大江健三郎对鲁迅的热爱，很大程度上来自于母亲的熏沐。1965—1968年，大江健三郎多次赴冲绳和美国旅行、考察，这几次外游经历为他重新从内部审视自己的战后体验提供了契机，让他的文学获得了新的历史展望高度，并在此基础上直接催生了长篇代表作《万延元年的足球队》。该作品由13章构成，主人公根所蜜三郎是个畸形儿的父亲，妻子因为担心再生下白痴孩子而不肯再与他同居，弟弟鹰四在安保运动失败后远走美国，也是抑郁不得志。陷入精神危机的两兄弟分别从东京和美国回到四国山村的家乡，归乡寻根，希望在故乡的山林中重拾心灵的寄托。然而，在山谷和森林的背景下，展开的却是一个充满野性、通奸、乱伦和自杀等血腥暴力的疯狂故事。小说巧妙地将历史（万延元年的农民起义、安保运动）与现实、虚构与土俗神话传说连接起来，以套层结构方式叠印战后精神与维新理想，"万延元年"和"当代日本"的百年时空相互交错，规模宏大，结构繁复，深刻发掘了现代人和人性的不安，是一部浸淫着奇幻色彩的现实小说，无论是在文学方法和文体上都堪称大江健三郎的巅峰之作。继《万延元年的足球队》之后，大江健三郎又相继写作了长篇随笔《作为破坏者的人》、演讲集《核时代的想象力》、随笔《作为同时代的战后》和长篇小说《洪水波及我们的灵魂》等。此外，他的代表作尚有《同时代游戏》《听雨树的女人们》《人生的亲戚》和《燃烧的绿树》三部曲等。

大江健三郎是一位富于人文批判精神、具有高度社会责任感的知识分子作家，他一直坚持活跃在文学第一线，通过随笔杂文和小说创作传达作者对时代、社会和生命的深层思考与认识。

（三）井上靖

写实主义作家井上靖出生于北海道上川郡旭川町的三代医学世家，自小与祖母相依为命，这种人生经历使他过早地体味人生的另一面，并养成了一种孤独的性格，这对于井上早期文学的本质——诗人的直观和感觉的特质的形成起着重要的作用。

井上靖以诗为文学起点构筑了审美的基础。于1949年以发表《斗牛》和《猎枪》为契机，以小说家立足于文坛。这两篇作品反映了井上靖文学的表与里——孤独的内心与积极地参与，两者互为作用而形成整个井上靖小说的基本特色。后来又发表了中篇代表作《暗潮》。继这几部小说之后，井上靖探索着在纯文学与大众之间构建一种新的小说模式——中间小说，使之兼具纯文学的艺术性和大众文学的趣味性，先后发表了《射程》《冰壁》《夜声》等题材多样的中间小说，无论在主题上还是在形式上都达到了圆熟的程度，从而确立了井上靖小说的定式，将他的中间小说创作推向了最高峰，为迎来战后日本中间小说的全盛期做出了历史性的贡献。同时也进一步巩固了他在战后日本文学史上不可动摇的地位。

如果说诗歌创作和以反映战后社会世相为主的小说创作是井上靖的第一创作期的特征的话，那么他的第二创作期则以历史小说创作为其基本特征，并占据着不可忽视的位置。井上靖的历史小说涉及的时间比较久远，但艺术成就最高、作品比重最大的，还得数中国的历史小说，尤其是西域小说，它们成为井上靖文学的一根重要支柱。《天平之甍》《楼兰》《敦煌》等，是具有不同手法和特色的代表作。

井上靖正确处理了历史科学与小说艺术的关系，以史实为基础，插上了文学想象力的翅膀，用小说的想象填补历史的间隙，使两者很好地统一起来。他不仅在日本现代文学史上留下明显而踏实的足迹，也充实了世界文学的宝库，特别是众多的中国历史小说，为中日文学交流做出了特殊的贡献。

(四)三岛由纪夫

三岛由纪夫出身名门,自幼接受贵族趣味,这也为他的文学创作奠定了良好基础。成为三岛由纪夫的文学启蒙老师。在文学创作上,三岛由纪夫的艺术成就很高,一生共写作不同体裁的文学作品300多篇,其中长短篇小说共60余部,并有18部剧本流传于世。他的作品不论是前期着力描写异常性心理的《假面的告白》等小说,还是后来宣扬轮回转世思想的《丰饶的海》,都带有强烈的反对传统道德、秩序和价值束缚的倾向,反映了战后变动时期人们的深层社会心理,表达了作者对人性、美和死亡的情感体验和深邃思考,以其别具一格的艺术风格在日本战后文学史上占有举足轻重的地位。同时,三岛由纪夫在国际文坛也享有较高的声誉,是日本现代作家中作品被翻译成外文版本最多的作家之一。

《假面的告白》使用装饰性韵文体,巧妙结合内向型自白与艺术化虚构,通过第一人称主人公"我"的意识活动,展现了人物光怪陆离的内心世界和怪异的同性恋心理,表现了作者企图摆脱道德、伦理束缚的文学精神,获得文坛上下的一致好评,三岛由纪夫由此文名大噪。

《丰饶的海》通过生死轮回,表达了作者对美与死的思考与审美求解,是三岛由纪夫晚年的代表作,同年,三岛由纪夫获诺贝尔文学奖提名,此后,他曾先后三度入围诺贝尔文学奖候选人提名,可惜,几度无缘奖项。1967年起,四部曲的第二部《奔马》陆续连载,此时,素来崇尚西化主义的三岛由纪夫在思想上开始出现过激的民族主义倾向,他极力鼓吹武士道精神,积极参加政治集会,并创作了《英灵之声》等多部美化法西斯军人英勇就义的英雄主义作品,甚至还身体力行地两度在日本自卫队接受体能训练。1968年《丰饶的海》第三部《晓寺》发表,同年,三岛由纪夫组织了以青年学生为主要对象的民兵性质私人武装团体"楯之会",并就天皇制和军队问题发表评论,渐渐发展成一名政治狂热分子。

第十一章　日本的动漫艺术

作为当代日本文化软实力的重要载体，动漫艺术为日本赢得了世界声誉。日本动漫不仅拥有巨大的规模、广泛的受众以及国际化的视野，在作品的主题等方面，也具有深厚的意蕴。了解日本的动漫艺术，对我国的动漫产业发展有很大的帮助，本章将具体对日本动漫的发展历程、日本动漫艺术特征分析、日本动漫的叙事以及日本动漫的影响进行阐述。

第一节　日本动漫的发展历程

这里所说的动漫主要包括漫画（manga）以及以其为蓝本的动画（animation）产品，尽管漫画和动画的表现形式、产生时期都不一样，但二者目前已经相互融合、密不可分，故人们一般将其统称为动漫。我们要研究的就是包括这二者在内、深深融合着的动漫艺术。追根溯源，作为日本动漫文化起点的日本漫画始脱胎于日本传统的绘画艺术，在近代借鉴了西方漫画技法的基础上，加以融合创新而发展成了如今我们所看到的漫画。第二次世界大战以后，随着现代电视制作技术和动画影片制作水平的提高，动画又迅速兴起，使得很大一部分漫画视频化，这使得日本整个动漫业获得了质的飞跃，逐渐形成了具有日本特色的蓬勃发展的动漫产业。本节内容就是要对日本动漫的发展历程进行简单的梳理。

一、日本漫画的起源与发展

漫画是在日本传统绘画的基础上，融合了西方技巧而在近现代社会中逐步发展起来的。

作为滑稽绘画的“漫画”，最早发端于平安时期的画卷《鸟兽人物戏画（鸟兽戏画）》，据传其作者为在日本绘画史上影响颇深的平安后期的僧侣觉犹（1053—1140）。觉犹的《信贵山缘起》《地狱草纸》《天狗草纸》《绘师草纸》等作品开创了日本独特的绘画形式，对后世的漫画影响深远，因此日本漫画界一直把鸟羽僧正觉犹尊为祖师爷。

18世纪初，随着印刷技术的发达和町人文化的兴盛，具有漫画特点的戏画作为商品开始流行。而同时，日本江户时代的代表绘画形式——浮世绘也应运而生，其代表人物有江户末期的葛饰北斋（1760—1849）等。有人认为，是葛饰北斋首次将“漫画”一词用于画作上。他于1814年春刊行的《北斋漫画》等作品，并由此带动了一批笔意活泼、风趣幽默的绘画作品，对后世漫画界产生了很大影响。

（一）现代漫画的起步

近代以后，现代西方漫画逐渐传入，西方漫画的技法和理念被广泛吸收，这对日本现代漫画的产生、发展和改革产生了重要影响。最先给日本带来了西方现代漫画技法和理念的是江户幕府末期来到日本的英国漫画家查尔斯·华格曼。1862年，华格曼面向在日本的外国人发行了日本第一份漫画杂志《Japan punch》，对日本漫画的发展和革新产生了非常大的作用。

1899年，受福泽谕吉之召，画家北泽乐天（1876—1955）加入了《时事新报》。1902年，他开始负责该报周末版漫画栏《时事漫画》，创作了《田吾作和奎兵卫》《灰壳木户郎的失败》等优秀的讽刺漫画，并创刊了《东京小精灵》。1921年，《时事漫画》从《时事新报》中独立出来，北泽乐天在这些报刊中所刊载的讽刺漫画，给后来日本漫画的画风形成引发了深远的影响。北泽乐天为日本现代漫画的发展做出了巨大贡献，被誉为“日本现代漫画之祖”。

1915年，冈本一平设立了日本最初的漫画家团体——东京漫画会(后改名为日本漫画会)，其后，他在东京《朝日新闻》上连载《人的一生》，开创了情节性漫画的先河。在使漫画从单纯的讽刺工具到大众娱乐手段的转变过程中，冈本一平发挥了巨大作用。随后，日本陆续出现了一些漫画家和作品，而一些由漫画家组成的团体协会也相继成立。1932年，画家近藤日出造、杉浦幸雄、横山隆一等二十人为主建立了“新漫画派集团”，这些人在第二次世界大战之后大都成为漫画界的中坚力量。后来，由于军国主义逐渐抬头，与其他行业一样，日本的漫画界也被强制集中起来，统一创作鼓吹战争的所谓“国策漫画”了。在政府的高压下，1940年，统一的漫画组织“新日本漫画家协会”成立。其后，漫画作品成了日本法西斯的政治工具，主要用以攻击同盟国，颂扬法西斯主义，鼓吹战争。

(二)第二次世界大战以后新漫画的发展

1. 手冢治虫的登场

第二次世界大战结束以后，随着旧军事政权的倒台和战后民主改革的推行，日本漫画界重新呈现出勃勃生机，大批漫画家纷纷登台，推出了大量的作品。其中最引人注目的就是手冢治虫(1928—1989)的登场了。

1947年，时年19岁的手冢治虫担任绘画的《新宝岛》漫画单行本在发行后大受欢迎，手冢后来又从1950年开始在《漫画少年》杂志上连载《森林大帝》，1952—1968年在《少年》漫画杂志上又逐步连载在日本漫画界具有划时代意义的《铁臂阿童木》，并在《少女俱乐部》上开始连载《绸带骑士》等。手冢摆脱了战前漫画手法的束缚，创造性地大胆使用电影运镜手法，使得漫画映象有了革命性的变革。他制作的画面如同电影镜头拍摄一样，有变焦、广角、俯视等，变幻无穷，令读者爱不释手。手冢治虫追求的是漫画与电影艺术的有机结合，可以说，手冢的出现预示着日本漫画新时代的到来。

2. 漫画杂志的大量涌现

战后不久，作为漫画作品主要发表舞台的漫画杂志也大量出现。例如，1956年，芳文社推出了《周刊漫画TIMES》，1959年，小学馆、讲谈社和实业之日本社分别推出了《周刊少年SUNDAY》《周刊少年MAGAZINE》和《周刊漫画SUNDAY》，1968年，集英社创立《周刊少年JUMP》，1969年，秋田书店的《周刊少年CHAMPION》创刊。至此，日本漫画界的主要杂志纷纷面世。此后，针对不同的受众，数量众多的漫画杂志如雨后春笋般地出现，日本漫画的读者层也进一步扩大，从中小学生扩展到高中生、大学生，以及其他各阶层的受众。由此，漫画开始受到了整个社会的注目，成了日本的国民文化。

（三）日本漫画的成熟

经过战后初期的发展，20世纪70年代以后，日本漫画稳步发展，逐渐壮大成熟，形成了规模庞大的漫画产业。首先，大量杰出的漫画作家登场，创作了不少的优秀作品。该时期推出的代表作品主要有：大岛弓子的《绵国之星》、青池保子的《伊凡的儿子们》、细川知荣子的《尼罗河女儿》、美内铃惠的超长篇《玻璃假面》、藤子·F.不二雄的《哆啦A梦》、鸟山明的《七龙珠》、原哲夫的《北斗神拳》、宫崎骏的《风之谷》、车田正美的《圣斗士星矢》、士郎正宗的《攻壳机动队》等。此外，石森章太郎相继推出了《漫画日本经济入门》和《漫画日本历史》，斋藤隆夫的《历史剧画大宰相》也由读卖新闻社出版，这些都是以成年读者为对象的漫画。这说明漫画作为一种宣传媒介，已不仅仅是娱乐的手段，受到人们越来越多的关注。

在这种情况下，漫画的发行量不断攀升，1995年，日本漫画的销售额达到了顶峰。同时，漫画的受众范围也日益扩大，适合各种读者的专业漫画杂志出现，而同人杂志、网络公开作品等新形式也开始出现，人气漫画也多被电视剧化或是电影化，与游戏等的联系也日趋密切，漫画相关的商品日益增多，整个漫画的产业化形成。但在同时，由于低年龄层的脱离漫画趋势进一步加剧，同时又受到社会少子化的影响，使得从20世纪90年代后半期开始，少年、少女杂志发行量下降，致使青年漫画成为最大的市场。在整个出版市场不景气的背景下，不少漫画杂志被迫停刊，但整个漫画产业的形成已不容置疑。

二、动画片的应运而生

（一）早期的日本动画

早在20世纪20年代前，随着西方电影技术的兴起，日本电影界就开始以西方的动画制作技术来制作动画作品。日本第一套动画电影短片据说是由下川凹天创作的《清洁工人芋川椋三》，于1917年1月开始播放。同年5月，日活公司制作的《猿蟹合战》公映。1918年，根据日本民间故事《桃太郎》改编的同名短篇动画电影面世。其后不久，日本制作了《世界中心的男与女》《桃太郎的海鹫》等动画电影，后者是当时日本所制作的第一套长篇动画影片。

（二）第二次世界大战以后动画的发展

第二次世界大战以后，以美国为代表的西方文化迅速涌入日本，其中就包括战后初期美国大兵带到日本的漫画及电视、电影和卡通片（特别是迪斯尼的产品），这些对日本动画的发展产生了巨大的推动作用。1956年，东映动画开始制作彩色动画电影，并于1958年推出了《白蛇传》。《白蛇传》没有摆脱美国迪斯尼动画的影响，这种风格一直影响着东映动画的作品直至70年代。

手冢治虫于1961年成立了虫制动画公司，并于1963年初推出了该公司的第一套动画《铁臂阿童木》，该片立即成为当时日本最受欢迎的动画，取得了全国平均30%的收视率佳绩，后来此片被译成外文版本销往世界各地。《铁臂阿童木》的成功，为整个日本动画的发展奠定了基础。

虫制动画公司的成立，在日本动画史上具有举足轻重的地位。它突破了西方传统的制作方式，确立了日本动画自身独特的模式，基本上奠定了日本动画界的发展方向。当时，动画界最著名的是美国动画界巨头迪斯尼公司所采用的高成本大制作，类似"好莱坞"的制作方式。而这种方式往往需耗费庞大的资金、时间、人力才能制作一部作品，这在当时的日本还很难做到。而且，过分注重形式和投入，会使作品细腻之处有所不足。手冢治虫认为，相对于铺张的投入、豪华的制作，动画自身的内容和立意更为重要，只要故事好，就算是两张纸片也一样可以吸引人。于是，他尽力降低制作成本，以大量预定义的动作和CG（Computer Graphics，电脑图形）来开发作品。这种方式节省了大量成本，使得制作方能集中精力专注作品内涵，后来这种制作模式受到日本动画界的广泛认同，日本动画界至今还使用着这种方式，它甚至已成为ADV游戏的制作根本。

尽管日本动画片的发展受到了西方动画的很大影响，但其并没有完全遵从西方的制作路径。相对于欧美动画的大制作、高成本制作方式，日本动画采取了小成本、快产出、重内涵的捷径。由此，尽管日本动画起步较晚，在投入方面又受限颇多，但迅速发展成能与欧美动画分庭抗礼的行业，并且积极进入海外市场。

（三）日本动画的迅速壮大

20世纪70年代，整个日本电影市场因与电视市场的竞争而衰落，东映也开始摆脱迪斯尼式的动画制作，并开始制作电视动画。另外，虫制动画公司的破产使得更多的动画师成立了新的动画工作室，如 Studio Madhouse 和日升动画等。

在此背景下，1974 年，高烟勋的《阿尔卑斯山的少女》上映。此作品是根据瑞士作家约翰娜·施皮里的同名小说改编的电视动画，当时很多电视台以儿童都喜欢大量虚拟元素为主的动画为理由而认为此动画不会成功，但《阿尔卑斯山的少女》一面世就大受欢迎，并且最终成为世界知名的动画之一，在欧洲国家尤其受到欢迎。因为《阿尔卑斯山的少女》的成功，高烟勋和宫崎骏开始制作一系列童谣动画，后来统称为“世界名作剧场”。

随着人们对科技关心度的上升，科幻动画也在 20 世纪 70 年代开始登场。1979 年开始放影的《机动战士高达》是“高达”系列的第一部作品。该系列作品剧情结构复杂而严密，制作精美，一面世即受到观众热烈的欢迎。高达系列可称为日本真实系机器人卡通的始祖，已成为日本机器人题材卡通作品中最著名、最经久不衰、最庞大的系列，涉及动画剧、剧场版、漫画、游戏等众多领域，至今仍不断有新作诞生。该系列与《宇宙战舰大和号》《新世纪福音战士》并称为日本动画史上的三大神作。

另外，1974 年，松本零士以日本第二次世界大战中一艘著名的战列舰“大和号”为名，推出了动画《宇宙战舰大和号》，读卖电视台于 1974 年 10 月至 1975 年 3 月播出了全部 26 集后，引起了巨大反响，从此一发不可收拾，逐渐推出了续集和剧场版。该剧于 2010 年还推出了同名真人版电影，由偶像明星木村拓哉等主演。作为以宇宙为背景的影视作品，《宇宙战舰大和号》早于美国的《星球大战》系列，在日本和世界动漫史上具有举足轻重的地位。

（四）日本动画的成熟

从 20 世纪 80 年代开始，日本的动画逐渐被主流接纳，迎来了一个动画的黄金时代，形成了规模浩大的日本动漫产业。

1982 年，《超时空要塞 MACROSS》上演，1984 年宫崎骏的《风之谷》、1985—1987 年播放的《机动战士 Z GUNDAM》，以及

1986 年吉卜力工作室推出的《天空之城》等，使得日本动画在剧情、内容、画技等方面都达到极高的水准。由此，日本动画进入了成熟期。

20 世纪 90 年代后，日本动画迎来了海外市场被接受程度的提升。1989 年，动画片《阿基拉》相继在美国和欧洲公映，获得了较高的评价，1996 年，《攻壳机动队》在美国 Billboard 排行榜上，一度登上录像带销量周冠军，这也是日本电影首次获得此殊荣。其后，1999 年，《宠物小精灵》剧场版也在美国等地大获成功，日本动漫逐渐获得了世界性的知名度。

日本电影的票房纪录也可以说明日本动漫业此时的繁荣。从 20 世纪 80 年代开始，日本电影的票房市场上，动画片剧场版的成绩越来越引人注目，逐渐成长为日本国内电影的中流砥柱。动画的产生，本身就是漫画发展的一个结果，而且两者充分融合，由此衍生出规模庞大的日本动漫。因此，我们可以说，动漫作为一个整体，是在日本传统文化和外来文明在一定时期相交汇并且结合新时代技术，由日本人所创造出的结晶。而且，动漫不仅仅作为一种出版物、载体，也不仅仅是一个产业，还承载了一种文化，促进和影响了日本社会现代文化的形成。

第二节　日本动漫艺术特征分析

经过长时间的发展，日本动画达到了一个很高的艺术水平，其广泛的艺术题材、复杂的艺术手段、多元化的价值取向，是其他各国动画所难以比拟的。需要注意的是，尽管日本动漫具有千变万化的外在表现形式，但其在整体上仍存在着某些共通的艺术见解。这些共通的艺术观念构成了日本动画极具民族性格的艺术特征，即对史诗品格的追求、对现代人类生活的体悟与反省，以及对狂欢文化的追求，下面对其进行具体分析。

一、对史诗品格的追求

日本动画与史诗艺术有着深刻而全面的联系。不管是在人和自然、世界关系的态度上，题材的选择上，终极的价值取向上，还是在人对自身的认识上，史诗艺术都对日本动画产生了非常深刻的影响。可以说，作为一种完全商业化的大众文化产品，日本动画之所以能够长期保持旺盛的艺术创新力，能够时时呈现出具有高雅格调的艺术作品，这与日本动画文化中强大的史诗传统有着密切关系，其具体表现为史诗文体的影响、故事题材的选择、对神话的重视和创造性的运用。

（一）史诗文体的影响

与经典的史诗作者们相比较，动画家们发展出了一些更细致的关于世界情况叙述的亚类型，主要包括以下几点。

1. 对未来世界的想象

“未来”者，就是有可能到来而尚未到来之事。以未来世界作为故事发生背景的日本动画，差不多都可划入“软科幻”之列。在当前，日本动漫式的故事类型，颇推动“软科幻”类创作成为一股世界性的科幻创作主潮。例如，以《超时空要塞》为蓝本编创的《太空堡垒》能够风靡欧美动画界20余年。但需要指出的是，日本动漫关于未来世界情况的描写，从最初发展到今天的格局，甚至在某种意义上具有一种史诗类文体的审美品格，是许多代动漫艺术家合作努力的结果。

2. 凝望现实

日本动漫中以现实生活为表现题材的作品，虽然是以现实生活为题材，但作品所表现的“现实”和真正的现实人生明显是有一段距离的，它不像真正的现实人生那样复杂、残酷，那样地具有不确定性。它对现实的反映，就如黑格尔曾经评论过的那样：常常“到乡村和小城市的家庭生活的狭窄范围去找材料”，“史诗变成了田园生活的史诗”。

3. 多元时空的混合交融

多元时空的混合交融，是当前日本动漫中最常见的一种世界情况的构造类型。日本动漫家们常常假定这样的生存空间，在这个世界里，人类过去、现在、未来的各种经验、想象，甚至是一些纯粹来自于可能世界的想象，被糅合在了一起，被视为一种客观实存的东西来加以表现。这种混合型的世界情况的想象，在日本动漫中一直以来就占有重要地位，永井豪、石森章太郎、赤冢不二夫和横山光辉早期的创作，大多属于这一类型。近来，宫崎骏、高桥留美子、大地丙太郎、荒川弘等人都是深有影响的描绘平行时空的动漫艺术家。

（二）故事题材的选择

故事题材的选择是动漫另一个与史诗紧密相关的特点。目前，日本动漫的表现范围越来越广阔，涉及人类生活的各个层面，但不管什么样的故事，经过动漫家的处理，首先彰显的一点就是这个故事的新鲜奇异的性质。下面对日本动漫中的故事题材类型进行概要分析。

1. 战争主题

日本动漫故事常常与战争有关。即使不直接表现战争场面，动漫故事也包含了富有战争意味的内容。对当前中国动漫艺术消费情况的调查显示，最受读者欢迎的前 50 部日本动漫作品中，有 34 部包含了战争（或争战）的内容。

2. 复仇主题

在经典的史诗作品中，复仇是一个常见的主题。在复仇类的题材中，战争只作为背景情节出现，作品的重心放在两种力量不可调和的冲突的戏剧性形态的描述上。因此，在复仇故事中，故事主角方面受到的巨大伤害及其在复仇过程中所经历的巨大磨难自然成为故事情节的主要内容。

3. 寻宝主题

寻宝是世界各国史诗的经典主题之一。从希腊神话传说的金羊毛传奇到亚瑟王的圣杯传奇、中古德意志森林的“尼伯龙根的指环”，寻宝故事一直构成了史诗传奇中的一段重要旋律。日本动漫中有许多属于寻宝的故事。表面上看起来，这些故事大体属于近代类型，故事中的宝物一般不再含有文化上的象征意味。故事凸显的是宝物的可计量物质性的数量和明确的服务性功能（这颇显示现代生活的一些特征）。就像《哆啦A梦》中的那只来自于22世纪的机器猫，它从那只著名的异次元口袋中掏出的宝物，都是为了服务于野比康夫某一种特定的欲望：快速记住家庭作业、迅速整理家务、报复小伙伴，等等。但动漫中一些杰出的故事也透显出更丰富的内容，在这些作品中的寻宝常常表现出某种自反性的意味：虽然讲述的是寻宝的故事，但对人们的宝物情结却有很多的反讽和调侃。

除此之外，还有冒险主题、漫游主题、别离与复合主题等。

（三）对神话的重视和创造性的运用

对神话的重视和创造性的运用也是日本动漫与史诗相关联的重要文体特征。

神话在动漫的叙事构造中也扮演了非常重要的角色。日本动漫又往往掺入了一些超现实的，或者更准确地说，是来自彼岸世界的成分。动漫的绝大部分作品或多或少都掺杂有一些神话元素。不同的故事，神话内容占有的比重不同，如《圣斗士》《天空战记》等，便是直接以神话传说作为故事背景；《哆啦A梦》则表面上看像是科幻故事。不管是哪类作品，都可以发现，神话元素在整个情节的发展过程中总是起到了一种转折性的作用，它决定了情节的最终走向，决定了作品的风格、价值内涵的定位。

二、对现代人类生活的体悟与反省

除了直接以现实生活为题材的作品，动漫家擅长于运用直接引用、移用、变形、象征、转喻或隐喻等一系列艺术手法，在神话性的故事中注入丰富的现代生活元素。以下就从现代价值观念的反映、现代制度文明的反省与批判、现代技术文明的反省与批判三个方面探讨日本动漫对现代人类生活的体悟与反省。

（一）对现代价值观念的反映

日本动漫反映的现代价值观念包括人本主义、个体意识、情爱伦理、功利主义的是与非，以及现代人生的痛苦、无奈与荒芜。限于篇幅，这里单说人本主义和个体意识。

日本动漫在可能的情况下，他们决不吝于插入某些情节以彰显人道主义关切、对人的生命绝对尊重的观念。也有一些动漫作品直接将人本主义作为故事的主题。例如，《新撰组异闻录》中市村铁之助，在他看来，人命的价值永远高于复仇，因此他最终放弃复仇。

日本动漫有着丰富的表现现代个体意识的内容。在这里，个体意识指的不仅是那些张扬人物性格，更突出的是哲理层面的。绝大多数体育类、漫游类故事都可归入此类。

（二）对现代制度文明的反省与批判

有不少日本动漫家注意到了伴随着现代社会新型组织形态而产生的崭新的生存经验。他们利用这些材料构筑比较新颖的、具有冲击性效果的故事情节，或者，更以此为基础反省现代人特殊的生存困境。日本动漫作品比较深入表现现代制度文明的内容包括现代职业制度、现代教育制度、民主政治、民族国家与战争。限于篇幅，这里单说现代职业制度。

动漫家们根据自己对生活的体验，也触及了现代职业制度某些深层次的决定因素，并将它们转变成为自己的叙事主题。动漫中以现代职业系统某些专门的职业作为故事话题的作品委实不少。例如，《灌篮高手》《棋魂》《棒球英豪》《怪医秦博士》《网球王子》《头文字D》《中华小当家》《日式面包王》《消防员的故事》等。上述的这些作品，自有其不同的艺术风格。但涉及反映现代专门职业的时候，在某些方面他们又具有惊人的一致性。这种一致性往往表现在对现代职业制度内在属性的领悟和表现上。

当然，有关职业精神的表现，才是动漫作品处理这方面题材最动人心魄的部分。例如，《日式面包王》讲述的是少年东和马如何成为面包制作大师的故事。随着故事的展开，人们得以知道，看似简单平常的面包，原来包含了如此复杂的制作工艺和技术。而比一切技术知识更重要的，是面包师的"真心，热情，毅力和气势"(《日式面包王》第十一集剧中人语)。从艺术水平上说，《日式面包王》着力宣扬的对面包师职业至高的虔敬之情却令观者不禁动容并产生了跟随作品去追寻那种面包师之道的阅读兴趣，这种精神内涵和叙事技巧正代表了日本动漫处理同类题材一般表现方式。

(三)对现代技术文明的反省与批判

对科学技术在现代文明体系地位的思考，对科学技术之于人类存在境况影响力的思考，向来是日本动漫一个重要的表现内容。这里重点讲日本动漫作品对机器人智慧与权利的关注。

机器人技术始终是现代科技系统中的一个重要组成部分。在日本动漫中机器人题材具有一种突出重要的地位。几部具有划时代意义的作品，如《铁臂阿童木》《银河铁道999》《机动战士高达》《新世纪福音战士》等，几乎都以机器人问题作为主要故事题材。日本动漫除了津津乐道于表现机械战士的豪迈雄姿，还着意表现机器人究竟有怎样的智慧的问题。也许，在动漫作品中直接表现人工智能的这类问题，是过于晦涩与艰深了。但正由于日本动漫中有如士郎正宗这样有思考力和责任心的艺术家不断在探索实质性的问题，这才能推动整个动漫界不断发现机器人文化中的新问题，并将这种关心转变为令人激动的艺术画卷。

日本动漫另一个非常有特点的话题"机器人有何权利"，正是从人工智能这个问题衍生而出。动漫家们认为不应该完全根据人类的需要来决定机器人的生死。在《大都会》《苹果核战》（士郎正宗原作）中，机器人俨然是一种具有灵性的存在，可人们常常为了一些微不足道的理由，一些微不足道的对人类的小侵犯（比如擅自越出规定活动区域等），就随意地损毁它们。押井守在《攻壳机动队 2：无罪》中提出的问题更尖锐些：如果机器人是有灵性的，有独立的智能，人类连重复制造机器人的权力都是需要质疑的。

三、对狂欢文化的追求

日本动漫的一个基本艺术特征，是其洋溢着的狂欢精神。日本动漫总有一些情节能让观者迸发出情不自禁的哈哈笑声。喜剧类型作品在动漫中占有很大的比重，而其他本来与喜剧不大沾边的故事题材，动漫家一般也会特别设计一些搞笑的情节。喜剧因素必然在动漫中占有重要的地位。这不仅因为喜剧本来就是大众所最喜闻乐见的一种文艺形式，而且在构造形式上，动画与漫画就有许多与引人发笑的生理机制相暗合的成分。

滑稽是一种最容易理解，也最容易感动人的引人发笑的形式，动画家们一向重视滑稽效果的营造。动画中卡通造型大多数都带有某种滑稽的意味，这种滑稽给人带来了最直观也是最自然的愉快感受。除了造型的设计，滑稽之于动漫的重要性还体现在：滑稽已成为动漫故事构成的一个极其重要的元素。动漫作品中穿插的滑稽人物和滑稽情节很有特点：在按照故事本身的发展逻辑来说那些无须出现搞笑情节的场合，在不影响主干情节正常发展的前提下，动漫作品总是尽可能地插入一些滑稽的片段。

日本动漫中还有其他一些比较直观的搞笑手段，闹剧和恶趣是其中较有代表性的两种。闹剧一个最大的特点是通过刻意制造一些混乱的场面来引人发笑。许多动漫家都喜爱在作品插入一些闹剧场面，也有些动漫家专以经营闹剧而著称，如高桥留美子、臼井仪人、藤泽亨等便是有代表性的人物。恶趣的表现手法非常丰富，一般与夸张的肢体语言和性有所关系。恶趣是最常见的搞笑手段之一，而在具体的艺术表现上，它自有特点，即颠覆性异常强烈。但恶趣也有自身先天的一些问题，它总是用过分夸张的，以至要引起人们生理反应的手段搞笑，它引起的笑总有些不自然的成分，它还常常以挑战人们道德、禁忌的底线或心理承受的底线来引人发笑。

日本动漫中还有很多反省式喜剧场景。在反省式喜剧场景中，创作者运用讽刺、讽喻、反讽、幽默、戏仿、愚问（愚答）等手法，使得表现对象与观者的各种经验积累或知性认识构成了某种反差。和大多数国家动画的讽刺表现不同，日本动画讽刺的笔触还非常凌厉地刺向了社会和人性的各种阴暗面。

从整体上看，日本动漫确实表现了某种以狂欢态度看待世界、看待人生的精神。这种精神不但体现在其节庆场面中，更体现在那无处不在的朗朗笑声中。

第三节　日本动漫的叙事

在动漫作品最终成形的过程中，叙事方面的因素起着决定性的作用。日本动画强大的故事性，也就是情节的悬疑性、情节展开过程的变化起伏、情节设置的新奇性、情节发展的戏剧性、情节变化的象征意义、故事情节对于日常生活的涵盖力这些故事情节方面的构成要素，在动漫作品中占据着突出的地位。本节主要阐述日本动漫中的线性叙事。

一、线性叙事概述

所谓线性叙事,指的是在作品中有且只有一条贯穿始终的情节主线。这条情节主线有一个明确的开端,又有一个合目的性的结尾。创作者从一开始,就需要使得故事情节的变化发展合乎戏剧逻辑地指向那一个既定的终点。动漫家以其创造才华在现代激活了线性叙事包含的巨大的艺术表现功能,使之成为现代观众尤其是东亚观众最为喜闻乐见的一种故事展现方式。

二、日本动漫中常用的线性叙事技法

日本动漫中线性叙事的主要技法有以下几个。

(一)目的性

任何的叙事事实上都是指向一定目的的。在线性叙事中,这种目的性的展示,对作品意义的生成产生了决定性作用。从故事的一开始,这种目的性就整合着各事件之间的关系。因此,在事件的展延过程中此目的是否表现得富有悬念、是否自然合理、是否有足够的戏剧性效果,就成为一个主要的阅读期待。

我们知道,日本动漫电视连续剧动辄数十集乃至数百集,如果其中包含的叙事目的太过简单,早早就被观者完全识破,他们便很难鼓足热情观赏剩余的故事了。动漫家们对这方面的问题有很深刻的洞察。因此,比较优秀的动漫制作者均擅长将叙事的目的哲理化。他们总是以某种哲思的眼光,谛视那些具体事件可能包含的人生哲理、社会关系的原则或宇宙本体的奥秘,并将这些哲思与事件发展的因果律联系在一起。这样,随着这些哲思自身的不同层面内容的展开,具体的故事情节也就发生相应的结构性转折。倘若作者在某些问题上的哲思出现了强烈的犹疑、自相矛盾、自我否定的情况,作品相应地也就容易出现高潮的戏剧冲突的场面。

（二）戏剧性

动漫作品通常都注重戏剧性场面的构造。一个长篇的线性叙事的文本构造，不能仅靠几个大的戏剧悬念来吸引人。尤其在那些数百集的超长篇动画电视剧中，显然不能奢望观众一集不落且具有超强的记忆力能记得每个微妙的伏笔。因此，尽管是线性叙事，一个长篇文本应当能够自然地切分为数个乃至数百个自然段落，在这些自然段落中应有一个独立自足的剧性场面。

任何文艺作品在构造戏剧冲突场面时运用的手法总是近似的，但动漫有三个方面的技法值得特别重视。其一，动漫常常在人物自身的阵营中调动矛盾斗争元素。大的戏剧性场面总是发生在不同阵营间的相互争斗中，但不可能每一段落都充斥着这种强烈的冲突场面。因此，动漫家们笔下，同一阵营内部的人物，常常因为某种细小的缘故发生看似激烈的冲突。这种戏剧场面一方面能使得情节线索在发展中形成起伏波澜；另一方面，它使得一些必要的过渡性段落看起来不至乏味。其二，动漫常运用“多侧面的细节放大法”来展现戏剧场面。在某些比较重要的场面，动漫家往往不惜笔墨，过细地描写身处此场景中每一个人物不同的反应。在竞技类作品中这种手法尤其常见和典型。这种手法当然容易调动观众的注意力。其三，我们称之为“即时性的戏剧手法”。就是说在任何必要的场合，只要动漫家觉得气氛过于严肃或场面偏于平淡，他们就会引入一些小的冲突性的场景，比如友人间很随意的拌嘴、争执等。

（三）平行叙事

所谓平行叙事，指的是在主干情节之外，另建立一条或多条相对独立的情节线索。这些情节有时与主干情节交汇，迸发出强烈的戏剧冲突，有时，它远逸于主干情节之外，这便形成了有力的顿挫,并能将读者目光带向更为广阔的空间。平行叙事是动漫作品中常见的叙事技法,动漫家常运用它增添故事的悬念,弥补过于线性的叙事的单调。《棋魂》中有关塔矢亮的情节便是一个有代表性的例子。毫无疑问,《棋魂》的故事主线是近藤光如何发现围棋的奥妙,从一个懵懂儿童走向大棋士的曲折历程。有关塔矢亮的故事,虽时常与近藤光的故事交汇,但它也有自己的发展逻辑。就是说,动漫家通过这一故事,反映了围棋魅力的另一面和人的不同类型的性格。

需要指出的是,平行叙事和一般所谓的情节副线有着明显的不同。一般的情节副线在作品中的表现是零散的,有时还是曲折暗隐的。平行叙事则不然,它必须在作品中有相对独立的表现段落——只有这样,它才能引起观者的足够注意并形成蕴藉深厚的戏剧铺垫。当然,在线性叙事中,这一故事情节的平行性质也只能是相对而言的。它尽管独立,但从主体来说与情节主线应有一种和应的关系;它的表现段落尽管充分,但不应喧宾夺主,分散观者对情节主线的注意力。否则,所谓的平行叙事便会削弱故事的戏剧性(这恰恰是线性叙事的最大特点和优势)甚至造成凌乱之感。

(四)抒情

为弥补叙事的线性单调,扩充故事情节包容的内涵,提升作品的艺术境界,日本动漫家还常在故事情节中插入抒情的片段。动漫的抒情特点有以下几个。

1. 抒情的段落在动漫叙事中占有一定比重

欧美作品中的抒情基本不构成完整的段落,在故事中它们犹如惊鸿一现。有时人们刚对某一画面包含的画外之意有所感触,那高速运动的镜头已把我们带向另一个段落场景。而在日本动漫中,抒情段落与叙事段落的分界却是比较清晰的。

2. 动漫的抒情具有强烈的文学性

强烈的文学性也是日本动漫抒情一个最大的特点。动漫经常调用字幕或利用剧中人的对白来构成抒情段落。在这些抒情段落中,发挥主导作用的,则是那些华美的、极富感情色彩和煽动性的、有时还充满了哲理意味和宗教意味的言辞。优秀的动漫作品经常会出现独白型的抒情段落。创作者跨过镜头画面,直接用言语文字抒发自己的人生见解。

3. 画面在许多抒情段落中也发挥着重要作用

总体来说,动漫画面在传达抒情意味时,画面的更替呈现出缓慢运动的特点。这些缓慢运动的画面在形式上综合某种特殊含义的绘画风格而联系在一起,观者可以从绘画的风格中看出作品的美学风格和包含的独特情感内容。

(五)插入

动漫家在故事情节展开之际,往往在环环相扣的事件之中插入一两个游离于主要情节的因果链之外的小事件。这些小事件或造成戏剧冲突的短暂顿挫,形成某种欲扬先抑的效果;或在情节主线之外形成一些修饰性的小枝节,起到烘托主线的作用。这种手法,便是所谓的“插入”。它是动漫中常见的叙事小技巧,虽不对情节的发展起决定作用,但在弥补线性叙事的单调、增添阅读的趣味性方面发挥着重要的功能作用。插入手法有知识背景的介绍、言语形体的戏谑,动漫有时还会运用议论的手法,形成插入的效果。像《樱桃小丸子》中,每当小丸子许下一个她不可能实现的愿望,叙述者便会站出来,以旁白的形式对之评论一番,说“× × 年之后,小丸子这个愿望彻底破灭了”。

(六)杂糅或剪辑、拼贴

在情节发展的某些片断,创作者引入了其他风格文本的构造形式，比如说引入了诗的、戏剧的、新闻报道式的甚至是科学论文式的手法，让它们承担了部分的叙事功能，使得整体风格相对统一的文本明显掺杂了其他的文体风格的成分。这就是杂糅。杂糅在叙事中能够起到两层作用。其一，不同风格、不同类型的文本叙事，在形式上颇能带来新奇性的效果，它能够自然地颠覆线性叙事的单调性质。其二，杂糅还指这样的一种情况：作者需要借助其他文本形式的特殊表现功能来叙述某些特定情节。像《十二国记》从整体上说是一部史诗风格的作品，但它在表现主人公中岛阳子刚进入异时空世界的混乱情绪时却借用了日本古代戏剧“能”的多种手法。

剪辑与拼贴是杂糅手法的进一步发展。如果说创作者在运用杂糅手法的时候。还比较照顾引入的文本与原有叙事风格的融合、统一的关系，剪辑与拼贴却要突出显示文本间的不统一性。创作者的许多意图正是通过这种不统一性来得到表现，因此他们要力求观者注意到这种不统一性。动漫的许多喜剧场景，便是通过剪辑与拼贴的手法实现的。这种手法原来一般活跃在比较前卫的文艺创作中，但近年来在运用线性叙事的动漫作品中，也越来越容易发现它的痕迹了。

第四节　日本动漫的影响

经过多年的发展，日本动漫不管是在日本国内还是在国际上都产生了重要的影响。可以说，日本动漫已经成为一个代表日本文化和经济的独特存在，一个显示日本实力和内涵的巨大载体，拥有着不容忽视的巨大影响力，成为举足轻重的一大产业和文化现象。

一、日本动漫的国内影响

近些年，日本动漫早已渗透到了每个国民内心深处，基本上每个阶层、年龄层次的人都有自己喜爱的动漫作品和动漫形象。不仅如此，很多日本国民也都有画漫画的爱好，可见，动漫在日本产生了深远的影响。例如，在日本年轻阶层中，走在时尚前沿的年轻人在现实中通过模仿动漫人物再现动漫经典画面的“COSPLAY”日趋流行。

日本动漫的蓬勃发展，在国内电影市场上也取得了巨大成功，日本电影票房的前几名，也经常被动漫作品占据。根据日本电影制作者联盟公布的数据统计显示，在遭受了东日本地震影响的2011年，日本国产电影票房达到10亿日元以上的前32部作品中，动漫电影占据了半数左右，其中，2011年日本国内电影票房前10名中，动画作品（包括漫画真人版）就占7席，如表11-1所示，由以上数据可看出，动漫作品在日本有着多么强大的号召力。

表11-1 2011年日本国产电影票房前10名

名次	上映时间	作品名	票房（亿日元）	制作公司
1	7月	来自虞美人之坡	44.6	东宝
2	7月	口袋怪兽	43.3	东宝
3	10月	了不起的亡灵	42.8	东宝
4	10/12月	宇宙战舰大和号	41.0	东宝
5	1月	杀戮都市	34.5	东宝
6	3月	要人警护官：革命篇	33.3	东宝
7	10/12月	相棒剧场版Ⅱ	31.8	东映
8	4月	名侦探柯南：沉默的十五分钟	31.5	东宝
9	4月	杀戮都市：完美答案	28.2	东宝
10	3月	哆啦A梦剧场版：大熊的铁人兵团	24.6	东宝

可以说，日本动漫不仅是一种产业，更是日本人的一种习惯使用与接受的表达载体与工具，深入了日本社会的各个层面。例如，作为日本历史的教育辅助材料，各大出版社近年来就推出了不少的漫画版教材，而且都极为畅销。

二、日本动漫的国际影响

在国际上，日本动漫也产生了重要的影响，它在进入世界各国市场，获得了无数的日本动漫迷的同时，也获得了极高的艺术评价。

日本动漫产品在海外市场上获得了巨大成功。例如，2005年12月，在越南河内召开的一次国际研讨会上，日本动画协会理事长松谷孝征提到，2004年越南的日本动漫相关销售额是汽车销售额的3倍之多。由此可见，日本动漫在越南的影响，而同时越南本地的漫画只是出现于杂志的插图等小场合。类似的情况不仅仅出现在经济不发达、文化产品不完备的发展中国家，即便在动画片诞生地美国以及文化传统资源丰富的英、德等国，日本动漫也取得了巨大的成功。

参考文献

[1] 叶渭渠 . 日本文化史 [M]. 北京：北京理工大学出版社，2010.

[2] 叶渭渠 . 日本文化通史 [M]. 北京：北京大学出版社，2009.

[3] 王静 . 日本文化 [M]. 北京：中国传媒大学出版社，2015.

[4] 申险峰 . 日本政治经济与外交 [M]. 北京：知识产权出版社，2013.

[5] 臧佩红 . 日本近现代教育史 [M]. 北京：世界知识出版社，2010.

[6] 吴松芝，刘军梅，董江洪 . 日本文化探究 [M]. 北京：中国文史出版社，2013.

[7] 杨薇 . 日本文化透视 [M]. 天津：天津教育出版社，2010.

[8][日] 末木文美士 . 日本宗教史 [M]. 周以量，译 . 北京：社会科学文献出版社，2016.

[9] 韩立红 . 日本文化概论 [M]. 天津：南开大学出版社，2008.

[10] 王秀文 . 传统与现代：日本社会文化研究 [M]. 北京：世界知识出版社，2002.

[11][日] 井上俊，伊藤公雄 . 日本的社会与文化 [M]. 张文颖，译 . 北京：世界知识出版社，2015.

[12][日] 中根千枝 . 日本社会 [M]. 许真，宋峻岭，译 . 天津：天津人民出版社，1982.

[13] 李雪梅 . 日本・日本人・日本文化 [M]. 杭州：浙江大学出版社，2005.

[14] 滕军等 . 叙至十九世纪的日本艺术 [M]. 北京：高等教育出版社，2007.

[15] 江波，史晓婷 . 日本城市与城市文化 [M]. 北京：中国社会科学出版社，2011.

[16] 何慈毅，赵仲明，陈林俊 . 日本文化史的点与线 [M]. 南京：南京大学出版社，2013.

[17] 唐月梅 . 日本戏剧史 [M]. 北京：昆仑出版社，2007.

[18] 赵敏 . 日语语言学理论研究与日本文化探析 [M]. 北京：中国水利水电出版社，2017.

[19] 张龙妹，曲莉 . 日本文学 [M]. 北京：高等教育出版社，2008.

[20] 叶渭渠，唐月梅 .20 世纪日本文学史 [M]. 青岛：青岛出版社，2004.

[21] 陈奇佳 . 日本动漫艺术概论 [M]. 上海：上海交通大学出版社，2006.

[22] 张体勇 . 日本战后文学浅析 [J]. 时代文学，2010（6）.

[23] 刘坤莹 . 浅滩歌舞伎发展历程 [J]. 学理论，2015（6）.

[24] 胡长龙 . 日本庭园特性的研究 [J]. 中国园林，1995（1）.

[25] 黄大慧 . 冷战后日本的联合国外交 [J]. 教学与研究，2008（6）.

[26] 李成刚，龚成 . 日本家族政治的现状及成因分析 [J]. 日本问题研究，2011（25）.